GENEVIÈVE DE GAULLE

Les yeux ouverts

Bernadette Pécassou a été journaliste et réalisatrice pour la télévision avant de se consacrer à l'écriture. Elle est l'auteure de nombreux romans à succès dont *La Belle Chocolatière*, *L'Impératrice des roses*, *Sous le toit du monde* et *L'Hôtelière du Gallia-Londres*.

BERNADETTE PÉCASSOU-CAMEBRAC

Geneviève de Gaulle

Les yeux ouverts

CALMANN-LÉVY

ISBN : 978-2-253-10129-1 – 1re publication LGF

1

— Voulez-vous m'épouser ?

Geneviève vient de le demander en mariage en plongeant son regard dans le sien, et Bernard Anthonioz accuse le coup. Il se demande s'il a bien entendu, bien compris.

« L'honneur, c'est comme l'amour, disait-on dans la famille de Gaulle en citant Bernanos, c'est un instinct. »

Comme le matin où, jeune étudiante à Rennes, elle a arraché le drapeau allemand sur le pont Saint-Georges parce qu'il était inacceptable de le voir flotter au vent de France, son instinct a dit à Geneviève de Gaulle que ce jeune homme au regard intense et aux doux yeux bruns était celui qu'elle aimerait toujours. Alors sans hésitation ni calcul elle a fait sa demande. Maintenant, une inquiétude voile son regard fier. Que va-t-il répondre ? Et s'il refusait ? Car le jeune homme reste muet.

Troublée, elle ne voit pas à quel point elle l'a déstabilisé. Ils se connaissent depuis peu, et s'il éprouve déjà des sentiments à son égard, il est moins rapide qu'elle sur ce genre de question. Les mots ne viennent pas. Un vent glacial siffle à leurs oreilles et les passants pressent le pas sur ce pont du Mont-Blanc au beau milieu duquel ils se sont arrêtés. Les voitures filent à vive allure. Il voudrait qu'elle parle pour sortir de cette situation. Mais Geneviève ne bouge pas, ne baisse pas les yeux. Elle attend. Garder une telle fermeté en pareille situation n'est pas donné à tout le monde. Bernard Anthonioz savait que Geneviève de Gaulle n'était pas n'importe qui, mais il découvre à quel point sa personnalité est forte. Il s'interroge. Par son parcours, par la façon dont elle a traversé les nombreux drames de sa jeune vie sans perdre confiance en l'humanité, par ce tempérament hors normes dont elle vient à l'instant de lui donner une preuve qui le laisse sans voix, elle le déstabilise et le bouleverse. Mais ce n'est pas pour autant qu'il va dire « oui » tout de suite. Ce genre de décision ne se prend pas sous le coup d'un moment d'émotion. Sur ses épaules pèse une lourde charge. Orphelin de père, il est l'unique soutien de sa mère et de sa petite sœur. Il a un petit salaire et ne voit pas comment il pourrait subvenir aux besoins d'une deuxième famille. Et il y a autre chose, une autre raison qui le retient… Il ne comprend pas pourquoi Geneviève l'a choisi, lui, sans grade et sans fortune, alors que les plus grandes familles françaises se pressent autour de cette jolie nièce du général Charles de Gaulle, honneur de la France résistante. Il sait qu'elle a déjà refusé deux partis prestigieux que sa tante Yvonne de Gaulle lui a présentés. Un officier et un historien, tous deux issus de grandes familles.

« Elle n'en a pas voulu pour une raison simple, elle n'était pas amoureuse. Tel que tu es, tu peux comprendre ça, non ? » lui a répondu Germaine Tillion, leur amie commune, quand il s'en est inquiété auprès d'elle.

Mais alors pourquoi serait-elle amoureuse de moi ? ressasse-t-il obstinément.

Bernard Anthonioz n'appartient pas à la catégorie des hommes sûrs de tout et surtout d'eux-mêmes. Il ne sait plus trop où il en est, trop de bruit, trop de vent. Il esquisse un sourire gêné, dit qu'il va réfléchir, et propose de la reconduire jusqu'au consulat de France où son père, Xavier de Gaulle, est en poste depuis un an. Elle refuse. Il insiste mais c'est peine perdue. Il l'a blessée. Alors, maladroitement, il prend congé et s'éloigne.

Des rafales soulèvent les eaux du Rhône, éclaboussant le pont. La tempête gronde. Les passants courbent le dos, le cœur de Geneviève étouffe. Elle voit celui qu'elle aime s'en aller et relever au loin le col de son imperméable, déjà il n'est plus qu'une silhouette anonyme parmi les passants. Si elle avait des larmes elle les retiendrait. Mais Geneviève ne pleure plus. Agrippée à la rambarde du pont, frêle et menue, elle ne sent ni la force du vent ni la morsure du froid. Hypnotisée, elle regarde les eaux quitter les larges rives du lac Léman pour s'engouffrer dans le lit étroit du fleuve. Elles arrivent tout droit des sommets enneigés où tout est pur, elles ne savent pas qu'il leur faudra désormais suivre un chemin balisé et charrier sur leur passage les immondices des villes et des villages qu'elles traverseront. Une image ancienne lui revient. « Perlette », une goutte d'eau surgie d'un conte d'autrefois que Geneviève lisait dans la maison de Lille, chez ses grands-parents Henri et Jeanne de Gaulle. Elle revoit la couverture usée de l'album du Père Castor. Dans les images, Perlette roulait, confiante, dans le lit d'une rivière. Elle tournoyait entre les pales d'un moulin et bondissait joyeusement vers le ciel. L'avenir était immense et la vie, un paradis. Puis un matin tout avait basculé. Perlette avait été aspirée par un courant puissant et s'était retrouvée brutalement ensevelie dans l'affreuse puanteur des déchets et des miasmes des égouts d'une ville. Elle avait cru mourir. Elle n'arrivait plus à respirer et n'avait plus l'air de rien que d'une chose sale, gluante et noire. Le conte disait qu'avec difficulté elle avait réussi à retrouver le chemin d'une rivière aux eaux claires. Mais il disait aussi que cette traversée dans les immondices avait été d'une telle violence qu'elle n'avait plus jamais été la même. Elle savait désormais qu'il existait de par le monde des eaux dévastatrices qui pouvaient surgir à tout instant. Des eaux noires. Et depuis ce temps-là, son voyage sur la rivière n'avait plus connu un seul instant l'insouciance des jours heureux.

Sur ce pont du Rhône, le conte de l'enfance refaisait surface. Geneviève était née dans la douceur d'une famille aimante. Elle avait une pleine confiance dans la vie quand tout avait basculé. Elle avait cinq ans lorsque sa douce maman était morte, et à peine plus de dix-neuf quand sa sœur l'avait suivie dans la tombe. Pas même le temps de pleurer que la guerre la plongeait au fond du camp de Ravensbrück.

Elle venait d'en revenir par miracle mais elle avait vécu des choses si terribles qu'il lui était impossible d'en parler. Voire de s'en souvenir. C'est pourquoi, sur ce pont battu par un vent glacial qui ébouriffe ses cheveux, elle repense à Perlette ensevelie sous les immondices et sait que rien ne sera plus jamais pareil.

Il s'est mis à pleuvoir. Un coup d'œil à sa montre, 18 h 30. Geneviève n'a pas vu le temps passer. Elle se secoue, elle doit rejoindre le consulat au plus vite. Son père et sa belle-mère, Armelle, se mettent à table à 19 h 30 précises, pas question d'être en retard, mais le consulat est à l'autre bout de la ville. Elle réfléchit. Si elle prend par la place Longemalle, elle sera trempée avant de passer la Croix d'Or, or elle ne veut pas arriver au consulat comme une pauvre chose mouillée. Inspirer la pitié n'est pas dans sa nature, ce qu'elle veut c'est redevenir au plus vite la jeune fille qu'elle était avant que le camp de Ravensbrück ne transforme la fraîcheur de ses vingt ans en une vieillesse prématurée. Elle veut oublier l'état dans lequel elle est revenue, les 44 kilos, la peau sur les os, couverte de plaies, la chevelure maigre. Heureusement, elle est jeune et en quelques mois elle a réussi à reprendre des formes. Elle se tient droite et fait tout pour que la vie irradie à nouveau son corps abîmé. La fierté qui l'a tenue debout dans les pires heures ne la lâche pas, elle ne sera pas une victime. Elle le veut de toutes ses forces et se faufile par les ruelles étroites en rasant les murs pour éviter la pluie et les flaques. Pas question d'abîmer les seules chaussures de cuir correctes qu'elle ait pu récupérer chez une tante. Ce n'est pas facile car la pluie tombe de biais et elle prend des rafales inattendues. Au bout d'un moment, mouillée pour mouillée, elle court, l'important c'est d'être à l'heure. Le respect des autres, ceux qui ont préparé le repas et qui vont le servir, dans sa famille, c'est plus qu'une éducation, c'est une règle.

Et pour elle, la règle est nécessaire, même si elle a payé cher pour savoir qu'elle peut s'avérer monstrueuse selon qui la dicte. À son retour de Ravensbrück, elle n'a pas raconté à son père ce par quoi elle est passée, elle n'a pas pu. Elle a essayé mais elle n'a pas trouvé les mots. C'était trop violent, trop impudique. Elle estime que son père a eu son lot de souffrances. Elle ne lui a rien dit non plus de sa rencontre avec Bernard. Que penserait-il si elle lui avouait qu'elle vient de le demander en mariage ? Elle l'imagine stupéfait et forcément réprobateur. Pour Xavier de Gaulle, homme de traditions, c'est à l'homme de faire sa demande. Mais elle ne regrette rien, elle a payé pour savoir que la vie n'attend pas. Des rêves, des illusions et même des êtres chers, elle en a trop perdu. Les deux femmes de sa famille fauchées par la maladie en pleine jeunesse, sa grand-mère morte durant la guerre, et toutes celles au camp de Ravensbrück qui tombaient d'un revers de crosse et cramaient dans une affreuse odeur qu'elle sent encore remonter, tout au fond de sa gorge. À l'en faire vomir. À vingt ans, Geneviève a déjà vécu le pire. C'était juste hier.

Voilà pourquoi sur ce pont de pierre face aux montagnes enneigées, en allant vers Bernard, elle n'a pensé ni à la tradition ni à l'échec, elle a juste pensé à la vie. Et voilà pourquoi au-delà des marques de privation et de coups encore visibles sur son jeune visage, la grâce de ses vingt ans illumine tout son être. La force de son amour a tout balayé.

C'est si grand, d'aimer !

2

Toute à ses pensées, elle vient d'arriver au consulat français sans s'en apercevoir. Un jeune chien batifolant l'arrête dans sa course. Sous son parapluie, le maître se confond en excuses, il l'a lâché en pensant qu'il n'y avait personne dehors sous cette pluie battante. Geneviève caresse le museau du chien mais son maître l'entraîne, pressé de se mettre au sec. Elle jette un coup d'œil à sa montre, 19 h 10, juste le temps d'aller se changer avant le dîner parce qu'elle dégouline. Mais le gardien du consulat n'aimera pas la voir souiller le bel intérieur qu'il entretient de façon méticuleuse. Elle hésite à sonner.

À l'angle de la rue Saint-Léger, face au parc des Bastions, le consulat est un bâtiment cossu, une maison particulière comme il y en a tant dans ce quartier de l'université de théologie et du musée Lullin. Un drapeau tricolore arboré en façade et une grosse plaque de cuivre apposée près de la lourde porte ne laissent pourtant aucun doute. Le numéro 2 est bien un haut lieu de la diplomatie française et on n'y pénètre pas comme dans un moulin. Comme elle l'avait anticipé, le gardien la regarde d'un air réprobateur, aussi après avoir pris soin de taper devant lui ses chaussures sur le paillasson extérieur et de secouer la pluie de son manteau sous la marquise qui abrite la porte, elle entre. À regret, il s'efface, le sol de marbre du grand hall brille de mille feux mais il ne peut décemment pas demander à la fille du consul de se déchausser et d'enlever ses vêtements trempés. Geneviève a conscience que dans cet univers impeccable, son apparence est décalée. Elle n'a rien de ces élégantes jeunes filles suisses resplendissantes de santé qu'elle croise depuis son retour. Au sortir du camp, elle n'avait rien, et les vêtements qu'elle a récupérés à droite et à gauche sont loin des modèles de luxe qu'on peut contempler dans les vitrines genevoises. La guerre n'a arrêté ici ni les affaires ni le cours de la mode. Sa robe de laine rêche flotte autour de son corps amaigri et sa veste de tweed récupérée auprès de la tante lui tombe aux épaules. Elle n'avait pas beaucoup de toilettes avant d'être faite prisonnière, il n'était pas dans les habitudes des siens de dépenser inconsidérément. Dans la chambre du 17 de la rue Cardinet à Paris, qu'elle louait du temps de la clandestinité, elle n'a rien retrouvé. La chambre avait été vidée, et occupée par d'autres. Alors elle a fait avec ce qu'elle a pu trouver et s'estime chanceuse, au moins les siens étaient là pour l'accueillir, ce qui est loin d'être le cas pour beaucoup de ses compagnes qui, au retour des camps de concentration, se sont retrouvées seules, sans famille, sans argent, sans logement. Veuves ou abandonnées par des maris pensant qu'elles ne reviendraient pas. Ses deux amies les plus proches, Anise et Germaine, lui en ont donné de sombres nouvelles dans leurs dernières lettres.

« On était comme assommées par ce retour, on l'avait imaginé tant de fois et ce qu'on retrouvait était si loin de ce qu'on avait espéré. Beaucoup de nos camarades n'ont rien retrouvé, ne savaient même pas où aller, à qui s'adresser, ça n'a pas été facile, il y avait tant de prisonniers qui rentraient des camps. On ne nous écoutait pas, c'était ça le plus difficile[1]. »

Comment son pays peut-il laisser ces jeunes femmes revenues des camps dans un pareil état de dénuement après ce qu'elles ont vécu ? Geneviève est anéantie quand elle y pense. Elle voudrait les aider au plus vite, mais comment ? Elle est encore si faible et, dans cette ville inconnue, si seule. À qui se confier, à qui parler de ces compagnes perdues ? Bien sûr son père la soutiendrait, mais il ne sait pas leur enfer et il a sa propre vie à mener avec sa nouvelle femme, ses nouveaux enfants, son nouveau travail. Le gardien toussote pour rappeler sa présence. Geneviève sourit poliment, s'excuse pour ses vêtements mouillés et se dirige vers l'escalier en prenant soin de poser ses chaussures sur le tapis central pour ne pas souiller le marbre luisant. Ici tout respire la fortune, le luxe et le soin. Rien que de beaux meubles et de beaux objets, de nobles matériaux. Des lustres de cristal, des tapis de laine aux motifs raffinés, des

1. Anise Postel-Vinay, entretien avec l'auteure.

gravures au mur et une majestueuse toile de maître face à l'entrée principale. Mais les dorures n'impressionnent pas Geneviève de Gaulle. L'honneur et l'amour, voilà ce qu'on lui a appris à respecter, aussi tout en montant les marches à pas lents dans le silence retrouvé, elle ne pense pas à ce qui l'entoure, elle songe seulement à Bernard. Comme toute jeune fille amoureuse, elle voudrait être près de lui et elle s'inquiète. *Où est-il ? Pense-t-il à moi ? Que va-t-il me répondre ? Et s'il disait non ?* Cette seule idée la fait vaciller car elle l'aime déjà bien trop fort. Il est indifférent aux choses de l'argent, il a montré qu'il se tenait droit devant les difficultés et dans les heures troubles. Elle revoit sa silhouette qui s'éloigne sur le pont et se perd parmi les passants. Sa gorge se noue, des larmes affleurent à ses paupières, elle voudrait tellement être avec lui, s'abandonner entre ses bras. Elle est si jeune et elle a tant souffert...

Un claquement de porte la fait sursauter. Le gardien a regagné sa loge. Elle est seule dans le vaste hall et elle frissonne, il lui semble qu'elle a encore plus froid que dehors et elle se met à trembler. Elle a couru trop vite et a du mal à respirer. Sa santé est plus fragile qu'elle ne veut l'admettre et son corps la tient à peine, mais elle préfère penser qu'il va vite reprendre des forces. Déjà il accepte de se nourrir un peu alors que le premier mois de son retour du camp de Ravensbrück, elle vomissait la moindre bouchée. Elle s'assied sur une marche au niveau du palier, le temps de se remettre. Brusquement la lumière s'éteint et le silence tombe, envahissant l'espace. Elle perçoit des bruits lointains, étouffés.

Là-haut, son père et Armelle l'attendent dans l'appartement de fonction du consulat. Un lieu sans âme, où rien ne lui rappelle les jours heureux avec sa famille d'avant, dans la maison de Lille, quand elle jouait sous la véranda rue Princesse avec le cousin Philippe pendant que l'oncle Charles et son père, assis dans le salon de rotin, parlementaient de choses et d'autres avec les grands-parents, Henri et Jeanne. Quand le soleil traversait la verrière et jouait sur les carreaux de ciment, quand arrivait de la cuisine l'odeur d'un bon gâteau aux pommes ramenées de Normandie, quand la guerre et le mal n'existaient pas encore… La tête lui tourne, elle entend des bruits sourds, des voix, des cris, des gémissements, les pampilles du lustre et les paysages des tableaux s'évanouissent. Dans la pénombre, un autre monde émerge du néant, les murs sont nus et le sol de béton froid maculé de taches sombres. Les tremblements la reprennent.

— Comment allez-vous ?

Elle ne comprend pas ce que le SS lui demande. Pourquoi la surveillante l'a-t-elle amenée devant cet officier allemand qui lui a demandé son matricule, « 27372 », et qui maintenant s'enquiert de sa santé avec un ton normal, comme s'ils se trouvaient dans un univers normal ?

— Répondez. Comment allez-vous ?

— Pas très bien.

Elle a parlé mécaniquement, et tout aussi mécaniquement elle a montré ses plaies, sur ses mains, ses bras, son visage, ses yeux boursouflés. Il s'est approché et inspecte maintenant ses yeux infectés.

Il marmonne entre ses dents, visiblement contrarié. Elle entend les mots « ulcération », « cornée », « avitaminose ».

— Dans quel service travaillez-vous ?

Il continue à la questionner avec ce même ton neutre sans que rien dans ses traits ou sa voix ne trahisse ce qu'il lui veut. Elle le regarde avec ses yeux qui ne voient plus que flou car sa cornée est infectée, mais elle ne répond pas. La moindre information peut avoir de lourdes conséquences, elle n'a aucune idée de ce qu'il pourrait en faire, alors elle prend une précieuse seconde de réflexion. L'officier ne mesure pas la volonté de cette jeune fille maigre et au bord de l'épuisement. Terrassements, sacs de ciment et de charbon déchargés à même l'épaule, nettoyage à mains nues des uniformes arrachés aux cadavres, contaminés par le typhus, passages à tabac des gardiens, Geneviève a traversé tout cela. Si elle est encore vivante, elle sait à qui elle le doit. À ses camarades déportées qui l'ont sauvée *in extremis* de la mort en l'extirpant par ruse des mains du fou qui s'acharnait sur elle et s'apprêtait à l'achever à coups de battoir. Alors devant cet officier allemand qui n'a l'air de rien mais dont elle pressent la dangerosité, Geneviève fait attention à ce qu'elle dit. Car les jours précédents, Milena Seberova, une détenue tchèque qui fait office de contremaître, a réussi à convaincre les autorités du camp de l'affecter à un autre atelier.

« Malgré la dureté, quand ça allait trop loin, que c'était trop cruel, parfois, quand elles le pouvaient, certaines gardiennes aidaient, et cette Milena a risqué de se faire prendre pour sauver Geneviève. Elle ne serait plus là sinon[1]. »

Geneviève ne sait pas quels arguments Milena a pu trouver auprès du fou, mais si l'officier qui se tient devant elle se rend compte de ce que Milena et les autres ont fait pour la protéger, c'est la mort assurée pour toutes. Alors elle ment et donne le nom de son atelier officiel où elle n'est plus, priant pour qu'il ne vérifie pas.

— Je travaille dans le commando Bekleidungswerk II.

— Qui le dirige ?

— Syllinska, le Hongrois.

Le SS ne cille pas, mais sa bouche fait une moue qui en dit long. Il connaît la réputation de tortionnaire du Hongrois et comprend mieux le pourquoi de l'état lamentable de cette nièce du général de Gaulle qu'Himmler lui a demandé de remettre « en bon état ». En ce mois d'octobre 1944, les Allemands ont compris que la guerre est perdue. Himmler prévoit de se servir d'elle comme monnaie d'échange auprès du général par l'intermédiaire de la Croix-Rouge. L'officier SS exécute scrupuleusement la mission.

— À partir d'aujourd'hui, dit-il, vous serez affectée au Bloc 2.

Pour la remettre d'aplomb, il avait décidé de la mettre à l'infirmerie, dans de bien meilleures conditions que toutes les autres, avec nourriture

1. Anise Postel-Vinay, entretien avec l'auteure.

supplémentaire et chauffage l'hiver. Mais le général Charles de Gaulle n'a pas donné suite à la proposition d'Himmler qui privilégiait un membre de sa famille, alors puisqu'on ne l'échange plus et qu'elle ne sert à rien, il la laisse dans le bunker, isolée dans une cellule sans lumière. Où on l'oublie…

«Je glisse dans une espèce de torpeur d'où m'arrache le bruit d'une porte qu'on déverrouille. En face de moi, une surveillante me regarde avec stupeur : "Qui êtes-vous ? Que faites-vous ici ? Depuis quand êtes-vous là ?" Mon allemand me permet de comprendre et de répondre. La femme repart se renseigner et revient pour m'expliquer que j'ai été oubliée[1]… »

— Geneviève, tu es où, tu es là ?

Elle sort de son cauchemar, éclaircit sa voix d'un raclement de gorge et se lève d'un bond. La lumière du hall s'est rallumée, une porte vient de s'ouvrir à l'étage du consulat.

Elle est à Genève. Le bunker, le camp, les SS, c'est fini. Son cœur bat à tout rompre, elle respire lentement et retrouve le calme. Tout est normal maintenant, les gens sont normaux, ils disent bonjour et au revoir, on mange proprement dans de la vaisselle, on ne se bouscule pas devant une auge puante, on ne frappe pas, on ne tue pas à coups de battoir. Le camp est loin, depuis quelques mois, elle est sauvée. La voix s'impatiente.

---

1. Geneviève de Gaulle-Anthonioz, *La Traversée de la nuit*, Paris, éditions du Seuil, 1998 ; «Points», p. 24.

— Geneviève, réponds, c'est toi ? Tu es rentrée ?

Son père s'inquiète et se penche sur la balustrade pour tenter de la voir. Mais elle est cachée dans le renfoncement du palier.

— Qu'est-ce qui se passe, je ne te vois pas ?

— Je suis là, papa. J'arrive, je refais mon lacet.

— Fais vite, on t'attend, on va se mettre à table.

Il a pris un ton sévère pour lui rappeler qu'on ne déroge pas à la règle, l'heure c'est l'heure. Mais ellc a perçu son soulagement, sa fille est là. Quand il l'a récupérée, elle était dans un état effrayant, avec l'air d'une petite vieille. Il a eu si peur, il a cru qu'il la perdrait elle aussi. De son premier mariage qui l'avait rendu si heureux, il ne lui reste que son fils Roger et elle, Geneviève. Il lui a écrit la seule lettre qu'elle ait reçue au camp. Un miracle. Il l'avait écrite en allemand pour déjouer le contrôle postal et ses paroles étaient pleines d'une tendresse paternelle qui l'avait bouleversée. Ses mots qu'elle se remémorait dans les pires moments et sous les coups avaient agi sur elle comme des stimulants qui la gardaient en alerte et l'avaient aidée à ne pas s'enfoncer dans un voyage sans retour. Elle ne voulait pas mourir, elle voulait le revoir, revoir sa patrie. Xavier de Gaulle a toujours été pour elle un père aimant, et elle aurait préféré le retrouver en France, dans la chaleur d'une maison familiale comme au temps de Lille. Une maison bien entretenue qui sentait bon la cuisine de grand-mère et les jeux des enfants, les souvenirs, les chamailleries et les rires. Elle le revoit assis dans le fauteuil d'osier face au jardin clos de murs de brique, le journal entre les mains. Et grand-mère Jeanne qui refermait toujours la porte du salon dans lequel les enfants n'avaient pas le droit d'entrer parce qu'il était destiné aux visiteurs. Rien ne se passe comme elle l'avait tant espéré. Son père, Geneviève l'a rejoint en Suisse, dans un appartement officiel et sans âme, glaçant comme le sont les logements de fonction diplomatiques avec leur inévitable mobilier de prestige au vernis trop brillant. Elle n'avait pas imaginé non plus que la France ne serait qu'un champ de ruines désorganisé où chacun panserait ses plaies en n'ayant aucune envie d'écouter d'autres plaintes, fussent-elles sans commune mesure. La Libération s'avère un moment incroyablement complexe et difficile. Pourtant, comme si de rien n'était et comme si rien jamais ne s'était passé, par-delà l'escalier Geneviève répond à son père avec un ton énergique et même joyeux :

— Oui, père, ne vous inquiétez pas, j'arrive tout de suite.

3

Le dîner a été rapide, et Geneviève a regagné sa chambre au plus vite. Du haut de sa fenêtre, elle écarte les rideaux et son regard erre dans les allées sombres du parc en contrebas. Plongé dans la nuit, le parc des Bastions a quelque chose d'inquiétant, la lueur des lampadaires dessine des formes étranges entre les arbres et les bosquets. Tout au long du repas, Geneviève avait espéré que le téléphone sonnerait, que Bernard la rappellerait.

— Tu sembles ailleurs, ma fille, quelque chose te tracasse ?

Xavier de Gaulle avait le front soucieux et cette sollicitude a agacé Armelle, sa nouvelle femme. Geneviève n'est pas vraiment la bienvenue.

— Mais non, papa, rien ne me tracasse, rien du tout, ne vous inquiétez pas.

Elle aurait eu besoin de raconter les horreurs qui la hantent. Mais elle a bien senti qu'Armelle n'aimerait pas et elle pense que c'est juste de se retenir. Tous ont souffert dans cette guerre, et à quoi bon parler si personne ne veut vous entendre ? Le chemisier de soie qu'elle porte est un peu trop grand, comme sa veste. Sa couleur d'un beige fané a un petit air vieillot. Il appartenait à sa chère grand-mère à laquelle elle pense avec émotion chaque fois qu'elle le met. Geneviève a parfois de grandes peines qui tombent sur ses épaules sans prévenir et qui la font paraître plus menue encore, plus petite aussi. Comme une enfant qui pourrait se briser d'un simple coup de vent. Pourtant, devant son père, elle fait face. Mais comme il fait mal, ce sourire menteur, quand la seule chose qu'elle espère c'est retrouver Bernard. Avec lui, elle pourra rire pour de vrai, et pleurer aussi. Il l'écoutera et il comprendra, elle en est sûre. Il est discret, réservé, mais très sensible. Elle a beaucoup parlé avec lui au chalet du Verbier où elle a passé quelques jours avec Germaine et Anise et d'où elle vient de rentrer. De lui, elle connaît encore peu de choses, mais elle sait l'essentiel. Il est bon et droit, son instinct ne peut pas la tromper.

Le cri d'un oiseau déchire la nuit.

Elle sort de ses pensées. Les frondaisons des arbres se découpent sur un ciel éclairé de lune. On dirait une image de livre d'école quand les illustrateurs coloraient la nuit en bleu sombre et la lune en jaune d'or, quand les renards et les loups ne faisaient pas si peur et que les ours donnaient aux enfants envie de partager le repas du soir avec eux dans la maison de Boucles d'or. Quand, dans le même temps et dans la vraie vie, on les massacrait tous en battues qui n'en laisseraient bientôt plus un seul de vivant, et que les petits cochons roses allaient en file naïve se faire couper la tête dans de sordides abattoirs. Geneviève sait que les loups et les ours sont loin d'être les pires des prédateurs et qu'il en existe de bien plus terrifiants. Elle a du mal à respirer comme avant, quand elle ne savait pas. Elle regarde haut vers le ciel les nuages découpés par la clarté de la lune et pense à Dieu qu'elle a tant prié.

Où était-il quand nous étions battues et enfermées, se demande-t-elle, *quand les gardiens du camp nous faisaient avancer en nous traitant de «petites cochonnes» ?*

Quelle violence, ces mots lui font encore un mal terrible. *Dieu n'était pas avec nous dans ce camp*, pense-t-elle, *trop de femmes et d'enfants ont été assassinés. Dieu était resté à l'extérieur.* Si pour elle Dieu existe, elle doit admettre qu'à Ravensbrück il n'était pas là et, aujourd'hui, pour revivre, le seul qui puisse l'aider, ce n'est pas lui. Comme toutes les filles amoureuses, elle revient sans cesse à ce jeune homme dont elle a fait la connaissance récemment. La nuit est si romanesque, elle n'y résiste pas. Ses yeux lui font encore mal, des démangeaisons. Elle voudrait les frotter mais il ne faut pas. Un médecin a recommandé la patience durant encore de longs mois. Elle en aura parce qu'elle n'en revient pas d'être rentrée vivante. La lampe de chevet diffuse dans la chambre une douce lumière. Geneviève laisse retomber le rideau et regarde tout autour d'elle, s'attarde sur l'ébène du fauteuil, la lampe couleur d'ivoire en céramique craquelée et le parquet en point de Hongrie. Les paniers fleuris qui décorent la tapisserie lui en rappellent d'autres. Un souvenir empreint de douceur, quand sa maman chérie vivait encore, ou alors c'était dans la maison de Lille. Elle ne se souvient plus exactement du lieu mais c'était une vieille tapisserie un peu mélancolique qui la rassurait. Le temps, le soin, les maisons semblaient faites pour l'éternité. Comme ce lit qui lui tend les bras, si confortable, si propre avec ses draps de métis blanc impeccablement repassés. Dans sa jeunesse, Geneviève a déménagé beaucoup au gré des nominations de son père, puis au temps de la Résistance, de mansarde d'étudiante en chambre clandestine, et aujourd'hui elle rêve des maisons vers lesquelles on revient toujours. Dès l'enfance, tout a fui autour d'elle, les êtres et les lieux se sont évanouis. Le cœur lourd, elle se déshabille et pose ses vêtements bien pliés sur l'austère fauteuil Louis-Philippe en cretonne bordeaux qui a dû voir passer beaucoup d'enfants de diplomates. Dans ce consulat encore, elle n'est que de passage. Puis elle enfile une chemise de nuit récupérée chez tante Madeleine et elle se glisse entre les draps. Les tissus, les matières, les objets, tout lui semble à la fois merveilleux et dérisoire. Car ni l'or ni l'argent ni la pierre solide, pas même la douceur des draps de coton blanc, ne protègent la mémoire des horreurs quand on les a vécues. Elle a laissé les rideaux entrouverts pour voir la clarté de la nuit, elle ne peut plus dormir dans un noir complet, et difficilement dans un lit. Les premiers soirs, elle préférait s'allonger sur le sol, comme au camp. Elle ne supportait plus le moelleux du matelas. Maintenant elle se force à utiliser le lit, pour que tout redevienne normal. Elle ne comprend pas comment il est possible que son corps rejette le confort alors qu'il en a tant rêvé quand la nuit humide et froide tombait sur le camp et qu'il fallait se serrer à plusieurs sur la paille crasseuse et aplatie qui recouvrait de mauvaises planches pas même jointées, qui laissaient des barres de blessures sur tout le corps. Ses yeux grands ouverts fixent la bande de nuit entre les rideaux, elle veut oublier.

Les heures passent, elle ne dort pas. À nouveau, venant des profondeurs du parc, un cri déchire la nuit.

Elle se soulève dans le lit sur son avant-bras et attend. Aux aguets. Quel cri horrible ! Est-ce un oiseau ? Pourquoi a-t-il poussé un cri si affreux ? Intriguée elle se lève, s'approche de la fenêtre, l'ouvre et attend quelques minutes. Mais le silence est retombé. Elle s'apprêtait à la refermer quand elle découvre un chien affairé à lécher le sol près d'une poubelle. Il est excité et pousse de petits grognements. Son maître lui faisait faire une promenade nocturne, il le gronde avec véhémence. À l'aide d'un mouchoir qu'il tire de son veston de tweed, il essuie le museau de l'animal et le raccroche à sa laisse.

— Qui t'a appris à lécher n'importe quoi ! gronde-t-il. C'est bon pour les vauriens. Allez, on rentre !

Penaud, l'animal baisse les oreilles et ils disparaissent dans les ruelles obscures. Geneviève s'est figée. Elle découvre la tache sombre près de la poubelle, un liquide parsemé de morceaux indistincts. Son regard est hypnotisé, le présent s'efface.

Trompée par la nuit qui gomme le relief du sol, une prisonnière vient de glisser dans une flaque de boue en portant le bidon de soupe destiné à la ration du Bloc 2. Les 60 kilos du bidon ont eu raison de ses 40 kilos squelettiques et la soupe s'étale autour d'elle en une large flaque noire. Des fantômes de femmes décharnées surgissent de la nuit et se précipitent sur la flaque en se bousculant, arrachant à pleines mains de rares morceaux de rutabagas souillés de mâchefer et de boue, qu'elles avalent avidement, cependant que d'autres aspirent directement au sol la fine couche de soupe que la terre n'a pas encore eu le temps d'absorber. Un bras, ou plutôt un os recouvert de peau au bout duquel bougent les doigts d'un squelette, tente d'attraper sa part à travers les corps agglutinés, mais il s'agite dans le vide et retombe. Geneviève étouffe, ce bras n'a pas d'existence, celle à qui il appartient est ensevelie. Geneviève voudrait appeler, aller ramasser pour elle les derniers morceaux de cette maudite soupe, mais les fantômes ont disparu. Ils se sont évanouis dans la nuit de Genève.

L'éclairage municipal a forcé les ombres et, dans l'allée centrale qui s'enfonce dans le parc, on devine un début de chemin. Geneviève a le vertige, les souvenirs confondent le réel, elle étouffe, elle doit sortir. Elle a besoin de respirer, de sentir l'espace immense de la Voie lactée au-dessus de sa tête, de voir le ciel en grand pour se savoir sauvée. Elle s'habille précipitamment, quitte la chambre douillette et descend l'escalier de marbre à pas feutrés, dans le consulat rien ne bouge, personne ne l'entend. Délicatement elle pousse le verrou intérieur de la porte de service et sort dans la nuit. Une bouffée d'air l'envahit. Un espace infini s'ouvre au-dessus de sa tête, sans limites, sans murs, sans barbelés, sans cris de chiens dressés pour mordre et tuer. Rien, personne. Juste elle et la nuit. Quelle paix ! Elle est libre. Elle se répète ce mot inlassablement, *libre, libre, je suis libre*. Elle ferme les yeux. Les maisons dorment dans le silence et les feuilles des arbres dans les jardins luisent de la dernière pluie. Tout est si paisible. Elle n'a pas mis sa veste, elle a juste passé sa jupe et son chemisier. La fraîcheur de la nuit inonde ses cheveux, son visage, elle sent cette incroyable liberté tout autour de son corps et dans tout son être. Là-haut, les étoiles brillent entre les nuages et ces pas qu'elle fait seule dans la nuit la bouleversent. Elle va où elle veut, elle peut s'asseoir, marcher, tourner à droite ou à gauche, c'est elle qui décide. Des larmes de bonheur montent dans ses yeux. Elle s'avance dans la rue Saint-Léger, longe les maisons, imagine les vies tranquilles derrière les façades closes et laisse sa main traîner sur les murs. Elle a besoin d'en sentir la réalité, son cerveau lui joue des tours ces derniers temps, trop de visions resurgissent du passé sans prévenir, sans qu'elle puisse faire la part du réel. Il y a pourtant quelques mois qu'elle est revenue et elle a déjà fait beaucoup de choses, des conférences, des voyages à Paris chez l'oncle Charles, elle a rencontré Bernard, été dans un chalet avec lui et ses amies, et elle avait cru les cauchemars terminés, disparus. Mais ils reviennent. Elle se dit que ça passera et n'en parle à personne. Les maisons sont bien réelles, elle sent sous sa main leur pierre solide et elle se demande encore et encore comment il est possible d'être vivante, au milieu de tant de plénitude. Elle ne pense à rien d'autre, juste au miracle de ce présent et à ce mot de liberté qu'elle répète inlassablement dans sa tête comme pour le rendre plus réel encore. *Liberté ! Liberté ! Je suis libre ! Libre !*

Près de la poubelle, les fantômes hagards et le chien vorace ont disparu, même la tache sombre. Impossible de savoir ce qu'il a avalé, sans doute un reste de nourriture jeté là par hasard. Curieux, pense-t-elle, en Suisse personne ne jette rien par terre. Le pays est impeccablement entretenu.

Soudain un bruit de moteur trouble la nuit et deux cercles jaunes s'allument à l'extrémité du cours des Bastions. Une voiture ! À cette heure ! Que fait-elle ? Et si elle cachait des collaborateurs ou des SS venus pour l'emporter à nouveau sans que personne en sache rien ? Pour se servir encore d'elle comme monnaie d'échange. Geneviève est à vif, elle sait que ce que l'on croit ferme et définitif peut basculer en un instant. On se bat encore sur le front russe, la guerre n'est pas finie. Tout peut arriver. Effrayée, elle s'enfonce dans l'allée du parc et disparaît sous l'ombre des grands arbres. La voiture avance, s'arrête au niveau du consulat. Dissimulée derrière un arbre, Geneviève a reconnu une traction noire et son cœur bat à en éclater. Mais la voiture reprend sa route, tourne à l'angle du cours et s'éloigne vers le centre-ville. Recroquevillée au pied du tronc, Geneviève est prise de tremblements. La dernière fois qu'elle est montée dans une voiture comme celle-là, c'était à Paris, un jour d'été, le 20 juillet 1943. La traction noire avait longé les quais, passé la Seine. Geneviève ne savait pas alors où ces hommes qu'elle ne connaissait pas l'emmenaient. Ils venaient juste de l'arrêter au numéro 68 de la rue Bonaparte, à la librairie Au vœu de Louis XIII. Membre du groupe de jeune résistants « Défense de la France », elle avait assisté à la messe à Notre-Dame de Paris et elle était venue chercher son courrier. La librairie servait de boîte aux lettres pour son réseau…

À peine le pied posé sur le vieux dallage dont elle connaissait le motif par cœur, Geneviève a senti que quelque chose n'allait pas. Mais elle n'a pas eu le temps de rebrousser chemin, trois hommes sont entrés derrière elle. Le plus grand s'est avancé d'un pas déterminé. Élégant, chemise blanche, cravate et costume trois-pièces, cheveux gominés vers l'arrière, petite moustache bien taillée, Pierre Bonny est le représentant de la police française à Paris. Il a le sens du détail et, en dépit des lourdes chaleurs, celui de sa présentation. C'est un homme inquiétant, il fronce les sourcils parce que quelque chose lui dit que cette frêle jeune fille qui plonge un peu trop précipitamment le nez dans un livre appartient au réseau dénoncé par son indicateur, Émile Marongin. Un étudiant en médecine infiltré dans le groupe « Défense de la France ». Mais il hésite, Marongin ne lui a pas parlé d'une jeune fille, il lui a vendu Charles d'Harcourt, un étudiant qui doit venir déposer le paquet d'un journal clandestin qui les nargue depuis longtemps. Derrière son comptoir, Lola, la libraire monarchiste qui a abrité la boîte aux lettres, ne se fait pas d'illusions. Pierre Bonny la regarde avec un sourire qui en dit long quant au sort qu'il lui réserve, et d'un œil perçant il fixe Geneviève qui fait semblant de feuilleter le premier livre qu'elle a trouvé sur le présentoir. *Le Roi de la nuit*, un roman fantastique de Jean de la Hire, auteur prolixe qui inonde les tables et n'intéresse pas Geneviève le moins du monde, mais elle reste d'un grand naturel et, après l'avoir un peu feuilleté, elle le repose et prend celui d'à côté comme le ferait toute lectrice curieuse. Depuis son premier acte de résistance spontanée, quand elle a arraché le drapeau nazi à l'automne 1940 sur le pont de Rennes, Geneviève a fait du chemin. Des missions pour le réseau du musée de l'Homme avec sa tante Madeleine de Gaulle, des dissimulations de photographies du général de Gaulle à l'intérieur de livres, des expéditions de journaux, de documents et même un voyage en Espagne pour porter du courrier et faire du repérage pour les passages de frontière. Les risques qu'elle prend sont devenus de plus en plus grands au fur et à mesure de son engagement, et pour ne pas nuire à sa famille, depuis le début de l'année elle est devenue clandestine et appartient au réseau que traque Bonny. Ses papiers sont faux et, si par malheur il les lui demande et s'en aperçoit, c'en est fini. La situation est très dangereuse, et elle mesure les conséquences désastreuses de son arrestation pour tous ses amis du réseau, avec les documents cachés dans sa serviette. Alors l'air de rien, elle repose le livre, et comme si elle en cherchait un autre, avec une maîtrise impressionnante de la situation pour une toute jeune fille d'à peine vingt ans face à un pareil danger, elle se faufile derrière une rangée de présentoirs sous lesquels elle s'empresse de glisser la serviette remplie des documents compromettants.

— Vos papiers !

Elle ne l'a pas vu s'approcher. Elle sursaute.

— Comment vous appelez-vous ? insiste-t-il.

Une autre serait déjà bégayante, effondrée. Elle est si menue, si frêle. Mais elle répond d'une voix douce le plus naturellement du monde et sort posément de son sac à main ses faux papiers tout en déclinant son identité avec aplomb. Il n'a pas vu la serviette, pour elle c'est tout ce qui compte.

— Je m'appelle Germaine Lecomte[1].

Pierre Bonny la croit, il doute que cette jeune fille soit bien dangereuse. Elle est si menue, si fine. Bien que policier aguerri, il est leurré par ses *a priori*. Par acquit de conscience, il ouvre quand même la carte d'identité, la scrute quelques secondes puis la lui rend et prend le livre qu'elle feuilletait.

— *Jean l'Anguille et le Corsaire noir*. Quel titre ! dit-il en faisant une drôle de moue.

Elle cherche ce qu'elle pourrait bien lui dire, mais il enchaîne en plissant les yeux, intrigué.

— Que venez-vous faire dans cette librairie ?

Geneviève se liquéfie intérieurement mais le regarde de ses doux yeux tranquilles.

— J'ai commandé une bible et je viens voir si elle est arrivée.

— Une bible ?!

---

1. Geneviève de Gaulle utilisait des faux papiers au nom soit de Germaine Lecomte, soit de Germaine Garnier.

Il retourne le livre qu'il lui a pris des mains et lit à haute voix la quatrième de couverture :

— « Et contre le Corsaire noir terrible et mystérieux, vous verrez combattre un admirable officier de marine, le commandant Girard, et son mousse, Jean l'Anguille, un Parisien de quatorze ans. Cette lutte, c'est l'héroïsme se donnant libre carrière. C'est la bravade joyeuse du péril... » Ça ne ressemble pas à la Bible. Vous aimez l'aventure et le danger ?

— Pas particulièrement. Je le regardais comme ça. En ce moment tout le monde parle de cet auteur. Je voulais me faire une idée.

Elle n'a pas hésité ni cherché ses mots, et elle a répondu d'une voix claire. Il est encore suspicieux mais tout semble normal. Alors cette fois, il se dit que Geneviève est certainement là par hasard, et il la libère.

— Vous pouvez partir, dit-il en lui rendant ses papiers, on a des choses à faire ici. Vous reviendrez chercher votre bible plus tard.

Sans se presser, maîtrisant l'immense soulagement qui la gagne et la hâte d'être loin, Geneviève se dirige vers la porte. Sa tête lui tourne, son ventre est noué, la liberté est à un pas, elle voit les passants, les arbres, la rue, dans une seconde elle est libre.

— Cette jeune fille avait une serviette en entrant, dit à l'ultime seconde un policier en la retenant de son bras tendu. Et elle ne l'a plus.

Bonny manque s'étrangler. Sur ses ordres on retrouve immédiatement la serviette, on l'ouvre et il n'y a plus aucun doute. La douce jeune fille appartient bien à la Résistance. Il en est littéralement soufflé, il n'en revient pas. Son visage se déforme de colère. Devant ses hommes, il s'est fait gruger par cette demoiselle qui n'avait l'air de rien !

— Qui êtes-vous ? siffle-t-il.

Elle lit la haine sur son visage, et elle comprend qu'à partir de cet instant plus rien pour elle ne sera jamais pareil. Un froid l'envahit. Mais elle se reprend, tout cela n'a pas duré plus d'une seconde. Elle hésite, puis se décide. Son véritable nom de famille doit apparaître, on doit savoir que dans la famille de Gaulle on s'engage et on prend des risques.

— Je m'appelle Geneviève de Gaulle.

Bonny avale sa salive et accuse le coup. Car s'il y a bien une arrestation qu'il voudrait n'avoir jamais faite, c'est celle d'un membre de la famille du général. Le héros de la Résistance française à Londres, déjà un mythe. Policier aguerri, homme de l'ombre, il a suffisamment de métier pour savoir que rien n'est gagné dans la vie, surtout pas une guerre, et il pense quand même à préserver l'avenir. Au cas où. Or il sait que cette fois il est allé trop loin. Quoi qu'il fasse désormais, il restera toujours celui qui a arrêté la nièce du général de Gaulle.

À travers les vitres de la traction noire qui l'emporte, celle-ci est loin d'imaginer les inquiétudes de Bonny qui s'est assis près d'elle. Geneviève regarde les gens dans les rues, les cafés, les vitrines des magasins, elle observe la vie toute simple, désormais inaccessible :

« Je regardais le haut des arbres, j'entendais les cris des enfants qui jouaient sur la place… mais déjà je n'étais plus dans ce monde-là. On ne sait pas ce qui va arriver, mais on sait que l'on n'est plus dans le monde où il y a des enfants qui jouent et où l'on peut regarder les arbres[1]. »

Ils l'ont conduite dans les sinistres bureaux de la rue des Saussaies où elle a subi des interrogatoires violents, des coups. Elle a fait l'objet de transactions qui ont échoué, puis il y a eu sept mois d'enfermement à la prison de Fresnes et, un beau jour, le départ pour Compiègne au milieu de centaines de femmes rassemblées et emportées pêle-mêle au camp de Ravensbrück dans un train à bestiaux durant trois interminables journées et deux nuits glaciales de février 1944. Militantes politiques de tous bords et d'horizons divers, ouvrières, anonymes, résistantes, filles du peuple et de la bourgeoisie, jeunes et âgées, monarchistes et communistes, toutes étaient vouées au même sort.

Dans le parc des Bastions, Geneviève est toujours appuyée contre l'arbre. Elle sent comme si elle y était encore l'odeur d'urine et d'excrément qui baignait les convois. Sa mémoire fait indifféremment remonter les souvenirs et les rêves, dans le désordre :

« À plat ventre dans une barque plate, je glisse sur une eau sombre. La rivière est étroite et bordée de rochers noirs et escarpés. Le courant m'emporte à travers un

1. Maïa WECHSLER, film *Sisters in Resistance*, 2000, rush, cassette 17, BDIC Paris, Nanterre.

tunnel sans fin et je ne puis même pas lever la tête. Lorsque tout à coup paraît une infime lueur, je m'éveille le cœur gonflé d'espérance. Une longue journée semblable aux autres, et pourtant différente. Je chante les lieder que papa m'a appris en s'accompagnant au piano : *La Truite*, *La Lorelei*, *Le Tilleul*, *Le Roi des aulnes*. Je prie aussi en pensant à sa prière qui m'accompagne[1]. »

Elle frissonne, dans sa tête c'est un chaos. La nuit est froide et la soie légère de son chemisier ne la protège de rien. Nous sommes au mois de décembre 1945, elle n'est plus prisonnière au camp de Ravensbrück, elle est libre, à Genève. Et c'est un autre hiver…

1. Geneviève DE GAULLE-ANTHONIOZ, *La Traversée de la nuit*, *op. cit.*, p. 62.

4

Huit mois auparavant, il faisait beau, nous étions au printemps, Geneviève ne connaissait pas encore Bernard Anthonioz, elle ne l'avait même jamais vu.

Le 20 avril 1945, juste avant qu'elle soit libérée du camp par la Croix-Rouge et retrouve son père, le hurlement des sirènes retentissait dans la ville de Genève et le ciel se couvrait de lourds bombardiers noirs. Dans un ultime sursaut pour gagner définitivement cette guerre contre l'Allemagne nazie, les B-24 Liberator des forces alliées avançaient par rangs de quatre dans un grondement sourd. Ils allaient bombarder l'industrie de Milan et faire tomber Bologne. Deux jours après, le 23 du même mois, le maréchal Pétain fuyait Sigmaringen et obtenait des Allemands d'être amené en Suisse. Pourtant la guerre ne s'achèvera sur le front européen qu'une semaine plus tard, le 8 mai, par la capitulation du IIIe Reich.

En France, c'est le temps de la Libération. Le général de Gaulle est entré triomphalement dans Paris le 26 août par la porte d'Orléans et il a prononcé un discours vibrant avant de s'installer au ministère de la Guerre pour y établir le siège de la présidence. La tâche est rude, le désordre immense. Toutes les institutions ont été perverties et les structures sont défaites. Les Allemands ont laissé derrière eux des coquilles vides, des bureaux désertés cependant que les premiers combattants rentrent petit à petit, que les résistants arrivent du maquis et que les déportés reviennent des camps dans un état épouvantable. La France a été pillée et aucun des organismes qui tiennent un pays debout en temps normal ne fonctionne. On manque de logements, de nourriture, de combustible et même de billets de banque. Les chemins de fer sont bloqués, les trains ne circulent plus, trois mille ponts ont sauté sur l'ensemble du territoire, rendant les routes impraticables, les ports sont inutilisables et le ravitaillement impossible. Par une sorte de miracle échappant parfois au marasme général, le courrier administratif arrive à destination. Xavier de Gaulle le vérifie et, ce matin, dans son bureau du consulat de Genève, il sourit en découvrant une lettre.

— Tiens, dit-il en la tendant à sa fille, elle est pour toi.

Geneviève s'en saisit.

— Ouvre-la vite, lui dit-il. Je ne pense pas me tromper en te disant que c'est ton oncle Charles qui donne des nouvelles. J'ai reconnu son écriture.

Le visage de sa fille s'éclaire d'un coup, elle déchire l'enveloppe et lit la lettre à haute voix. C'est bien son oncle qui lui a écrit, à elle, nommément, elle en est toute tremblante d'émotion. Il lui exprime par des mots simples et forts sa fierté de l'avoir pour nièce et il l'invite à venir le voir dès que possible dans la villa de Neuilly qu'il occupe avec la tante Yvonne et la petite Anne, sa fille handicapée. *Je suis très occupé et je croule sous les responsabilités*, explique-t-il, *mais nous trouverons le temps de parler, je le veux, j'y tiens*. Geneviève exulte, elle va revoir son oncle, celui qui a défendu l'honneur de la France à Londres, celui qui représente le pays en tant que président du Gouvernement provisoire. À lui, elle va pouvoir tout raconter, enfin et sans retenue.

Dans les tranchées de la guerre de 14, il a vu lui aussi des choses très dures, comme il a pu le raconter avec une émotion qui l'empêchait d'aller trop loin lors des réunions de famille. Il a connu des choses inavouables, il sait ce dont l'être humain est capable. Il va l'écouter, la comprendre. La veille, elle a reçu par téléphone des nouvelles de ses deux amies proches qui elles aussi sont revenues du camp. Anise Girard (Postel-Vinay) et Germaine Tillion ont été rapatriées en train par la Croix-Rouge et elles lui ont raconté en détail l'affreuse réalité des retours pour beaucoup de leurs compagnes.

À Paris, gare du Nord et gare d'Orsay, les trains se succèdent et déversent une masse de plus de deux millions de prisonniers de guerre qui grouillent sur les quais. Des collaborateurs et des détenus de droit commun se glissent dans cette marée humaine, trouvant dans ces heures de confusion l'opportunité unique de se refaire une virginité. Les autorités sont à cran, au bord de l'asphyxie, il faut vérifier les réelles identités de chacun et c'est dans ce contexte explosif que les survivantes des camps de concentration arrivent. Anise et Germaine ont débarqué avec les autres dans un état sanitaire déplorable. Les familles ont été averties du retour par la radio et la presse et certaines sont venues parfois de loin, prêtes à accueillir leurs filles ou leurs mères, mais beaucoup de déportées n'ont personne pour les attendre. Les familles sont dispersées, c'est le chaos. Trois femmes, trois résistantes de la première heure, ont déjà pris les choses en main de leur propre initiative : Marcelle Bidault, Denise Mantoux et Sabine Zlatin. À leur demande, le général de Gaulle a ordonné la réquisition d'un hôtel au cœur de Paris, et pas n'importe lequel, le *Lutétia*. Tout un symbole, c'est un hôtel prestigieux dans lequel l'état-major allemand avait installé son quartier général durant les années d'occupation. Désormais, les trois résistantes y accueillent les déportées. Des milliers de repas et de nuitées sont mis en place et, avec une efficacité sidérante au vu des conditions, elles organisent l'accueil, aidées de bénévoles qui récupèrent auprès des Parisiens des vêtements qu'elles distribuent ensuite avec des tickets de métro arrachés aux autorités et, selon les besoins, elles dirigent les arrivantes vers les hôpitaux et les centres de soin. Elles font au mieux, avec rien.

« Les bus se mettent en marche, on traverse Paris : est-ce un rêve ? On arrive à l'hôtel *Lutétia*, centre d'accueil et de contrôle des déportés. La vaste entrée de la résidence est obstruée par une masse de femmes qui brandissent des photos, hurlent des noms. Ce sont les épouses, les amies, les mères de déportés qui espèrent trouver parmi les arrivants des témoins de la vie ou de la mort de ceux qui ne sont pas revenus… Il faut foncer dans le tas pour pouvoir entrer. À l'intérieur de l'hôtel, c'est encore le brouhaha et le piétinement de la foule, mais on nous dirige vers des dortoirs où nous pouvons nous reposer avant de retourner parmi les autres. Et voilà que nous retrouvons des camarades du camp ou du voyage : rien ne pouvait être plus réconfortant, on dirait que nous retrouvons nos vrais pays ! […] Le lendemain de notre arrivée, il me tarde de partir à la reconquête de mon Paris et je sors le matin très tôt. […] Je descends dans le métro à la station Sèvres-Babylone et là, c'est la défiance et la haine qui animaient déjà ceux qui nous ont poursuivis, emprisonnés, exclus, que je décèle encore concentrées dans l'expression mauvaise et le ton hargneux de la poinçonneuse devant laquelle je passe sans ticket en disant "déportée", ainsi qu'on nous l'a appris au *Lutétia*. "C'est bizarre, il n'y a plus que des déportés à Paris…", grommelle-t-elle, comme si je lui avais ôté le pain de la bouche[1]. »

« Je ne suis restée que quelques heures au *Lutétia*. Ils attendaient une ambulance pour m'emmener à l'hôpital Bichat. De l'hôpital, j'ai envoyé un pneumatique à un ami demandant des nouvelles de mes parents. "Tes parents vivent, ton frère aussi", m'a-t-il répondu. Cette nouvelle a provoqué une crise de larmes. Ensuite, ma mère est venue me voir à l'hôpital. Il a fallu presque un an pour me retaper (je pesais 28 kilos). Sur mon bulletin,

1. Odette OBADI, « La libération des camps et le retour des déportés. Témoignages », sur le site Internet du Mémorial de la Shoah : www.memorialdelashoah.org.

il était écrit : *État rachitique extrême*. Dans mon état, on ne pouvait même pas m'opérer. Je suis restée, je crois, deux mois et demi à Bichat. Puis j'ai été en maison de repos à Moissac, puis dans une autre maison et je suis retournée à l'hôpital. Au bout de dix mois seulement, ils ont pu commencer à me soigner[1]. »

« Nous avons été dirigées vers le *Lutétia*. Là, nous avons subi de nouveaux interrogatoires... nous avons été choquées par cette ambiance de femmes pomponnées. C'est vrai, il y avait bientôt un an que la France était libérée. Nous étions des gens qui arrivions bien tard. Mais pour nous, c'était difficile : ces gens ne pouvaient pas comprendre ce que nous avions enduré. Nous étions des êtres à part. On nous a donné une chambre, et on a pu se laver. On a peut-être aussi reçu des vêtements. Et puis, après avoir encore été interrogées, le lendemain matin, on nous a donné un ticket de métro et une petite somme d'argent. Comme nous habitions Versailles, on nous a dit : "Eh bien, mesdames, partez chez vous..." Nous avons pris le métro[2]. »

Au téléphone, Anise a la voix qui tremble, derrière elle Geneviève entend un grand brouhaha, elle appelle de l'hôtel, les déportées ont le droit de téléphoner à leurs familles.

— Si tu voyais, explique-t-elle à Geneviève, elles font tout ce qu'elles peuvent ici mais on est si nombreux, et tant de nos amies se retrouvent sans un sou,

---

1. Sarah Colin, *ibid.*
2. Jacqueline Fleury, *ibid.*

sans logement, sans personne. Tu te souviens d'Arlette ?

— Celle qui trouvait toujours le moyen de nous faire rire même dans les pires heures ?

— Oui, elle est avec nous, on vient de lui annoncer que son mari et son fils ont été tués au maquis, et sa fille, comme tu le sais, est morte gazée au camp. Ils n'avaient rien à eux, leur ancien appartement a été reloué et elle n'a rien retrouvé. Plus un seul meuble, aucune vaisselle, pas un vêtement. Personne n'a pu lui dire où cela était passé. Et elle n'est pas la seule, si tu voyais, beaucoup d'appartements de déportés ont été cambriolés, pillés. On a vu un couple, chez eux tout avait été vidé, il ne restait rien, pas même un livre. Pour Arlette, ici elles vont la garder quelques jours mais après, où ira-t-elle et que pourrait-elle espérer faire avec ses 40 kilos ? Elle est courageuse et elle fait face mais on voit bien qu'elle est perdue…

La communication a été coupée. Geneviève est sous le choc. Devant l'urgence de gagner cette guerre contre le nazisme, des femmes et des hommes s'étaient engagés sans penser à autre chose qu'à réussir, à libérer la France. Aucun n'avait envisagé que la fin puisse être aussi violente pour eux, aussi problématique, grevée de questions purement administratives avec des preuves à fournir, des questions d'intendance et de soins. Aucun n'avait anticipé tous ces vols, ni un tel désarroi, la plupart étaient si jeunes. Tout leur tombait dessus d'un coup, en vrac. Ceux qui étaient restés dans leurs bureaux, à leurs postes, dans leurs métiers avaient certes souffert mais au moins ils avaient gardé leurs logements, leurs situations professionnelles et leurs revenus. Alors que parmi ceux qui s'étaient engagés dans la Résistance, avaient pris le maquis ou avaient été déportés, beaucoup découvraient parfois au retour qu'ils avaient tout perdu. Pire, que certains de ceux qu'ils défendaient les avaient pillés.

— Papa, je dois aller à Paris rejoindre mes amies et parler avec oncle Charles, on a besoin de moi. Ici, je ne sers à rien, je dois partir.

Xavier de Gaulle vient juste de retrouver sa fille, qui tient à peine sur ses jambes, et il ne souhaite pas la voir repartir. Il veut qu'elle se remette, qu'elle mange, qu'elle dorme.

Mais Geneviève est déterminée. Elle cherche une solution pour se rendre à Paris quand elle apprend qu'un convoi de déportées libérées rentrant de Mauthausen s'arrête en gare de Genève-Cornavin avant de repartir pour la France. Elle se doute qu'elle ne pourra pas partir avec elles dans ce train mais elle y court, elle veut les voir, leur parler. Quand elle arrive, il y a foule sur le quai, elle se fraie un passage. L'émotion est vive. Tout le monde s'embrasse, des larmes coulent. Le convoi ne s'attarde pas. Geneviève est bouleversée d'avoir vu et serré ces femmes dans ses bras. Elles n'ont pas pu se dire grand-chose mais elle les a reconnues. Ce sont ses sœurs de captivité. Leurs visages pâles, hagards et déformés par la faim, leurs sourires incrédules d'être enfin libres. Geneviève pense à Arlette : « Quand le dernier wagon disparaît du côté de la France, je commence à regretter de ne pouvoir les retenir en Suisse… Toutes les ressources de ce pays heureux aideraient mes camarades à retrouver leurs forces physiques et morales. Mais comment y parvenir ? »

Un peu plus loin, sur le même quai, un groupe de dames agite les mains en signe d'au revoir. Geneviève les a remarquées, « elles offraient avec émotion et gentillesse des présents de bienvenue le long des wagons, en particulier des sacs de toilette fort bien préparés ». L'une d'elles s'approche respectueusement :

— Mademoiselle de Gaulle, je suis si heureuse de vous voir. Permettez-moi de me présenter, je m'appelle Germaine Suter-Morax…

Grande, cheveux sagement relevés en chignon, petit sac de cuir à la main, très élégante dans son manteau de laine claire, Germaine Suter-Morax a l'allure d'une dame respectable de la bonne société, tout comme ses amies qui l'accompagnent et qui sourient à Geneviève, émerveillées par cette personne qu'elles jugent extraordinaire. Être la nièce du célèbre général de Gaulle, à leurs yeux c'est être un peu lui. Geneviève, elle, les découvre. « Ces dames animaient un ouvroir de Lausanne qui n'avait cessé pendant toute la guerre d'aider les enfants des pays occupés, les réfugiés en Suisse et même les maquisards[1]… »

— Connaissez-vous Irène Delmas ? demande Mme Suter.

Geneviève n'en a jamais entendu parler, et pour cause, ça fait à peine quelques mois qu'elle est rentrée du camp. Alors Mme Suter lui explique. Irène Delmas

1. *Revue de l'ADIR* (Association nationale des anciennes déportées et internées de la Résistance), n° 99, mai-juin 1965, p. 4.

est une de leurs amies, une résistante internée à la prison de la Santé dès 1942 qui, avec d'autres résistantes emprisonnées à Fresnes, a créé le 14 octobre 1944 l'Amicale des prisonnières de la Résistance.

— Irène a compris que la solidarité des femmes serait leur salut et elle a décidé de créer une association pour garder les liens entre elles au-delà de la prison.

Geneviève l'écoute avec une attention grandissante.

— Elles ont même fait mieux, précise Mme Suter. Votre oncle, le général de Gaulle, leur a attribué des locaux dans le VIe arrondissement de Paris, au numéro 4, rue Guynemer. Un immeuble réquisitionné qui appartient à l'évêché. Elles ont déjà mis en place une cantine, récupéré des vêtements à gauche et à droite, organisé un service médical et installé un foyer pour que les déportées puissent se reposer, avec de la lecture. Je le sais en détail parce que ma sœur Florence y fait du bénévolat. Elle est assistante sociale à l'hôpital Saint-Louis de Paris…

Ces informations rappellent à Geneviève qu'à Ravensbrück, dans le froid de l'hiver meurtrier précédent, Émilie Tillion, la mère de son amie Germaine, a eu la même prise de conscience. Avec son expérience de la vie et des hommes, Émilie pressentait déjà que si certaines réchappaient de cet enfer, elles auraient de grandes difficultés au moment du retour. Non seulement pour se réinsérer mais aussi pour se faire entendre. Alors pour se protéger, marquer la force de cette solidarité et ne jamais l'oublier, elles avaient elles aussi créé une association, entre elles, dans la nuit du camp, sur les paillasses.

— Ma sœur a réussi à faire venir en Suisse par train plus de cinq cents enfants, continue Mme Suter, parmi lesquels des petits enfants juifs. Cachés au milieu des autres, bien sûr, parce que la circulaire de Rothmund l'interdisait. Les trains en question ont été bloqués avec l'occupation de la zone sud. Ma sœur a réussi à le faire savoir au ministre suisse chargé des relations avec Pétain, en vain. Rien n'a bougé. Alors elle n'a fait ni une ni deux. Elle est allée trouver le médecin personnel du maréchal qui travaillait comme elle à l'hôpital Saint-Louis et, sur sa recommandation, elle s'est rendue à Vichy et a pu négocier directement avec les autorités. Eh bien, les trains ont été débloqués et les enfants sont venus !

Geneviève découvrait que la solidarité des femmes avait existé bien au-delà des camps et même des frontières. Même en Suisse où les comportements n'avaient pas été exemplaires, un fil était là. Il suffisait d'accepter cette main tendue. Sur ce quai, elles s'enthousiasmèrent et décidèrent toutes ensemble de faire venir en Suisse des déportées comme Arlette. Pour les aider à se reconstruire et à reprendre des forces dans l'air pur des montagnes. Mais il y avait une inconnue. Qui paierait les transports, les logements, la nourriture ?

— Je sais ! exulta Mme Suter, décidément très entreprenante. On va organiser des conférences payantes à travers tout le pays et on va faire appel aux dons.

— Mais personne ne veut entendre ce qu'on a à dire, et puis, c'est difficile…

— On n'est pas en France, on est en Suisse. Vous représentez beaucoup de choses, Geneviève. Votre nom, ce que vous avez traversé, tout le monde doit savoir ce qui s'est passé. Pour vous, j'en suis sûre, ils viendront.

— Pour le nom que je porte, vous voulez dire.

— L'important c'est qu'ils soient là et qu'ils entendent ce que vous avez à nous dire.

Dans ses vêtements flottant autour de son corps amaigri, Geneviève rêve de voir ses amies dans ces prairies, sous ce ciel pur. Mais elle s'interroge. On l'écouterait donc alors qu'à Paris personne ne veut les entendre ? Elle est incrédule. Elle n'a pas encore pu mesurer la résonance du patronyme qui est le sien et qui l'aidera plus tard, pour faire aboutir ses futurs combats, à ouvrir des portes qui sans lui seraient restées fermées. Mme Suter-Morax elle, n'en doute pas. Alors Geneviève accepte, c'est décidé, elle fera les conférences ! Elle sait qu'il faut tout raconter, pour celles qui ne peuvent pas ou qui ne sont plus là. Mais d'abord elle doit aller voir ses amies et retrouver son oncle à Paris. Elle en a un immense besoin. Les dames sont déjà à l'œuvre, déterminées. Elles lui disent qu'elles ont des amis et même des maris qui ont les moyens d'aider et elles vont les mettre à contribution. Pendant que Geneviève sera à Paris, elles planifieront les premières conférences, trouveront les lieux, organiseront la billetterie et chercheront des maisons pour les accueils.

— Et surtout n'oubliez pas, dit Mme Suter à Geneviève en serrant ses mains entre les siennes, reprenez des forces. On a un immense besoin de vous.

5

Geneviève ne s'attendait pas à trouver des « dames » aussi privilégiées sur ce quai, venues accueillir à leur façon les déportées misérables. Elle n'en revient pas de les voir si présentes et si actives. Elle a compris que quelque chose avait changé dans le regard qu'on portait sur elle. Qu'elle représentait à leurs yeux bien plus qu'elle-même. Elle a vu l'admiration dans leurs regards et derrière cette admiration la haute stature du général, son oncle. Personne ne sait qu'elle s'est engagée dans la Résistance bien avant son appel de Londres. Personne ne sait encore qu'elle est de la même trempe, de celles qui n'abdiquent pas. Mais, au seul énoncé de son nom de famille, on lui accorde une confiance infinie, et elle mesure ce que cela signifie de responsabilités. Son désir de retrouver au plus vite son oncle Charles et de parler avec lui n'en est que plus grand.

Le lendemain, une voiture du consulat partant à Paris, elle s'est imposée. La route lui parut courte tant ce qu'elle voyait la laissait stupéfaite. Elle découvrait pour la première fois l'état des campagnes dévastées par les bombardements, les hameaux en ruines, détruits. Le pays avait été le théâtre de terribles combats et en portait les blessures profondes. Geneviève ne reconnaissait plus la « douce France » des champs bien cultivés et des vertes prairies, des villages et des clochers…

— Ne vous en faites pas, lui dit le jeune diplomate qui conduisait la voiture, notre pays va se remettre plus vite que vous ne croyez. La nature est plus forte que tous les obus et que toutes les guerres.

Elle n'osa pas lui dire que le prix à payer était bien lourd, il se montrait si aimable, il se voulait si optimiste.

— La vie mène depuis la nuit des temps un combat qu'elle n'a jamais perdu, reprit-il, elle gagne toujours.

Il disait vrai. La mort faisait son œuvre, mais la vie renaissait, sous les décombres, entre les cailloux, sous la pierre, l'herbe repoussait toujours et plus vite qu'on ne l'imaginait.

Prévenu de l'arrivée de Geneviève, Charles de Gaulle l'attendait dans la maison de Neuilly où il logeait momentanément en tant que président du Gouvernement provisoire. Il l'accueillit sur le pas de la porte et la serra dans ses bras dès sa sortie de voiture, avant même qu'elle n'ait le temps de dire un seul mot. Il se recula pour mieux la voir. Elle flottait dans ses vêtements.

— Te voilà enfin, ma chère nièce ! dit-il en maîtrisant l'émotion qui lui nouait la gorge.

Elle a juste souri et acquiescé d'un mouvement de tête. Pas question de laisser monter les larmes ! Ils sont vite rentrés à l'intérieur et, ce premier soir, ils n'ont abordé aucun sujet grave, ils n'ont parlé ni de ce qu'elle avait vécu ni de ce qu'il avait affronté. Ils se sont simplement retrouvés en famille autour de la table avec tante Yvonne et sa jeune cousine, Anne, l'enfant trisomique du couple.

Rassurante, tirée à quatre épingles, tante Yvonne a déposé sur la table un plat fumant que le général a longuement commenté. Le bœuf bourguignon de sa femme, assure-t-il, est le meilleur qu'il ait jamais mangé. Tante Yvonne est fière mais fait mine de rien. Geneviève est bouleversée par l'odeur de ce plat qu'elle a toujours connu sur les tables de la famille et qui se répand dans la pièce. Elle est chez elle, en France, parmi les siens, et ce soir ils sont heureux. Chacun mesure la chance d'être là, tout aurait pu finir si dramatiquement. Anne rit avec Geneviève et le général et sa femme sont émus de voir son plaisir.

— Ma petite Anne m'a aidé à dépasser tous les échecs et à voir plus haut, confie le général.

Tante Yvonne acquiesce, le bœuf bourguignon les a rassemblés, comme avant. Ils évoquent des souvenirs, des anecdotes de famille, de celles qu'on se raconte chaque fois qu'on se retrouve et qui font sourire. Ce n'est qu'en toute fin de repas, au moment où tante Yvonne dépose sur la table sa spécialité, des ramequins garnis de riz au lait, que le front du général s'assombrit. La guerre a été le théâtre de tant de souffrances, pour tant de gens, tant de peuples, il ne peut l'oublier même dans un moment aussi intime. Une main se pose sur la sienne, sa femme lui sourit, ce n'est pas le moment d'évoquer les choses difficiles, il sera temps demain. Il comprend, il parle alors de la propriété qu'ils ont achetée à Colombey sur les «vastes terres de Champagne». Il regrette pour Anne les grands espaces entourant La Boisserie et la présence de cette maison familiale dans laquelle ils ont vécu sans eau courante ni chauffage mais dans laquelle ils avaient réussi à mettre un peu de confort. Il explique à Geneviève qu'ils ont été dans l'obligation de la quitter après l'invasion allemande dès mai 1940, et que, depuis, ils ne l'ont pas revue.

— Un tribunal militaire français a condamné ton oncle à mort quand il est parti à Londres, et nos biens ont été confisqués, dit tante Yvonne fortement secouée à ce souvenir douloureux. Après quoi ils ont mis notre chère maison en vente publique. Mais... précise-t-elle en se reprenant et maîtrisant son émotion, elle n'a pas trouvé d'acquéreur. Personne n'a osé.

Le visage du général est triste.

— Ton cousin Philippe a pu aller la voir en septembre dernier à l'occasion d'une mission dans la zone, reprend-il. La Boisserie a été pillée et incendiée. Philippe nous a dit que les portes et les fenêtres avaient été brisées et qu'elles étaient ouvertes à tous vents. Il ne reste rien.

Anne est mélancolique. Le général explique à Geneviève que les Allemands ont saccagé la maison quand ils ont su que c'était la sienne. Tout est à reconstruire et, pour le moment, dit-il, il n'a ni les moyens financiers de faire des travaux ni le temps de s'occuper des affaires de sa propre famille. Il doit accomplir son devoir, reconstruire la France, son pays, sa terre, son idéal.

Tante Yvonne soupire tout en desservant sur un plateau les coupelles de riz. Son dessert a eu du succès mais ses pensées sont ailleurs :

— De juin 40 à ce jour, mon ami, n'oubliez pas que nous avons changé de lieu d'habitation treize fois ! Treize fois !

Elle a fait les comptes avec précision et répète le chiffre une deuxième fois. Geneviève prend conscience de ce que cela a demandé à sa tante de capacité d'adaptation et représenté de difficultés avec le handicap de la petite Anne. Le général reste silencieux, il sait ce que son engagement a imposé aux siens, il sait combien ces déménagements ont été durs à vivre. Mais c'était la guerre, il dit qu'ils ne sont pas les seuls à en avoir souffert et redit qu'ils ne sont pas à plaindre, qu'ils sont vivants. Tante Yvonne acquiesce mais ne peut s'empêcher de grommeler entre ses dents. Avec sa manie de ne pas accepter la moindre plainte des siens et de n'en favoriser aucun dans cette période, son mari leur a mené la vie dure. Leur fils Philippe, dit-elle, en sait quelque chose, il se croit obligé d'être toujours au front et toujours en première ligne.

Le général regarde Geneviève, il n'a pas cédé au chantage d'Himmler pour la faire sortir du bunker. Elle le sait et elle lui sourit, elle serait mortifiée de devoir la vie à un privilège qui aurait anéanti tout ce qu'elle est, et tout ce à quoi elle croit. Mais elle comprend tante Yvonne. Les valeurs de leur famille ne leur ont pas rendu la vie facile. La table est maintenant desservie, à son habitude Yvonne de Gaulle s'en va tricoter près de la fenêtre, confortablement installée dans un fauteuil crapaud. C'est son moment de paix. Anne s'est blottie dans les bras de son père qui lui caresse gentiment les cheveux. On n'entend plus que le léger tic-tac de la pendule de bronze sur la cheminée de marbre. Dans cette impersonnelle villa de Neuilly où son oncle a posé pour un temps sa famille et ses bagages, Geneviève ressent sa tristesse. La fatigue tombe brusquement sur ses propres épaules. L'émotion de le revoir, le bon repas, les souvenirs, elle est épuisée.

— On se verra demain matin, lui dit son oncle en l'embrassant juste avant qu'elle ne rejoigne la chambre où tante Yvonne a préparé un lit. Tu me raconteras.

Ils se comprennent. Elle s'est couchée à même le plancher et elle s'est endormie comme une masse, apaisée par la chaleureuse présence des siens.

Au cours de la nuit, elle a réfléchi à ce qu'elle allait dire à son oncle, ou plus exactement à la façon de le lui dire. Les mots viendront-ils ? Osera-t-elle ? Pour une jeune fille de son éducation, comment ne pas rester à la surface des choses, comment raconter l'horreur du camp, l'ignoble, les sévices sexuels, avec quels mots ? Comment dire ?

Le lendemain, le général s'isole avec elle dans la pièce qui lui sert de bureau. Ses heures sont précieuses mais il a tenu à ce moment en tête à tête. Comme il est grand. 1,96 mètre ! Geneviève le sait avec précision parce que son père Xavier le lui a dit en riant un jour où ils s'amusaient à parler de sa petite taille à elle, à peine plus d'1,50 mètre. Heureusement le général de Gaulle parle le premier, du présent immédiat, de l'action à entreprendre. Il lui confie ses inquiétudes comme il les confierait à un de ses compagnons d'armes. Cette marque de respect et de confiance la bouleverse.

— Les Français confondent la Libération avec la fin de la guerre et des privations, dit-il. Or il va falloir livrer bien d'autres batailles, subir d'autres pertes, d'autres restrictions… Mesurant mal l'étendue de nos ruines, l'effroyable pénurie dans laquelle nous nous trouvons, les servitudes que fait peser sur nous la poursuite du conflit, on suppose que la production va reprendre en grand et rapidement, que le ravitaillement s'améliorera très vite et que tous les éléments d'un renouveau confortable seront bientôt rassemblés. On imagine les Alliés comme des figures d'Épinal pourvus de ressources inépuisables, tout prêts à les prodiguer au profit de cette France que leur amour pour elle les aurait conduits à délivrer[1]…

Il se tient bien droit dans son costume militaire impeccable, avec cette légère raideur propre aux anciens de Saint-Cyr, éduqués à faire face. Elle est émue. Tout en parlant, il regarde au loin par la fenêtre comme s'il lisait l'avenir dans un horizon invisible. Son éloquence est claire, chacun des mots employé avec précision. Elle le sent déterminé, lucide, et aussi rempli de doutes. À vingt-cinq ans à peine, Geneviève prend la mesure du moment exceptionnel qu'elle est en train de vivre auprès d'un homme qui est certes son oncle, mais qui est aussi le chef d'un pays dévasté

1. Charles DE GAULLE, *Mémoires de guerre*, t. III, *Le Salut: 1944-1946*, Paris, Plon, 1959.

et qui s'apprête en toute lucidité à affronter la tâche immense de la reconstruction.

— Je ne suis pas dupe, dit-il. Voyant dans ce Paris misérable les rations à des taux de famine, les habits élimés, les foyers froids et les lampes éteintes, passant devant les boutiques vides, les usines arrêtées, j'entends déjà s'élever les plaintes des masses, les revendications des groupes, les surenchères de démagogues. Et si nous disposons de la sympathie des peuples alliés, la règle des États est de ne donner rien pour rien... Je ne puis me bercer d'illusions. Je me sais dépourvu de tout talisman qui permettrait à la nation d'atteindre ce but sans douleur[1]...

Que répondre ? Que peut dire une jeune fille à un homme pareil confronté à une page aussi grande de l'histoire ? Les mots lui viennent pourtant naturellement.

— Vous n'avez pas de talisman, mon oncle, mais personne n'en a. Par contre, vous n'avez pas abdiqué et vous avez agi. Le résultat c'est qu'aujourd'hui Paris est libéré. Vous saurez faire.

Elle ne cherche pas à l'éblouir par de grandes envolées, elle dit juste les choses comme elles sont. Le général esquisse un sourire mélancolique.

— Justement, ma chère Geneviève, aux yeux de tous, « de Gaulle » est un personnage quelque peu fabuleux incorporant cette prodigieuse libération, et on compte qu'il saura accomplir par lui-même tous les miracles attendus[2].

---

1. *Ibid.*
2. *Ibid.*, p. 10.

Il a conscience qu'il est devenu aux yeux de tous une sorte d'icône, un mythe tout-puissant, et il en prend la mesure avec lucidité. Il sait l'immense admiration, mais aussi l'immense et douloureuse solitude qui, l'histoire le prouvera, ne le quittera plus jamais. Geneviève ne peut s'empêcher de penser à l'effet électrisant de son nom de famille sur les « dames » de Suisse et elle se demande comment son oncle, ce petit garçon facétieux jouant aux soldats de plomb avec ses frères dans la maison de Lille, a pu devenir ce libérateur tout-puissant de la plus belle ville du monde, Paris. Et elle s'interroge plus profondément sur l'exercice du pouvoir, se demandant pourquoi les hommes qui l'exercent finissent toujours par se retrouver seuls, admirés au-delà du raisonnable, vilipendés au-delà du nécessaire.

Elle pense à la solidarité de ses sœurs du camp à Ravensbrück. Elles agissaient toujours ensemble, il y avait de fortes personnalités mais aucune ne prenait la place de l'autre. Pas d'héroïnes dans les camps. Juste des femmes solidaires, avec les plus petites choses qui leur ont permis de survivre quand il ne restait rien. Il est ambigu de devenir un héros. Geneviève ne croit pas en l'héroïsme, elle croit en la fraternité. Seule valeur capable de sauver l'humanité du néant.

Et pour elle désormais rien ne peut s'accomplir en dehors de cette chaîne de fraternité dans laquelle chacun apporte sa force et la transmet, en s'appuyant sur celle des autres. Une sorte de vase communicant des énergies solidaires comme celles dont elle vient encore de vérifier l'efficacité avec ces « dames », sur le quai de la gare en Suisse. Ses nouvelles amies sont en train d'organiser les premières conférences, et elle, ici, reprend des forces physiques et morales pour pouvoir les mener. En écoutant son oncle, Geneviève a pris conscience des responsabilités imposées par son nom de famille. Elle va devoir «l'utiliser» à bon escient, sans permettre que quiconque le pille ou l'abîme. Lourde tâche. Elle le doit aux siens, aux valeurs transmises, et à cet oncle sur les épaules duquel pèsent aujourd'hui tant d'espérances démesurées. Comme s'il avait lu dans ses pensées, le général pose ses deux mains sur ses frêles épaules.

— Le crédit que m'ouvre la France, lui dit-il d'une voix ferme, j'entends l'engager tout entier pour la conduire au salut. Cela consiste à mettre en place le pouvoir… à faire en sorte que le pays reprenne sa vie et son travail sans glisser aux secousses qui le mèneraient à d'autres malheurs. Il faut agir de haut en bas, mettre le gouvernement au travail[1] !

Agir, comme toujours ! Geneviève n'en doutait pas. Maintenant qu'il a parlé le premier, c'est à elle de raconter ce qu'elle a vécu, il doit savoir. Elle doit faire violence à sa pudeur et, sans pathos mais sans retenue, lui faire découvrir la terrifiante vie du camp, la déshumanisation. Elle plonge d'un coup dans le récit et dans un même souffle dit l'horreur de se retrouver nue devant tous et toutes, d'être tondue et de sentir cet étrange froid autour de sa tête. Elle raconte ses sœurs assassinées, les enfants gazés, les bébés noyés à la naissance, les jeunes Polonaises utilisées pour d'atroces

1. *Ibid.*

expériences médicales. Elle parle des cauchemars et de tout le reste. Il y a tant à dire, et c'est si dur. Il ne l'interrompt pas. Au fur et à mesure, elle trouve le courage d'aller plus loin, plus profond. Elle n'omet rien, pas même les bons moments et surtout pas la solidarité fraternelle qui les a sauvées… Le général a retenu sa respiration, un silence accompagne les confidences de Geneviève qui sont autant d'informations capitales pour lui. L'échange a atteint une grande intensité. C'est par elle que l'homme qui va diriger la France pendant de longues années prend pour la première fois la véritable mesure de l'horreur des camps. Geneviève parle posément, sans excès. Elle raconte les faits comme elle les a vécus. Avec la solidarité « morale et fraternelle sans laquelle, comme disait son amie communiste Marie-Claude Vaillant-Couturier, personne n'en serait revenu[1] ». Elle raconte aussi le souvenir des poèmes qu'elles se récitaient pour tenir quand elles étaient dehors dans le froid, debout, pendant les interminables heures d'appel. Elle raconte la force que peuvent donner les « petites choses, les attentions » qui leur ont permis à toutes de continuer à espérer et leur ont permis de « traverser la nuit ».

— Un jour, mes camarades m'ont fêté mon anniversaire, s'égaie-t-elle soudain comme si elle racontait quelque chose d'extraordinaire. Elles ont fabriqué une sorte de gâteau pour lequel chacune a apporté un peu de mie de pain pétrie dans une sorte de mélasse, et elles ont mis des brindilles qui figuraient

1. Geneviève DE GAULLE-ANTHONIOZ, *La Traversée de la nuit*, *op. cit.*

les bougies dans un décor de feuilles cueillies en hâte pendant le travail de terrassement au bord du marais. Un vrai moment de bonheur[1].

Elle en sourit encore tant ce moment avait été heureux, puis son regard se voile. Elle aperçoit sur le mur face à elle une image ancienne qui représente Dieu déposant avec bienveillance une couronne sur la tête de la Vierge Marie. Des paroles très anciennes, celles d'un cantique du XVe siècle, reviennent alors à sa mémoire, du fond des âges, du fond d'une prison : *Le Chant des oiseaux*.

— Quand j'étais enfermée à la prison de Fresnes, reprend-elle d'une voix changée, il y avait une lueur divine parfois. Mon amie Jacqueline d'Alincourt chantait : « Réveillez-vous, cœurs endormis, le Seigneur vous appelle, à ce premier jour de mai oiseaux feront merveille… vous entendrez une douce musique, réveillez vos cœurs endormis. » La voix pure de Jacqueline me faisait chanter à mon tour. Mais dans le camp de Ravensbrück, Dieu n'était pas là, mon oncle. Il était resté à l'extérieur.

Le général est tendu. Lui aussi se demande où était Dieu au temps des tranchées de 14, celles dont il est revenu et qui lui ont « laminé l'âme » à jamais.

— Au camp, poursuit Geneviève, j'ai été foudroyée par la vision des visages… des silhouettes vacillantes… ces femmes encore vivantes n'avaient plus de regard… j'ai vu des loques humaines. La destruction de notre âme était le programme de l'univers concentrationnaire…

---

1. *Ibid.*

Brusquement sa voix se bloque, les efforts qu'elle vient de faire pour dire tout au mieux, sans pleurs ni plaintes, l'ont épuisée.

Le général se tient toujours immobile devant la fenêtre face au même horizon invisible et lointain. Le silence a envahi la pièce, elle voit des larmes couler le long de sa joue. La nièce et l'oncle restent ainsi l'un près de l'autre et les minutes s'écoulent, interminables.

— Grâce à toi, lâche-t-il enfin, je sais encore davantage pourquoi je me suis battu.

Toute leur vie, ce moment entre eux restera gravé. De leur nom, l'un et l'autre savent qu'ils sont à jamais comptables. Au nom d'une France aux valeurs humaines intangibles et universelles, au nom d'une France de provinces chères à leurs cœurs. Lui avec cette raideur militaire des hommes éduqués pour aller au combat et protéger la nation, elle au service d'un avenir où elle imagine les femmes inventer une fraternité généreuse, sensible, ouverte sur le monde.

6

— Le déjeuner est prêt, mon ami. Pendant que vous parlementiez, j'ai accompli mon travail…

Tante Yvonne vient d'entrer dans le bureau.

— Passons à table, voulez-vous. Notre nièce doit mourir de faim et vos paroles l'assomment.

La femme du général veut arracher Geneviève des griffes de son militaire de mari, mais celle-ci lui explique que son oncle ne l'assomme pas. Au contraire, précise-t-elle, il lui parle non pas comme à une pauvre chose à protéger, mais comme à un être humain responsable, capable de comprendre le monde qui l'entoure et d'agir sur lui.

— Les échanges avec oncle Charles, c'est tout ce que j'aime, tante Yvonne, c'est tout ce que je veux.

Yvonne de Gaulle aime sa nièce mais ne comprend pas ces nouvelles façons. Elle fronce les sourcils. Une jeune fille ne devrait pas parler comme un homme, avec autant d'assurance. Geneviève n'a plus de mère ni de grand-mère, ni même de sœur pour la guider, et la femme du général la sent partir dans une mauvaise direction. Elle pense que cette liberté acquise dans la

Résistance, à vingt ans à peine, avec ces groupes de jeunes gens réunis en marge de la société, lui a fait oublier les conventions et qu'il faudrait au plus vite lui trouver un mari digne d'elle et de son rang. Un homme qui la rende mère et heureuse au foyer. Sûre de bien faire, elle jure de se mettre en quête et en parle le soir même à son mari. Elle a un jeune homme en vue. Un historien qui a fait ses études à Sainte-Croix de Neuilly puis à l'École normale supérieure et qui vient d'être reçu premier à l'agrégation d'histoire et de géographie. En un mot, un jeune homme parfait, promis à une brillante carrière couverte d'honneurs et de distinctions. Mais son général de mari se contente de hausser les sourcils en signe d'interrogation et de perplexité. Ce qui en dit long. Pourtant Yvonne de Gaulle ne désarme pas car elle aussi a du caractère et, surtout, elle est convaincue du bien-fondé de sa démarche pour l'avenir de leur nièce qui a assez souffert et qu'il faut aider au mieux. Elle a une autre carte en main qui devrait cette fois avoir l'assentiment du général. Elle ne l'a pas présentée en premier, connaissant son homme qui acquiesce rarement tout de suite à une proposition de son épouse. Mais cette fois, elle est sûre d'elle. Elle a trouvé le Graal. Il s'agit d'un compagnon de la Libération, Alain Savary, jeune officier du 1er bataillon de fusiliers marins, prestigieuse unité au sein des Forces navales de la France libre… Le général a dressé l'oreille. Elle s'en aperçoit et poursuit sa présentation avec ardeur…

— De plus, croit-elle bon de préciser, le jeune homme a deux atouts supplémentaires. À ce qu'on m'a dit, il a fait preuve de grandes qualités de commandement et d'intelligence dans de nombreux combats…

Charles de Gaulle écoute avec intérêt sa femme détailler les qualités de ce jeune officier, aide de camp de l'amiral Émile Muselier, seul haut gradé de la marine à l'avoir suivi à Londres dès 1940. Mais Yvonne ignore qu'entre l'amiral Muselier et son mari les relations sont exécrables. Bien que sous les ordres du général de Gaulle, Émile Muselier était d'un grade plus élevé, possédait de l'autorité et un point de vue sur les opérations à mener. Seulement sa réputation d'opiomane et de coureur répugnait à Charles de Gaulle tout comme le choix de son chef d'état-major : l'ambitieux et communiste commandant Moullec. Il reconnaissait que les deux hommes étaient de véritables patriotes, courageux, et des militaires exceptionnels. Pourtant les conflits entre lui et ce tandem soutenu par les Britanniques, agacés par l'indépendance du général, furent permanents, épuisants. Pour Charles de Gaulle, il ne s'agissait pas seulement de gagner cette guerre contre l'adversaire, il fallait aussi avoir la force de la gagner contre son camp.

Yvonne est loin d'imaginer les sombres pensées qui occupent l'esprit de son mari, bien au contraire elle est sûre de l'avoir convaincu. Elle ose alors avancer le dernier atout du jeune officier, non des moindres aux yeux de la femme qu'elle est.

— Et ce jeune homme possède une deuxième qualité qui plaira beaucoup à Geneviève…

De Gaulle tend l'oreille. De quel fait glorieux sa femme va-t-elle encore l'entreprendre pour gagner la partie ? Yvonne sourit et lâche dans un soupir.

— Il est beau !

Le général est saisi, il n'avait pas prévu que ce puisse être une qualité digne de figurer dans les enjeux de l'époque. Que répondre à cela ? Il se contente, en habile politique, de diriger sa femme vers la principale intéressée, sa nièce elle-même. Yvonne est dépitée, il aurait pu donner son assentiment, la féliciter d'avoir trouvé un jeune homme aussi parfait.

— Eh bien, c'est ce que je vais faire et pas plus tard qu'au Salon d'automne, lui rétorque-t-elle. Une excellente occasion pour les présenter l'un à l'autre, je suis sûre que vous ne direz pas le contraire.

Le général se souvient parfaitement qu'ils ont été eux-mêmes présentés grâce à l'entregent d'une amie des parents d'Yvonne à l'occasion d'une exposition au Grand Palais en 1920.

— Nous avons pris le thé, lui rappelle-t-elle, et ensuite vous m'avez invitée au bal de Saint-Cyr. Voyez, ce n'était pas une si mauvaise initiative.

Certes, et il en est très heureux. Mais pour ces initiatives-là, il ne se sent aucune compétence et, de toute façon, il sait que sa femme fera ce qu'elle voudra. *Et puis après*, pense-t-il en lui-même, *Geneviève décidera*.

Le général voyait juste car c'est ce qu'il adviendra. Mme de Gaulle a fait les présentations et Geneviève a décidé. Les « mains moites » du jeune historien brillant et agrégé ne la convaincront pas, pas plus que la stature du jeune officier qui, bien que fort élégant de sa personne, ne touchera pas l'essentiel, son cœur. Geneviève est une amoureuse et une passionnée. Elle n'épousera pas Alain Savary, ni par intérêt ni par circonstances. Quand elle épousera ce sera par amour, et elle ne l'a pas encore rencontré. Il va devoir encore se passer quelques mois, l'été, l'automne, jusqu'à l'hiver 1945, pour que Bernard Anthonioz entre dans sa vie et qu'ils se retrouvent sur le pont du Rhône. Pour l'heure, elle ne sait même pas qu'il existe. Tante Yvonne est fort déçue, et Geneviève sent bien qu'elle lui en veut de ce refus, mais elle a d'autres préoccupations.

Elle doit aider ses sœurs de déportation, organiser les voyages en Suisse et mettre les conférences en route. Elle a hâte d'en parler avec Anise et Germaine, ses deux amies qui l'attendent dans la petite chambre qu'occupe Germaine au cœur de Paris et vers laquelle elle se rend. C'est la première fois depuis son arrestation qu'elle déambule dans Paris. Libre. Contrairement à d'autres grandes cités européennes qui ont subi des bombardements tels qu'on n'en reconnaît plus le canevas urbain, la capitale française n'a pas été massacrée. Les boulevards et les rues sont accessibles, dessinés entre les rangées des immeubles qui sont toujours debout, comme la majorité des monuments. Pourtant la ville a souffert. Elle est sombre et couverte de poussière. Les immeubles sont crasseux et portent les stigmates de combats récents, on peut voir çà et là des impacts de balles qui ont fait éclater la pierre et les murs. Un peu partout on a arraché le pavé des rues pour monter des barricades, et dans les arrière-cours des taches de sang disent qu'ici on a tué, exécuté, assassiné. Après les terribles souffrances endurées durant l'Occupation, l'heure est à la vengeance. Paris est une souricière. Certains profitent de la confusion générale pour régler des comptes personnels. L'académicien Robert Brasillach s'est terré dans un appartement aux volets clos. On le recherche pour le juger ou lui faire la peau, selon qui le trouve en premier. Il avait fait remarquer à Theodor Dannecker, le SS chargé de la rafle du Vel d'Hiv, que ce dernier n'avait pas arrêté suffisamment d'enfants. Il a été fusillé, malgré une pétition contre sa condamnation à mort signée par Paul Valéry, François Mauriac et Paul Claudel. Quant aux procès du maréchal Pétain et de son ministre Pierre Laval, qui manquera son suicide, ils auront lieu à l'automne suivant. Pour ces hommes comme pour certaines personnalités du monde politique et de la société civile, solidaires de l'attitude du maréchal Pétain et convaincus des thèses d'Hitler sur la suprématie de la race aryenne, la collaboration était un choix fait dès 1940. Mais les « collabos », comme on les appelle de façon globale dès ce printemps 1945, seront désignés à la vindicte pour toutes sortes d'actes, suivant un très large spectre. Avoir servi des repas dans un restaurant à des Allemands peut être considéré comme un acte de collaboration et puni comme tel, alors que des fascistes notoires, criminels nazis ayant fui en Amérique latine, arrivent à en réchapper. D'autres comme Drieu la Rochelle se suicident. Le flou est tel que Malraux assistera à son enterrement cependant qu'Aragon, surnommé le « Robespierre de la Libération », n'hésitera pas à jeter l'opprobre sur Paul Nizan, communiste comme lui et compagnon de la première heure jusqu'au fameux pacte germano-soviétique de 1939. Partout la justice est désorganisée, parfois même corrompue. Une sale épuration commence. La nausée va durer de longs mois.

Geneviève marche de rues en rues, de places en places, elle n'a pas besoin de plan pour retrouver l'immeuble de Germaine, elle connaît le chemin par cœur. Une fois l'immeuble en vue, elle voudrait courir et grimper l'escalier qui mène à la petite chambre où ses amies l'attendent. Mais elle ne peut pas, elle n'en a pas la force physique. Alors elle se pose sur un banc et reprend son souffle. Son cœur bat, elle va revoir ses amies, ses sœurs. Le temps de retrouver son calme, et elle se remet en marche. Elles sont là, juste derrière la porte. Elle frappe. De petits pas pressés se font entendre et un visage rayonnant apparaît : celui de Germaine. À cette seconde précise, Geneviève ressent la même émotion que celle qu'elle ressentit deux ans plus tôt quand, arrivant au camp de Ravensbrück, elle s'est retrouvée pour la première fois devant celle qu'elle appelle aujourd'hui « Kouri », de son nom de résistante qui était aussi celui de sa nièce grandie au Vietnam.

« Quand je t'ai vue pour la première fois, chère Kouri, tu te tenais devant la fenêtre de notre baraque, ce qui était sévèrement interdit… Je t'ai regardée : ton visage ferme et serein était déjà un réconfort alors que nous avions été saisies d'effroi par l'aspect inhumain de tant de nos malheureuses camarades. Ce que tu nous as alors communiqué, avec le ton mesuré qui a toujours été le tien, n'était rien de moins que la connaissance du système concentrationnaire. Exactement ce qu'il nous fallait pour ne pas être détruites par son apparente absurdité… En t'écoutant, nous n'étions plus des *Stückes* mais des personnes. Nous pouvions lutter puisque nous pouvions comprendre… Quelle chance incroyable d'avoir traversé le mal à tes côtés puisqu'en te voyant nous pouvions croire au bien, puisque nous pouvions encore espérer[1]. »

— Geneviève !

— Kouri !

Elles n'en disent pas plus et tombent dans les bras l'une de l'autre, Anise est là aussi qui les enserre. Elles ont un immense besoin de ce contact, se retrouver avant même de parler. Leurs gorges sont nouées, les deux années passées ensemble au camp, c'est plus que si c'en était mille. Leurs traits sont creusés et leurs regards brillent. Geneviève regarde tout autour d'elle, c'est la première fois qu'elle découvre l'univers intime de son amie. L'appartement est minuscule mais chaleureux, il y a des livres partout, des livres d'étude sur les peuples, des livres de science, et quelques objets typiques comme ceux qu'on s'attend à trouver chez les ethnologues. Des cailloux, des statuettes, des bouts de matériaux indistincts qui ressemblent à des trouvailles de fouilles archéologiques.

— Mes grands-parents étaient des bourgeois de la vieille France provinciale qui avaient enfanté des intellectuels parisiens sans fortune. Chez nous, il n'y

1. Geneviève DE GAULLE *in* Germaine TILLION, Jean LACOUTURE, *La Traversée du mal*, préface, Paris, Arléa, 2004.

avait pas d'argent, mais il y avait des livres. Papa est mort quand j'avais cinq ans et c'est maman qui nous a élevées, ma sœur et moi. On vivait grâce à une collection qu'elle avait créée chez Hachette, sur les régions de France et les pays d'Europe…

L'intérêt de Geneviève a réveillé les souvenirs, et Germaine a éprouvé un instant le besoin de parler des siens. Mais elle ne peut aller plus loin. Sa maman, Émilie Tillion, était avec elles à Ravensbrück, et elle a été assassinée dans les derniers jours, le 2 mars 1945. Son souvenir les submerge, toutes les trois l'ont connue. Et parmi ces livres qu'elle a tant aimés et contribué à faire exister, la revoilà, vivante.

— Grâce à maman, nous avons pu, ma sœur et moi, faire les études qui nous plaisaient, reprend Germaine. Moi, très curieuse de notre univers et de ses habitants, j'ai très vite entrepris des études de psychologie et de préhistoire, puis l'École des hautes études où Marcel Mauss enseignait l'ethnologie. Un professeur extraordinaire, son cours s'intitulait « Histoire des religions des peuples non civilisés ». C'est lui qui m'a conseillé de partir en Algérie, dans les zones berbères…

Elle est émue. En 1930, elle est devenue ethnologue de profession, et bien avant que n'éclate la guerre, elle est partie en Algérie en tant que chargée de mission pour étudier les populations dans les montagnes des Aurès. Geneviève et Anise l'écoutent livrer des parcelles de sa vie d'avant. Au camp, Germaine contenait toute émotion, elle était si pragmatique. Tout en continuant à regarder les livres sur les étagères, Geneviève en caresse la tranche et en tire un, machinalement. C'est un réflexe spontané, une curiosité qu'elle a toujours eue pour la connaissance. Revoir des livres d'étudiante l'émeut car ce n'est pas sans tristesse qu'elle a quitté la faculté d'histoire pour entrer dans une résistance active. Elle l'avait fait en toute conscience et ne regrette rien. « Il y a un moment où il n'était plus possible d'accepter car les choses étaient inacceptables[1]. » Il fallait à tout prix empêcher que les théories de *Mein Kampf*, le livre que son père lui avait donné à lire dans sa jeunesse pour lui faire prendre conscience du danger qu'elles représentaient, aboutissent. Mais ces derniers jours, quand elle a appris par hasard que la plupart de ses camarades de faculté avaient continué leurs études comme s'il ne s'était rien passé et qu'ils avaient obtenu leurs diplômes et en jouissaient aujourd'hui, elle mesure le prix qu'elle paie aussi de ce point de vue. Pourtant elle coupe court aux états d'âme, beaucoup de choses aujourd'hui lui semblent dérisoires.

— Ce que nous payons et ce que nous avons vécu, personne ne veut l'entendre, dit Germaine. C'est comme ça, on n'y peut rien.

Elles se sont assises sur le rebord du petit lit, silencieuses. Pour leurs compagnes disparues, pour ces mortes hébétées, décharnées, assassinées, torturées, elles l'avaient tant espéré, ce retour. Toutes les nuits, elles l'ont attendu. Pour la liberté mais aussi et surtout pour dire enfin ce qu'elles avaient vécu. Dans le chaos qui règne, leur parole est malheureusement

1. Extrait de *Les Femmes au Panthéon*, coll. « Les Grandes Heures », Cassettes Radio France, 2015.

inaudible. Encore une fois, Germaine analyse et explique. Dans l'atmosphère irrespirable d'extrêmes tensions, de désordres et de vengeances qui a gagné le pays, leurs récits de déportées ne peuvent être entendus parce que tous estiment avoir souffert. Et il est inenvisageable de hiérarchiser les souffrances dans un tel chaos. Si elles avaient de l'humour, elles diraient qu'elles rentrent au mauvais moment.

Leur désillusion est immense. Un cratère brûle, enfoui au plus profond de leur ventre. Geneviève voit bien que même Germaine, toujours si vaillante à donner du courage, en est écrasée. Leurs dernières forces paraissent anéanties.

— Tu te souviens quand Anise a voulu s'évader ? lance alors Geneviève.

Anise et Germaine la regardent avec des yeux ronds. De quoi parle-t-elle ?

— Mais oui, à la prison, à Fresnes. Souvenez-vous !

Anise et Germaine ont l'œil qui s'allume, la prison de Fresnes, elles veulent bien s'en souvenir.

— Ah oui, dit Anise, Fresnes, c'était le bon temps.

— Disons que la soupe était un peu meilleure, ajoute Geneviève. Il y avait des crottes de souris dedans, mais il y avait aussi des macaronis au milieu.

Un rire nerveux les prend, bientôt elles ne peuvent plus s'arrêter.

— C'est toi qui avais ouvert les hostilités, raconte Geneviève. Tu avais essayé d'estourbir une surveillante qui n'était pas particulièrement gentille. Ton projet était de lui voler ses clefs, de lui prendre son uniforme et de le mettre pour sortir ensuite avec les clefs. C'était très simple.

Avec du recul, et en connaissant la suite, ça paraissait incroyable qu'Anise ait osé faire une chose pareille.

— Le malheur, continue Geneviève, c'est que quand tu as essayé d'assommer la gardienne, elle s'est mise à pousser des hurlements. Mais elle avait un râtelier et, à ce moment-là, il s'est mis en travers de sa bouche. Tu ne pouvais plus la lui faire fermer…

À ce stade du récit toutes les trois rient à s'en étouffer. Elles ont parfaitement en mémoire la drôle de suite de l'histoire. Accourus aux cris, trois officiers allemands en uniforme découvrent cette belle jeune fille blonde qu'est Anise aux côtés de l'affreuse gardienne allemande hurlante.

— Ils ont été immédiatement saisis d'admiration pour Anise, précise Germaine.

— J'en ai profité pour leur sortir un mensonge, avoue celle-ci en essuyant des larmes de rire. Je leur ai dit que j'avais donné des coups de poing à la gardienne parce qu'elle m'avait battue.

— Et ils ont engueulé la surveillante ! reprend alors Geneviève entre deux hoquets. La malheureuse n'avait toujours pas remis son dentier et n'arrivait pas à s'extirper de cette situation.

Anise avait fait quelques jours de cachot. Certes elle avait raté son évasion mais elle avait fait preuve d'un sacré tempérament. À ce moment-là, rire est ce qui peut leur arriver de mieux, et elles se laissent emporter.

Le retour à la vie se prend comme il se présente. Tant pis si ce n'est pas celui rêvé, tant pis si personne ne les écoute, tant qu'elles ont encore des forces et de la volonté, l'urgence est de vivre et d'agir. Elles comprennent ce désintérêt, à défaut de l'accepter. Leur force intérieure et leur solidarité forgées dans les camps sont immenses, elles pourront attendre. Quand la houle des vengeances et la haine seraient calmées, il serait temps pour elles de témoigner, comme Geneviève allait le faire en Suisse. Pour l'heure, en France, elles ne peuvent pas. Se souvenir de la prison de Fresnes est possible, pas du camp de Ravensbrück.

Elles parlèrent encore, de moments qu'elles arrivaient à rendre drôles alors qu'en fait ils étaient terribles, d'un surveillant qu'elles surnommaient Médor, des miettes de pain avec lesquelles elles fabriquaient des chapelets pour prier ou des gâteaux imaginés, des recettes de cuisine qu'elles s'échangeaient comme si elles allaient les réaliser, et des bouches de chaleur, des conduites d'eau qui passaient d'une cellule à l'autre et par lesquelles elles communiquaient pour se donner du courage, et de cette camarade pour laquelle Geneviève récitait des psaumes dans un tuyau des waters.

— Les gardiennes de la prison de Fresnes étaient incomparablement plus humaines que celles de Ravensbrück.

— Elles n'étaient pas des SS, croit bon de préciser Geneviève, c'étaient des professionnelles qui faisaient leur métier, pas toujours aimables, mais enfin… Cela n'avait rien à voir… Comme quoi, dans une prison, il y a des êtres humains.

Germaine est devenue grave.

— Oui, il y avait des êtres humains quand même, dit-elle pensive.

— Alors qu'au camp, c'était plutôt rare, ajoute Geneviève.

— Au camp, il n'y avait pas d'êtres humains.

Geneviève réfléchit, elle ne peut se résoudre à perdre toute confiance en l'homme, cette foi en lui qui la soutient encore.

— Il y en a eu quelques-uns, dit-elle sobrement.

— Très peu, laisse tomber Germaine.

Aucune d'elles n'est dupe, et leurs corps sont épuisés. Elles ont partagé tout ce qu'elles pouvaient de rires et de gentillesse pour repartir avec courage, pourtant Germaine est sonnée. Elle a voulu donner le change, pour les autres et pour aller encore une fois vers la vie et l'avenir. Mais elle a eu beau faire, toutes les explications du monde n'y suffisent plus. La situation d'Arlette a fini de l'anéantir. Car les faits sont là. Des appartements de déportés ont été pillés en leur absence. Que ceux et celles qui par leur bravoure ont permis que ces heures de liesse et de libération existent, que ceux-là soient punis, démunis parce qu'ils n'ont pas pensé à se protéger, à mettre leurs biens sous verrous, à cadenasser leurs appartements ou leurs maisons, cela dépasse sa très grande capacité d'acceptation. Germaine va mal, Geneviève le sent. Elles ont été si proches, dans des moments qui ne laissent place à aucune supercherie, aucune retenue, qu'elles savent sans les mots ce que les autres ne peuvent imaginer et ne sauront jamais. Un monde se referme sur elles. Une autre sorte de prison dont elles ne sortiront plus. Ou alors, peut-être, avec le temps…

7

«Prions le Seigneur. Seigneur, entends notre prière, nous croyons que le sauveur des hommes est auprès de Toi dans la gloire. Fais-nous croire qu'Il est encore avec nous jusqu'à la fin des temps comme Il nous l'a promis...»

Jamais ces mots n'auront autant interpellé Geneviève qu'en ce dimanche de mai 1945, quand le prêtre les prononce sous la nef de Notre-Dame de Genève pour la messe de la Libération. Elle les connaît par cœur tant elle les a entendus lors des nombreuses messes auxquelles elle a assisté en famille dans son enfance et sa jeunesse. L'enfant de chœur s'avance dans l'allée centrale, il tient au bout de son bras levé un encensoir auquel il imprime un mouvement régulier de balancier de gauche à droite. Une fumée grise s'en échappe et une merveilleuse odeur d'encens se répand dans toute l'église. La guerre est officiellement terminée et la messe est donnée en hommage à la victoire des Alliés. Ils sont venus en masse, la basilique est bondée, plus une chaise de libre, plus une place sur les bancs. Geneviève est revenue de Paris au plus vite pour pouvoir y assister. Son père tenait à l'avoir à ses côtés pour célébrer religieusement la libération de la France ! Elle pose sa main sur son bras et lui sourit. Le prêtre termine la prière universelle : « … il nous l'a promis. Lui qui vit et règne avec Toi dans l'unité du Saint-Esprit, maintenant et pour les siècles des siècles. Amen. » Puis il se dirige vers l'autel et des voix pures s'élèvent. Regroupés sur la gauche du chœur, vêtus de longues toges rouges recouvertes d'un surtout de dentelle blanche et coiffés d'une calotte, de jeunes chanteurs ont entonné le *Kyrie Eleison.* Un monde apparaît. Geneviève est avec sa grand-mère Jeanne dans l'église Saint-André de Lille et elle entonne ce même chant. Il flotte la même odeur d'encens et le prêtre prononce les mêmes mots. Tout était si vrai alors pour la fillette qu'elle était, les mots du prêtre, les chants. Tout paraissait devoir durer toujours, le bon rôti qui les attendait au retour de la messe et la tarte aux pommes d'Alexandrine. Où sont les heures d'autrefois ? Geneviève voudrait les retrouver, il lui manque tellement, ce paradis. Les repères qui structuraient sa vie et ses pensées d'alors ont été modifiés, les mots du prêtre n'ont plus une résonance aussi claire. Elle sait que Dieu peut abandonner les siens et les laisser à la porte du mal. Elle l'a vécu, les pieds dans la neige glacée, quand avant de franchir la lourde porte du camp elle s'est retournée pour le chercher. Il avait disparu. Et il n'était pas là non plus pour sa grand-mère, à la toute fin de sa vie.

Fuyant l'avancée allemande, Jeanne de Gaulle avait quitté Lille pour se réfugier en Bretagne dans une petite commune du Morbihan. Geneviève était encore étudiante à Rennes. Trop heureuse de savoir sa grand-mère si proche, elle était venue la rejoindre et c'est là qu'elles avaient entendu le curé de Locminé annoncer qu'un général venait d'affirmer à la radio que la défaite n'était pas définitive. L'auditoire n'en avait pas cru ses oreilles. « Ce général, il s'appelle de Gaulle », avait alors ajouté le prêtre. Sa grand-mère avait poussé un cri. Geneviève revoit son excitation et sa fierté, elle tirait le curé par la manche en criant : « Mais c'est mon fils, monsieur le curé, c'est mon fils ! » Elle qui avait éduqué ses enfants aux valeurs essentielles, il aurait été juste qu'elle parte en paix. Mais elle était morte dans l'angoisse et la douleur après avoir appris par Radio Londres que Charles de Gaulle avait été renié par son corps militaire et condamné à mort. Geneviève est restée à ses côtés jusqu'à son dernier souffle et les Bretons ont recouvert sa tombe de fleurs, parce qu'elle était la mère de l'homme qui résistait, celui « qui ne se couchait pas ». Il y avait alors dans la petite église de Locminé un vitrail qui rappelle à Geneviève celui qu'elle regarde en cet instant même dans Notre-Dame de Genève. Une colombe blanche ouvre ses ailes au-dessus d'une vierge auréolée d'une couronne d'or. En fond, un paysage biblique dessine des collines et des oliviers sous un ciel d'azur. On rêverait d'aller s'y promener. Mais juste au-dessus de l'ensemble, à la pointe du vitrail, un personnage à barbe blanche déroule une maxime en latin gravée en lettres d'or que Geneviève n'arrive pas à décrypter. Ce personnage, est-ce Dieu ? Est-ce lui qui est resté à la porte du camp, les laissant seules dans l'horreur ? Est-ce lui qui a permis cela, est-ce lui qui a permis que sa grand-mère quitte ce monde dans de telles souffrances ? Pourquoi ? Geneviève fixe le visage de l'homme à la longue barbe blanche. Soudain elle prend conscience d'une chose : Dieu ne sourit pas. D'ailleurs a-t-il jamais souri ? Où que la ramène sa mémoire des représentations diverses qu'elle a pu voir dans les églises, des icônes, des peintures religieuses, il a toujours eu ce visage à la mine lasse, presque désabusée. Aucun élan de joie et de gaieté vers ses enfants les hommes. Juste une main levée, une main de juge suprême.

« Tout ce qui peut, quand il s'agit de Dieu, réveiller l'idée d'une similitude corporelle, prônait saint Augustin, tu dois le chasser de ta pensée, le renier, le répudier, le fuir. »

Les hommes n'ont pas écouté le message de saint Augustin qui était hostile à toute représentation de Dieu, ils ont voulu le voir. Il fallait qu'il existât, alors ils l'ont dessiné. Longtemps sous forme d'une main sortant des nuages, puis il est devenu un bras, et quand il apparut enfin avec sa barbe blanche, les Italiens le coiffèrent en pape, les Allemands en empereur et les Français en roi. Jusqu'à ce que l'image symbolique d'un puissant vieillard à barbe blanche, sobrement vêtu d'une toge antique, l'emporte. La seule chose qui n'a jamais changé au cours des siècles, quel que soit le pays, c'est son visage impassible. Dieu est au-dessus, loin. Trop loin pour sourire à de simples mortels.

Geneviève tourne maintenant son regard vers la Sainte Vierge. C'est elle qui est proche, qui tend les bras, embrasse, porte les enfants, console, et dans l'église baptisée en son honneur, Geneviève est venue prier. C'est à elle qu'elle s'adresse en pensant à sa maman, à sa sœur et à sa grand-mère. Les trois femmes près desquelles elle aurait pu trouver du réconfort mais qui sont mortes. Geneviève ne peut se résoudre à les savoir enfermées à jamais sous la lourde pierre grise des tombes familiales, elle préfère les imaginer libres, là-haut, dans ce ciel lumineux de mai qu'elle retrouve, éblouie, à la fin de la messe. Elle respire à pleins poumons, une énergie nouvelle la fait se redresser.

— Mademoiselle de Gaulle ! Nous attendions avec impatience de vous revoir et nous étions certaines que vous seriez là.

Les dames suisses, Mmes Suter-Morax, Thorel et Perlemuter s'avancent vers elle. Geneviève est heureuse de les voir. Leur énergie lui fait du bien, elles sont tellement volontaires.

— Ça y est, lui annonce sans attendre Mme Suter, enthousiaste, nous avons organisé la première conférence.

Ces femmes qu'elle n'a croisées qu'une seule fois sur un quai auraient pu beaucoup promettre et ne rien faire, c'est courant. Or elles ont agi, et vite. Geneviève, émue, ne peut s'empêcher de penser à Arlette. « Elles vivront dans la boue, elles deviendront de la boue », avait prophétisé Himmler. Il se trompait, la solidarité de toutes ces femmes en décide autrement et change le cours de l'histoire. L'air pur des montagnes, la puissante beauté des vertes prairies galvanisera jusqu'aux plus épuisées, elles retrouveront le goût de vivre. Geneviève s'en fait la promesse, elle fera des conférences jour et nuit s'il le faut.

— Vous avez réussi, merci beaucoup, dit-elle sobrement.

— On vous l'avait promis. La conférence aura lieu à la Maison du peuple de Lausanne le 26 de ce mois. Et je suis sûre, au vu des nombreuses réservations que nous avons déjà par le bouche-à-oreille, que d'autres dates vont suivre. Tenez-vous prête. Vous verrez, on va y arriver.

— Vous en avez parlé, officiellement je veux dire ?

Mme Suter secoue la tête en signe de dénégation.

— Nous avons contacté le Don suisse pour nous aider financièrement à mettre en place les maisons de santé, mais sans réponse pour l'instant.

Créé dès le 25 février 1944 pour venir en aide aux victimes de la guerre et aider à la reconstruction d'une Europe ravagée, le Don suisse avait été « conçu dans un esprit patriotique et était destiné à sortir la Suisse de son isolement diplomatique ». Autrement dit, pour avoir eu pendant la guerre des complaisances avec l'Allemagne nazie, le gouvernement fédéral qui le finançait tenait à afficher sa bonne volonté et distribuait à grande échelle – plus d'un million et demi d'exemplaires – une brochure destinée à récolter des fonds pour cela. Son titre était explicite : « Nous voulons aider ». Mais en ce qui concernait le séjour des déportées dans leur pays, il ne bougeait pas. Geneviève s'inquiéta. Pour une pareille cause, trompée par l'accueil enthousiaste et généreux de ces dames, elle avait imaginé un élan identique et immédiat de la part des autorités. Le Don suisse avait été créé pour ça.

— Ne vous en faites pas, la rassura Mme Suter, on ne va pas se laisser arrêter par de mauvaises volontés. Nous connaissons du monde et nous savons que la Confédération leur a versé 152 millions et des poussières. Plus ce qu'ils collectent, ils ont des moyens, croyez-moi. Et ils nous aideront !

Mme Suter-Morax avait la détermination de celles que rien n'arrête, tant elles sont convaincues de la légitimité de la cause qu'elles défendent. Mais la crainte de Geneviève devait s'avérer prémonitoire. Un an après la première demande, elles n'avaient toujours rien obtenu. « Je puis t'assurer que je suis intervenu à plusieurs reprises auprès du Don suisse, pour activer cette action à laquelle il ne voulait pas s'intéresser[1] », lui écrivit au bout d'un an un responsable du comité d'organisation. Tenaces, Geneviève et ces dames ne se laissèrent pas impressionner, à l'usure elles réussirent à obtenir un premier versement… en février 1946. Plus tard, en repensant à cette très longue bataille, Geneviève devait dire non sans ironie : « Le Don suisse […] avait pour principe de ne donner qu'aux riches, autrement dit de n'aider que les œuvres qui s'aidaient déjà elles-mêmes[2]. »

Mais pour l'heure, elles ne savent pas que le combat sera aussi dur et Geneviève a confiance. Le camp

1. Éric Monnier, Brigitte Exchaquet-Monnier, *Retour à la vie, l'accueil en Suisse romande d'anciennes déportées françaises de la Résistance : 1945-1947*, Neuchâtel, Alphil, 2013.

2. *Ibid.*

a aiguisé son instinct, elle est sensible à de tout petits signaux qu'elle ne voyait pas auparavant. Aurait-elle pu, alors qu'elle était dans la Résistance, prévoir la trahison d'un garçon de son âge ? Elle y a souvent repensé les premiers temps de son emprisonnement, et elle revoit encore avec précision le visage de ce jeune étudiant en médecine qui faisait partie de leur réseau, elle entend encore le son de sa voix. Il était bien mis, il riait avec eux, mangeait avec eux. Elle se souvient qu'il n'était peut-être pas tout à fait comme les autres. Son regard parfois fuyant, son rire trop appuyé, quelque chose le désignait déjà, mais qui est parfait ? Jacques Lusseyran, un ami étudiant qui recrutait pour le réseau Défense de la France, s'en méfiait. Aveugle, Jacques avait développé une intuition plus aiguë que la norme et il avait soumis l'étudiant en médecine à plusieurs tests de vérification, mais ce dernier les avait tous réussis. Jacques Lusseyran n'avait pas été entièrement convaincu de sa droiture mais, comme pour Geneviève, la jeunesse l'avait emporté. La certitude qu'on ne se trahit pas quand on a vingt ans, quand on a des copains avec lesquels on partage tant de moments forts, qu'on a un idéal de justice et qu'on participe à quelque chose d'aussi grand que la Résistance.

« Je pourrirai les pays que j'occuperai, annonçait Adolf Hitler lors d'un discours exalté en 1942, je ferai dénoncer les uns par les autres et je serai le dénonciateur des uns en les désignant comme les dénonciateurs des autres[1]… » Geneviève pense à cet

1. Alain GUÉRIN, *Chroniques de la Résistance*, Paris, Omnibus, 2010.

étudiant qui, contre de l'argent, a envoyé soixante de ses camarades vers les camps de la mort. Il s'appelait Émile Marongin et son surnom était Élio. Elle lui doit d'avoir connu l'enfer.

8

Les bords du lac Léman apaiseraient les angoisses les plus noires. Tant de bleu, tant de ciel, et en cette fin du mois de mai tant de fleurs qui dans les jardins suspendus balancent sous la brise. Dans la voiture qui l'emporte vers Lausanne et longe les rives, Geneviève s'enfonce dans son siège. Toute cette lumière pour elle qui revient de tant de nuit, toute cette paix et ces images sublimes, c'est irréel. Elle trouve tout beau, ce château qui se dresse au détour d'un virage et qui semble sorti d'un tableau très ancien, ces massifs de tulipes rouges, ces magnolias en fleur, le lac est un paradis qu'elle découvre la gorge serrée, avec une immense reconnaissance, celle d'être là, vivante, et de pouvoir tout simplement le regarder.

Coppet, Pragnes, Versoix, Nyons, Morges, les bourgs, les villages, les villes se succèdent, avec leurs maisons bien entretenues, leurs rues aux commerces vivants, les agréments de leurs décors, les scènes de leur vie quotidienne. Elle les regarde comme si elle découvrait le monde des hommes pour la première fois. Sur une place, des enfants s'aspergent autour d'une fontaine en poussant des cris de moineau, à l'ombre d'une allée de platanes des jeunes filles se promènent et à la terrasse des cafés des couples profitent de la chaleur des premiers rayons du soleil avec un plaisir qui irradie leurs visages. La vie ici est si belle, si calme. Sur les eaux du lac, des barques vont et viennent, quelques voiles brillent au loin. Il semble que la vie dans ce décor idyllique se soit de tout temps déroulée comme dans un songe, loin des affres de l'histoire.

— Vous connaissiez notre lac Léman ?

— Non, c'est la première fois, je le découvre. Il est magnifique.

L'homme qui la conduit à la conférence de Lausanne est le mari d'une amie de Mme Suter. En personne bien éduquée, il fait la conversation, il parle de son canton de Vaud, des maisons, de l'art de vivre, des vignes, de la montagne, Geneviève l'écoute d'une oreille distraite. Les paroles de l'homme ont quelque chose de lénifiant, impression renforcée sans doute par le ton un peu professoral de sa voix. Si elle n'était subjuguée par le paysage, elle s'endormirait.

— Nous ne craignons qu'une chose, une nouvelle catastrophe.

Qu'a-t-il dit ? Une catastrophe» ? Elle sursaute, quelle idée ! L'homme confirme, bien sûr qu'une catastrophe est possible. C'est même la hantise des autorités et il sait de quoi il parle. Il est chercheur et dit qu'un tsunami n'est pas à exclure. Geneviève tombe des nues. Un tsunami, sur ce lac paisible !

— Oui, oui, il faut se méfier de l'eau qui dort…

Il explique alors qu'au VIe siècle, un éboulement montagneux tombé dans le Rhône en amont, juste avant que le fleuve ne se jette dans le lac, a provoqué une vague géante de plus de treize mètres qui a tout englouti sur son passage, jusqu'à la moitié de la ville de Genève à l'autre extrémité du Léman. Un drame terrible qui a fait des milliers de morts et que personne n'a oublié, malgré les siècles.

— Les Français ont envoyé chaque année des observateurs chez nous et ce jusqu'à la fin du XVIIIe siècle. C'est dire ! Ils craignaient que le drame se reproduise, et ils pensaient même qu'une vague tueuse pouvait remonter jusqu'à Lyon.

Geneviève, stupéfaite de ces révélations, se contente de hocher la tête sans poser de question. Le récit du chercheur ne manque pas d'intérêt mais il a brutalement interrompu une contemplation qui lui faisait du bien. Elle voudrait retourner à l'harmonie de cette promenade. Elle éprouve un tel manque ! Dans moins d'une heure, elle va devoir replonger dans la nuit et les horreurs du camp pour les raconter et elle s'en effraie déjà. Mais l'homme est lancé.

— Ce lac n'a pas toujours été si paisible, vous savez…

Il espère une question, qu'elle s'étonne, qu'elle l'interroge d'un « Ah bon, et pourquoi ? » mais Geneviève garde le visage obstinément tourné vers le lac et ne demande rien. Il se dit qu'elle n'ose pas, qu'elle est peut-être timide, et il continue, il veut raconter à tout prix.

— Le lac, c'était même un endroit assez pourri. La plupart des gens ne le savent pas mais dans ses fonds dorment des quantités d'épaves englouties et un nombre incroyable de cadavres. C'est un vrai cimetière. Pendant des siècles on a guerroyé sur ces eaux, comme vous n'imaginez pas. Des batailles furieuses, les Savoyards pillaient le blé des Genevois et ceux-ci brisaient les coques de leurs galères. Il y en a eu des morts, des tueries…

Elle voudrait qu'il s'arrête. Ses mots crus lui font trop mal. Mais emporté par la passion du récit, il continue, précis comme un livre d'histoire.

— C'est qu'on ne se faisait pas de cadeaux à l'époque. On se trucidait.

Et du fond du lac, méticuleusement, il remonte un à un les cadavres pourrissants, les crânes défoncés, il raconte les hurlements, les cris. Il enchaîne les détails, les dates, les combats. Puis, brusquement, il cesse de parler. Peut-être s'est-il rendu compte qu'elle ne l'écoute plus.

La voiture roule à un rythme régulier, on n'entend plus maintenant que le doux ronronnement du moteur. Le paysage se déroule, le lac est calme et ensoleillé, les fleurs se balancent toujours sous la brise légère et les voiles vont et viennent sur les eaux. Mais pour Geneviève le charme est anéanti. Elle aurait tant voulu qu'il ne le soit jamais, que cet incroyable bonheur devant l'harmonie d'un lieu aussi beau lui soit préservé comme un cadeau de retour parmi les humains.

— Ça y est, nous sommes arrivés. Regardez, vous êtes attendue.

Son chauffeur bavard désigne une femme qui fait les cent pas devant la Maison du peuple. Geneviève le remercie chaleureusement, elle a en elle beaucoup de douceur. Elle ne lui en veut pas, les paysages ont aussi leur histoire et leurs historiens passionnés. Il n'a pas conscience que pendant des jours et des nuits, des mois durant, ses yeux à elle n'ont vu que laideur, crasse, couleurs sordides et sales, qu'elle n'a respiré que de la puanteur et l'odeur de la mort au point qu'elle en avait oublié qu'existait encore la beauté du monde. Il n'a pas fait exprès, il croyait bien faire.

– Ne touchez pas l'épaule
Du cavalier qui passe,
Il se retournerait
Et ce serait la nuit,
Une nuit sans étoiles,
Sans courbe ni nuages.
– Alors que deviendrait
Tout ce qui fait le ciel [...][1]

— Geneviève, venez vite, la salle est pleine. Ils vous attendent impatiemment.

Germaine Suter l'entraîne. Dans moins d'une minute, Geneviève va devoir trouver les mots justes, raconter la «traversée de la nuit». Un vertige la prend. Elle devine qu'ils attendent aussi et peut-être même surtout la nièce du général de Gaulle. Alors, pour ne pas se laisser déborder par ses émotions, elle respire, calme l'inquiétude prête à la suffoquer, et c'est d'un pas apparemment

1. Jules SUPERVIELLE, «L'Allée», in *Les Amis inconnus*, Paris, © éditions Gallimard, 1934.

tranquille qu'elle entre dans la salle et monte sur l'estrade sous un tonnerre d'applaudissements.

Immédiatement, elle comprend que cette présentation sera bien plus difficile qu'elle ne l'avait imaginé. Ces applaudissements, ce n'est pas ce qu'elle veut, parce que ce n'est pas ce qui est juste. De son point de vue, il n'y a aucune raison pour qu'on l'applaudisse. Au camp, elle n'a pas accompli un exploit, elle a subi des horreurs. Pour elle, ce qu'ils applaudissent c'est avant tout son nom, elle est une de Gaulle. Cette salle comble, cette foule venue en masse au point qu'il a déjà fallu programmer des dates supplémentaires, cette foule qui la dévisage, que cherche-t-elle à voir, que cherche-t-elle en elle ? L'honneur retrouvé après le déshonneur, l'héroïne qu'elle ne veut jamais être, un ange blanc qui aurait résisté à toute cette boue ? L'héroïsme n'intéresse pas Geneviève. C'est quoi, un héros ? Quelqu'un qui est plus fort que tout le monde, plus intelligent, plus grand, qui monte le plus haut sommet, qui se tient seul à la proue du bateau, celui qui seul sauve tous les autres. Ce n'est pas elle. Geneviève ne croit qu'en la fraternité qui seule sauve les êtres humains. Car c'est ce qu'elle a vécu, c'est ce qu'elle a appris du camp, et c'est ça qu'elle veut dire. Eux, ils veulent savoir ce qu'elles ont subi, il y a certainement de la compassion chez eux, mais peut être aussi une envie plus trouble de découvrir le pire. Devant ces milliers de regards tournés vers elle, elle ne peut reculer. De sa capacité à surmonter l'immense désarroi qui vient de la gagner dépend la venue de ses amies en

Suisse. Par sa position de fille du consul, elle a la chance de respirer l'air pur de ces montagnes et d'assister à ce magnifique printemps. D'autres, livrées à elles-mêmes, survivent au milieu des décombres d'une France ravagée. Geneviève ne doit pas faillir. Pour Arlette et les autres, elle s'est engagée à aller au bout des conférences. Peu lui importe au fond si ceux qui sont venus l'applaudissent pour autre chose que ce pour quoi elle vient. S'ils ne comprennent pas, c'est qu'ils ne savent pas. À elle de dire, d'expliquer.

Son empathie est immense, elle aime ces gens, elle leur est reconnaissante d'être là parce que grâce à eux les maisons d'accueil vont pouvoir se faire. Elle leur sourit et leur parle, longtemps. Ils l'écoutent. Sa voix est douce et ferme, posée. Elle puise des forces dans la beauté des paysages du lac et elle refait l'atroce chemin, remonte dans le wagon empuanti d'urine et marche dans la neige glacée à travers la forêt de pins. Elle revoit les sales bâtiments gris et entend la lourde porte du camp se refermer derrière elle, l'enlevant au monde des humains. Elle raconte les hurlements des chiens, les cris des hommes, les interminables colonnes de femmes rasées, les visages hagards, le cognement des sabots sur le sol gelé, elle revit les coups en les racontant, elle les sent pleuvoir sur sa tête, le goût âcre du sang dans sa bouche et au bout de ses doigts la puanteur des matières fécales et le sang des vêtements de SS revenus du front qu'on lui faisait remettre en état à un rythme effrayant. De revivre tout cela, elle manqua en mourir mille fois, mais elle trouva les mots. Parce qu'il le fallait. Elle pensait à Arlette et à ses sœurs avec obsession, et les imaginer arrivant sous le soleil de Suisse l'aida à rester debout quand elle aurait pu s'effondrer. Elle sut respirer pour reprendre contenance, laisser des temps de silence, et elle parvint à aller jusqu'au bout, sans larmes, sans pathos. Les mots coulèrent de sa bouche, précis, et les gens l'écoutèrent, saisis.

« Elle parlait tellement bien, on sentait que ça n'était pas des racontars, devait dire plus tard une spectatrice, elle l'avait vraiment vécu. » Cette qualité d'éloquence, cette maîtrise de soi à l'âge où l'on s'enflamme, ce visage si jeune, ces traits fins, cette fierté dans le regard tout en racontant des situations aussi humiliantes et inhumaines, ils en furent bouleversés. Geneviève de Gaulle parlait bien parce qu'elle parlait vrai. Sa conférence se déroula dans un silence absolu.

Des salles bondées comme celle-là, il y en eut des mois durant, un véritable marathon qui aurait pu l'anéantir si Anise n'était pas venue pour la soutenir.

Les deux amies sont heureuses d'être ensemble. Entre les conférences, elles se promènent un peu et redécouvrent le bien fou que peut faire à l'esprit et au corps la beauté des paysages. Le soir, dans la chambre qu'elles partagent, elles parlent de tout et de rien, comme deux jeunes filles d'à peine plus de vingt ans qui n'ont qu'une envie, vivre. Parler librement pour elles, c'est déjà « revivre ».

— J'ai rencontré un jeune homme.

Geneviève se redresse dans son lit.

— Quoi, déjà ! Mais où ça ? Il s'appelle comment, qui c'est ? Raconte !

Anise est amoureuse, follement amoureuse même, et Geneviève la regarde comme si son amie revenait d'une autre planète. Celle où l'amour existe.

— Tu verras, lui dit Anise, quand ça va t'arriver ce sera pareil, qu'est-ce que tu crois, qu'on avait oublié ? Ça revient sans prévenir et plus vite qu'on ne croit. Toi aussi, tu seras « folle amoureuse », tu verras.

Amoureuse…

Ils n'avaient pas vingt ans, il s'appelait Hubert Vianney. Geneviève venait de rejoindre le maquis des Voirons dans la région d'Annecy, un engagement très difficile mais elle n'avait pas hésité. Elle était la seule fille dans ce groupe de garçons, et il y avait Hubert. Il était élégant malgré les circonstances peu propices et elle l'admirait particulièrement. Tous ensemble, ils vécurent d'intenses moments de liberté et de peur.

> « Nous étions jeunes, nous n'avions pas d'enfants, pas de responsabilités, nous étions libres et nous n'engagions que nous-mêmes[1]. »

Geneviève avait déjà derrière elle un véritable parcours de résistante, et elle avait manqué plusieurs fois d'être arrêtée en distribuant des photos de son oncle avec sa tante Madeleine, femme de Pierre de Gaulle. Pour elle, il était important de faire savoir qu'il existait une France libre et il fallait montrer le visage d'un homme qui l'incarnait. Elle était allée aussi jusqu'en Espagne et avait clandestinement

---

1. Caroline Glorion, *Geneviève de Gaulle-Anthonioz. Une résistante au Panthéon*, Paris, Plon, 2015, p. 32.

traversé la frontière pour voir comment se déroulaient les passages. Elle avait récolté des renseignements, porté du courrier, voyagé dans la France occupée, frôlé le danger et rencontré des gens formidables et qui l'avaient aidée à passer la ligne de démarcation, à trouver une chambre en pleine nuit, à être véhiculée jusqu'à une gare, une ville, à échapper mille fois aux patrouilles allemandes. Elle a risqué sa vie, mené le combat.

> « Pour certains de mes camarades, la résistance à l'occupant n'apparaissait pas comme une urgence… Je me suis rendu compte, déjà à ce moment-là, qu'on n'est jamais plus humain que lorsqu'on a lutté[1]… »

Quand elle a quitté le maquis pour mener des actions clandestines à Paris, Geneviève a retrouvé Hubert dans le mouvement Défense de la France que dirigeait son frère Philippe. Elle habitait alors une petite chambre sous les toits rue Cardinet dans le XVIIe arrondissement.

Ils avaient tous une vingtaine d'années à peine et ils avaient la vie devant eux. La guerre n'y changeait rien, ils avaient peur parfois, mais le sang qui coulait dans leurs veines était plein d'énergie, de confiance en l'avenir, et même de gaieté. Un jour, alors qu'ils étaient en mission dans une forêt de Seine-et-Oise – on les avait chargés elle, une amie et Hubert, de trouver un endroit propice à d'éventuels parachutages –, ils avaient emporté une popotte, deux boîtes de lait et

1. *Ibid.*

du riz pour se nourrir. Rien d'autre. Le premier soir, tout contents, ils avaient allumé un feu et laissé le riz mijoter dans le lait, puis comme il était trop brûlant pour pouvoir le manger, ils l'avaient laissé refroidir en prenant le temps de faire un premier repérage aux alentours immédiats. Au retour, pressé de déguster le riz, Hubert avait soulevé le couvercle du chaudron.

— Ça alors ! Tout a cramé.

— Quoi !

Geneviève et l'autre amie s'approchent à leur tour et découvrent avec stupéfaction que le riz est tout noir. Mais ce qui semble être une croûte noire bouge. Horreur ! Elles poussent un cri de dégoût. L'explication est simple et ils comprennent vite. Attiré par l'odeur sucrée, un régiment de fourmis s'est glissé en file indienne sous le couvercle et les petites bêtes noires se régalent, un festin ! Impossible de les enlever, elles collent au riz gluant. Dépités, les trois amis se regardent. Que faire ? Jeter le riz ? Ce serait malvenu en cette période de restriction. La faim les tenaille, et ils n'ont rien d'autre. « Nous avons tout de même mangé ce mélange douceâtre et sucré, se souvient Geneviève, nous en avions trop envie. » Elle revoit la grimace d'Hubert et son amie, elle croit réentendre leurs rires et se souvient de leur joyeuse complicité. C'était quelques semaines avant la trahison de Marongin. Hubert a fait partie des trahis, comme elle. Il fut envoyé au camp de concentration de Sachsenhausen. Il y est mort un jour de mai 1944, loin de cette France qu'il aimait tant. Geneviève se souvient du mal que lui a fait l'annonce de son décès. Elle ne connaît pas Sachsenhausen mais elle s'est renseignée. Elle a appris que c'est un quartier d'Orianenbourg, une ville proche de la frontière polonaise, au milieu des grandes forêts du Nord. Elle ne sait pas grand-chose de plus sur le camp, juste que « c'était un camp disciplinaire et qu'on y assassinait à tour de bras ». À partir de là, elle n'a pas cherché à en savoir davantage. Elle ne voulait pas imaginer Hubert dans l'horreur. Elle voulait se souvenir de lui sur une photographie du passé quand ils posaient tous ensemble, souriants et confiants, soudés pour le meilleur.

— Quand je pense qu'il aurait dû mourir. (Anise vient d'interrompre les pensées de Geneviève.) André était emprisonné à la Santé en même temps que moi, l'été 42, dans la cellule voisine. On ne s'est jamais croisés, mais il a su que dans la cellule à côté de la sienne il y avait une toute jeune fille de dix-neuf ans et qu'elle s'appelait Anise Girard. Il m'a dit que me savoir là l'a beaucoup aidé, bien qu'il ne m'ait jamais vue. Mais il m'imaginait[1].

Anise parle, et son histoire d'amour envahit la petite chambre. Le jeune homme dont elle est tombée amoureuse a toutes les qualités, comment en serait-il autrement ? Geneviève l'écoute, touchée de la voir si vivante, si gaie. L'amour l'a transformée, oublié le visage creux de la déportée, elle est magnifique avec ses cheveux blonds et ses yeux bleus redevenus rieurs. Sa présence lui fait un bien fou. Hubert et tant d'autres ne sont plus et elle ne les oubliera jamais. Mais aujourd'hui la vie est là, et l'amour. Celui d'Anise s'appelle André Postel-Vinay.

---

1. Anise Postel-Vinay, entretien avec l'auteure.

André était un résistant de la première heure comme Anise, lui aussi a été trahi. Arrêté l'hiver 1941, de crainte de parler sous la torture, il s'est jeté d'une passerelle du deuxième étage de la Santé[1]. Il voulait mourir.

— Mais il a survécu, alors il a fait croire que le choc lui avait fait perdre la raison et il a fait si bien qu'on l'a interné à Sainte-Anne. Il s'en est évadé et il a réussi à rejoindre Londres en passant par Gibraltar… Et après tout ce temps, il m'a retrouvée.

Retrouver une jeune fille dont on ne connaît que le nom dans une période aussi perturbée que la Libération et où aucune administration ne fonctionne, Geneviève a de quoi s'étonner.

— Nos deux familles se sont connues dans la file d'attente en venant nous porter des colis quand on était à la Santé, explique Anise. La sœur d'André a même dit : « Quand ils reviendront, on les mariera. »

Tout ce qui semblait à jamais perdu, Anise allait le vivre, et si elle vivait ce bonheur, alors elles toutes pouvaient espérer le vivre un jour. Pour Geneviève, l'amour d'Anise signifie qu'elles sont revenues à la vie normale. Celle où on aime et où on peut espérer avoir des enfants. C'est un cadeau inespéré.

— Merci, Anise.

Ce bonheur leur semble inouï, elles s'embrassent et pleurent. Des hoquets nerveux les secouent. La peur des jours passés n'a pas vraiment disparu, à chaque minute elles ont une conscience aiguë de la

---

1. Voir André Postel-Vinay, *Un fou s'évade*, Paris, éditions du Félin, 1997.

chance qu'elles ont d'en être revenues et à chaque fois un souvenir remonte, une violence, un visage. On dit que ceux qui ont vu la mort de près la voient toute leur vie. Elles, elles ont vu bien pire que la mort. Alors la beauté du monde, la joie, un amour et tout ce qu'elles n'osent encore imaginer, des enfants, une maison, elles savent qu'il leur faudra du temps pour y croire vraiment. Elles s'y agrippaient pourtant dans les heures terribles, quand au bord du gouffre il leur fallait survivre. Geneviève gardait en elle cette lumière et Anise se souvient qu'elle y a puisé bien souvent pour tenir, tout comme elle a puisé dans sa ferme douceur, dans son humanité jamais prise en défaut. Et Geneviève a puisé dans la gaieté d'Anise, dans sa force. Elles se sont donné le meilleur et, cette solidarité, elles en ont encore un immense besoin. Aujourd'hui Anise a des raisons de penser que l'effort qu'on demande à Geneviève est dangereux.

> «La première fois que j'ai vu Geneviève, ça m'avait énormément impressionnée, elle avait une mine épouvantable… dans le camp, on s'est trouvées ensemble à marcher dans notre colonne de travail, elle était absolument grise… Elle avait de la peine à voir et à ouvrir les yeux, elle marchait difficilement et, vraiment, je me suis fait beaucoup de souci pour elle[1]…»

1. Anise Postel-Vinay *in* Martin Quenehen, «Une vie, une œuvre. Geneviève de Gaulle-Anthonioz, la dignité et l'espérance», émission diffusée sur France Culture le 23 mai 2015.

Geneviève a retrouvé un teint plus clair, ses yeux y voient à nouveau, mais elle ne pèse toujours pas bien lourd et Anise craint qu'elle ne puisse tenir jusqu'au bout. Or il est urgent de trouver ensemble des solutions pour venir en aide à leurs sœurs de déportation, et Geneviève est un élément capital.

— Tu sais, Geneviève, lui dit-elle un soir en la voyant s'effondrer sur le lit, les conférences c'est trop dur, il faudrait arrêter. Tu pourrais retomber malade, ces gens sont très gentils et très positifs mais ils ne se rendent sûrement pas bien compte de l'effort qu'ils te demandent.

— De l'effort qu'ils « nous » demandent, Anise, tu es à mes côtés. Ne t'inquiète pas je tiens le coup, et on va aller jusqu'au bout de cette tournée. On ne peut pas flancher, il nous faut des sous, des sous !

Anise pousse un long soupir, elle sait que rien n'y fera. Dans des associations, des paroisses, dans des salles de fête, des casinos, tel un pasteur dans une chaire d'église où il a fallu la jucher sur une bible pour qu'on la voie, Geneviève a enchaîné les conférences, des heures et des heures à raconter l'abominable. Un véritable marathon, et outre les déplacements incessants et la fatigue qui en résultait, le plus difficile ce fut la compassion des gens qui l'assaillaient à la fin des conférences et qu'il fallait écouter, remercier d'être venus. Beaucoup pleuraient, lui prenaient les mains, la touchaient.

> « Or elle ne voulait pas simplement parler des camps, mais de la leçon des camps. Elle disait, l'Allemagne c'est un des plus grands peuples civilisés, y compris sur

le plan juridique, ne parlons même pas de l'art auquel elle était très sensible. Et c'est ce peuple-là, disait-elle, qui se reconnaît dans le nazisme. C'est quand même terrible. Elle posait les vraies questions. Elle disait, les gens veulent me faire raconter comment on était traitées, mais on peut raconter à perte de vue comment on fait tomber les gamelles et lécher par terre, on peut raconter les coups… c'était terrifiant les camps. Mais qu'est-ce que ça apprend ? Ça apprend une espèce de commisération faite de pitié. Une espèce de compassion. Et ce n'est pas de la compassion que Geneviève de Gaulle veut. Ce qu'elle veut, c'est la justice[1]… »

Comprendre comment tout cela avait pu se passer, avec quelles complicités ou complaisances, et faire en sorte que ça ne revienne jamais, dire à ces gens que dans leur propre pays de grands industriels avaient été complices de ce qui lui était arrivé, voilà ce qui importe à Geneviève. Mais le bilan historique n'est pas encore écrit, ni les preuves apportées, et son discours est forcément limité. Plus elle racontait, plus Geneviève prenait la mesure de cet écueil, et plus il lui pesait. La vérité, ce n'est pas forcément ce que les gens attendaient au sortir de la guerre. Heureusement, il y eut aussi le meilleur, la générosité du peuple et de ces dames qui mirent toute leur énergie pour monter les maisons d'accueil, avec des centaines de dons en argent et matériel, « vestiaires, nourriture, meubles, vaisselle… les ouvriers de l'horlogerie suisse ont quêté pour nous dans leurs casquettes, et les dominicains…

1. *Ibid.*

il y eut de tout, des pièces, des gros billets, des bijoux. Nous trouvâmes même des alliances[1]… »

Cent vingt mille francs suisses furent ainsi réunis et Geneviève réalisa un beau matin qu'elle avait réussi. Avec cet argent elles pouvaient commencer à faire venir leurs amies. Il restait à trouver les « maisons » pour les séjours.

— Mademoiselle de Gaulle, je vous présente Mme Renée Voluter.

À la fin d'une conférence, Germaine Suter-Morax s'avance, accompagnée d'une petite dame très chic qui lui tend la main après avoir pris soin d'enlever avec délicatesse le gant de chevreau beige qui moule jusqu'à son avant-bras. Un parfum délicat la précède. Le parfum ! Geneviève avait oublié jusqu'à son existence. Depuis son retour du camp, c'est la première fois qu'elle a l'occasion d'en respirer un. Et elle n'a pas souvenir d'avoir jamais senti une fragrance aussi délicate. Dans sa mémoire olfactive, les parfums d'avant-guerre étaient lourds, chargés de musc, orientaux. Surtout celui des années 20 dont abusait une amie de sa grand-mère. Un parfum si tenace qu'il fallait toujours aérer après ses visites. Son nom faisait rêver, Habanita de Molinard. Avec Habanita, la tête vous tournait, c'était l'ailleurs, le voyage mystérieux…

— Pourquoi Angèle s'obstine-t-elle à mettre ce parfum de cocotte ! disait grand-mère Jeanne en ouvrant largement les fenêtres du salon dans la maison de Lille après son passage.

1. *Ibid.*

Car dans la famille de Gaulle, il n'était pas question pour les femmes de se parfumer, « ça faisait cocotte ». Il y a pourtant une odeur légère que Geneviève n'a jamais oubliée, celle de sa maman qui parfumait le linge des armoires avec des sachets de poudre d'iris blanc. Une odeur raffinée qui imprégnait ses vêtements et que la petite fille respirait avec émotion quand elle se penchait pour l'embrasser. C'est à cette senteur perdue qu'elle pense…

— Mademoiselle de Gaulle, je suis très flattée de vous rencontrer…

Mme Voluter a une poignée de main ferme et un regard franc.

— J'ai assisté à plusieurs de vos conférences et j'ai décidé de mettre notre résidence d'été à votre disposition. C'est une maison sans confort pour l'hiver, mais jusqu'au mois d'octobre elle peut accueillir vos amies dans d'excellentes conditions.

Geneviève la remercie avec ferveur. Elle n'a pas oublié les usines Siemens dans le camp, ni que les autorités et les grands industriels suisses ont collaboré avec les nazis, mais grâce à ces dames et à Mme Voluter, la première maison d'accueil va pouvoir ouvrir. Elle qui donne tant passe son temps à remercier les autres, et ça lui semble juste. Sa nature la porte à toujours voir le meilleur.

— Madame, mille fois merci. Pour mes amies, je vous suis très reconnaissante.

Renée Voluter est gênée par la ferveur de ses remerciements, elle sait que c'est peu de chose au vu de ce qui s'est passé.

— Ce n'est rien, dit-elle, et j'ai conscience qu'on devrait faire mille fois plus. Mais vos amies seront bien, Crassier est un village calme au pied du Jura près de la frontière, dans le canton de Vaud. L'air y est pur et la nature magnifique, en pleine renaissance. Notre maison s'appelle Le Chalet des bois.

La Villa du port, Le Mont paisible, La Villa Astoria, la pension des Hortensias et d'autres, il y aura en tout neuf maisons que des personnes privées comme Mme Voluter mettront à la disposition des déportées. Des femmes impliquées, désireuses d'aider concrètement, comme ces journalistes suisses qui, dans leurs hebdomadaires féminins, seront pour Geneviève et ses amies un relais incroyablement précieux.

9

Pendant que Geneviève travaille sans relâche pour trouver de l'argent et aider ses sœurs de déportation, en France et à Paris, l'Épuration s'essouffle. Le pays veut revivre et se remet en marche. Au prix d'une stratégie politique qu'il jugeait indispensable à la survie du pays, le général de Gaulle a écarté les Alliés et les communistes de la libération de Paris et il a réussi à se dégager des ordres américains. La France est à la France, elle ne sera ni aux Anglais ni aux Américains, et surtout pas à Staline. Il a pris le contrôle du ministère de la Guerre et a fait un discours mémorable à l'Hôtel de Ville. « Les Parisiens ont libéré Paris ! » Ce discours fort a une résonance dans le monde entier. Le peuple français que l'on croyait sous la botte allemande, ce peuple de braillards et de mangeurs de grenouilles, a réussi à se relever et à vaincre une armée des plus violentes et des plus perverties. Les poètes ne perdent pas toujours contre les guerriers. De Gaulle connaît la puissance de la légende et des mots qui vont droit au cœur.

Désormais il doit construire l'avenir, et solder les comptes les plus graves. Les vengeances sauvages n'ont apporté aucun apaisement, seule une justice officielle peut y parvenir. Sans attendre, les grands procès commencent, celui du maréchal Pétain suivi par celui de Pierre Laval, son chef de gouvernement. Pour des faits de haute trahison, la Haute Cour de justice condamne Philippe Pétain à l'indignité nationale et à la peine de mort, commuée en prison à vie en raison de son âge. Pétain a presque quatre-vingt-dix ans, Pierre Laval, lui, n'en a que soixante-deux. Il sera exécuté.

Dans les hautes sphères mondaines et parisiennes, on panique, on se cloître dans les appartements. Jusqu'où la justice ira-t-elle poursuivre celles et ceux qui ont partagé la table des nazis ? En fait, la justice s'est quasiment arrêtée à la porte des symboles. Il y avait tant à faire, il valait mieux reconstruire. Dans les milieux du spectacle, de l'art et de la mode, nombre de lâchetés criminelles bénéficièrent de la volonté de ceux qui préférèrent aller de l'avant plutôt que de trancher des têtes ou de tondre des chevelures de femmes et de jeunes filles qui pour certaines n'avaient eu que le tort d'aimer.

> « Chanel, qui vit au *Ritz* avec son amant Hans Gunther von Dinklage, officier nazi des services de renseignement, est très occupée à utiliser à son profit la nouvelle législation sur l'aryanisation des sociétés juives pour récupérer la totalité des droits sur son parfum Chanel n° 5. Elle sera pourtant épargnée à la Libération, ce qui

ne fut pas le cas de femmes plus modestes qui ont eu des liaisons bien moins tapageuses[1]. »

À l'Opéra, chez *Maxim's*, au bar du *Ritz* ou au *Fouquet's*, des femmes arborent zibelines et robes luxueuses qui feront s'exclamer de stupéfaction la photographe de guerre Lee Miller, entrée dans Paris avec les troupes américaines : « Mais comment font-elles pour y arriver alors qu'on manque de tout[2] ? »

Effectivement, dès le début de la guerre, les Allemands ont vidé tous les stocks, il ne reste rien et toutes les femmes sont loin d'avoir des zibelines. Même si elles ont le souci de leur apparence par de petits détails, une ceinture, un foulard noué, la grande majorité se sont arrangées comme elles pouvaient en recyclant le contenu de leurs armoires. On taille des jupes dans les pantalons des maris partis au front, on détricote les vieux pulls. Pour se protéger du froid et habiller les enfants, tout est bon, et en ce printemps 1945 rien n'a changé. Il faudra du temps et bien des restrictions encore pour que l'économie tourne à nouveau. Restrictions matérielles qui ne gênent en rien le bouillonnement des idées, dans les milieux littéraires on s'affaire. On déserte l'effervescence nocturne du Montparnasse d'avant-guerre, et on se précipite à Saint-Germain, nouveau carré d'or de la vie intellectuelle parisienne. Jean-Paul Sartre

1. Carol Mann, *Femmes dans la guerre, 1914-1945*, Paris, Pygmalion, 2010, p. 256.

2. Andrew Hussey, *Paris, ville rebelle*, Paris, Max Milo, 2008.

et Simone de Beauvoir se retrouvent au Flore et la génération d'après-guerre fait un triomphe à la nouvelle philosophie en vogue dont s'est emparé Sartre : l'existentialisme. « L'homme n'est rien d'autre que la somme de ses actes, il est libre et responsable de ses choix. Dieu n'existe pas, à chaque homme d'assumer ses responsabilités. » Les siens furent d'occuper au lycée Condorcet à Paris un poste de professeur prévu pour un autre enseignant, évincé au dernier moment parce qu'il était juif, et de donner ses pièces à jouer entre 1941 et 1944 devant un parterre d'occupants allemands. Selon ses dires, il avait fait partie d'un réseau de résistants dont les historiens ne retrouvèrent jamais la trace. Quant à Simone de Beauvoir, elle écrivait qu'avec cette Occupation allemande, « quelque chose de terrible commençait... d'aventureux et de passionnément intéressant », et elle avouait : « J'étais intéressée par moi-même, je me demandais comment j'allais réagir, comment je supporterais le malheur[1]. » Elle le supporta au *Café de Flore* à écrire son premier roman, à sortir avec des amis tout en s'évadant à Morzine pour faire du ski, et à écrire des séries pour Radio Vichy où l'a introduite le directeur de la revue *Comœdia*.

Au même moment, Geneviève de Gaulle et des inconnues faisaient des choix différents.

« Il ne s'agissait pas d'évoquer avec sang-froid, en historienne, cette résistance qui bouillonnait encore dans nos veines, à laquelle nous participions avec notre misère

1. Carol MANN, *Femmes dans la guerre, op. cit.*, p. 300.

même et nos souffrances. Je n'avais qu'à regarder autour de moi chacun de ces visages, la petite étudiante distributrice de journaux clandestins… la fermière qui avait caché des aviateurs anglais… l'ouvrière communiste remplaçant son mari fusillé dans le combat… toutes celles qui avec leur lutte et leur angoisse avaient tracé la grande histoire. Cette histoire ne peut se réduire au récit d'une belle aventure. Nous autres femmes de France, nous avons scellé notre combat du don de nos larmes et souvent de nos vies.

Elle est morte grand-mère Marguerite, la vieille Alsacienne secrétaire d'un haut fonctionnaire allemand aux chemins de fer qui a communiqué tant d'indications à la Résistance. Et Françoise aux cheveux étincelants, chef d'un réseau de renseignement qu'on avait battue comme un homme aux interrogatoires et qui nous avait raconté tant de bonnes histoires belges avant d'être exécutée pour sabotage. Madeleine, élève de Jouvet, diseuse de poèmes, gazée avec sa sœur, Annie, conférencière et voyageuse. Odette qui chantait avec une voix douce et profonde. Elles sont mortes, mes camarades[1]… »

« Je vais mourir comme tant d'autres… je meurs pour ce pour quoi nous avons lutté, je n'aurais pas pu agir autrement que ce que je n'ai agi : on ne se change pas[2]… »

---

1. Élisabeth TERRENOIRE, *Combattantes sans uniforme*, Paris, éditions Bloud et Gay, 1946.

2. Extrait de la lettre de France Bloch à son mari, *in* Carol MANN, *Femmes dans la guerre*, *op. cit.* France Bloch fut exclue de l'université parce que juive et communiste, entra en résistance, effectua des actions armées et fut exécutée à la hache.

« Mon amour, ne pleure pas… Je meurs avec la conscience tranquille et toute la conviction que demain tu auras une vie et un avenir plus heureux. Tu n'auras plus à souffrir. Sois fière de ta mère, mon petit amour[1]. »

Après la Libération, Sartre et Beauvoir deviennent des intellectuels « engagés ». En cet été 1945, ils sont les figures de proue du carré d'or, Saint-Germain grouille de vie nocturne, dans ses caves on refait le monde avec des idées qui se veulent nouvelles tout en dansant frénétiquement sur une musique en vogue, le jazz.

Pendant ce temps, Geneviève met le peu de forces qui lui restent au service des femmes qui « ont assumé leurs responsabilités » et se sont réellement engagées dans la Résistance. Elles sont ouvrières et bourgeoises, communistes, syndicalistes, non encartées, mères de famille et intellectuelles, elles sont jeunes et vieilles et la plupart d'entre elles se retrouvent dans une très grande précarité, sans perspectives, sans argent, et souvent sans famille et sans logement.

Durant cette période, dans ces combats, « à travers Geneviève de Gaulle, ont été représentées, de façon exceptionnelle, les plus hautes sphères de la société[2]… »

Les conférences se succèdent, et Geneviève commence à montrer des signes importants de fatigue. Poussée par Anise, elle décide de faire une pause

1. Extrait de la lettre d'Olga Bancic, du groupe Manouchian, à sa fille Dolorès. Peu avant d'être exécutée en mai 1944, elle parvient à jeter par la fenêtre de sa cellule une lettre adressée à la Croix-Rouge et destinée à son enfant de quatre ans.

2. Carol Mann, *Femmes dans la guerre, op. cit.*, p. 300.

et elle revient à Paris passer quelques jours chez son oncle Charles et tante Yvonne. Anise loge chez Germaine. Elles s'y retrouvent durant la journée.

— Il faut qu'on avance sur notre projet d'association, dit Geneviève. J'ai rencontré une ancienne de Fresnes, Irène Delmas. Avec des amies, elle a obtenu un local rue Guynemer, et elles sont en train de l'amé nager. Enfin elles essaient, parce qu'elles n'ont pas grand-chose. Elles font un travail formidable, elles cherchent à savoir ce que sont devenues les résistantes dont on est sans nouvelles et elles servent de relais et de boîte aux lettres pour leurs familles qui sont dans une angoisse folle. Personne ne peut dire si leurs filles sont mortes ou si elles vont revenir. On pourrait peut-être les aider et s'associer avec elles.

Anise sursaute.

— N'oublie pas qu'on doit repartir en Suisse, tu as encore des conférences et ça semble difficile de tout faire en même temps.

— De toute façon, intervient Germaine, avant de les voir il faut qu'on sache avec précision ce qu'on compte faire de l'association de maman. Simplement servir de boîte aux lettres et accueillir nos camarades, ou voir plus loin ?

Germaine est grave, cette association de solidarité entre les déportées, c'est Émilie Tillion qui en avait parlé la première dans le camp, et Germaine veut accomplir le souhait de celle qui dans les pires moments pensait encore aux autres avec lucidité, devinant que le retour à la vie, si retour il y avait, serait extrêmement difficile. Émilie Tillion n'est jamais rentrée du camp. Un matin, les SS ont fait une sélection parmi les femmes malades ou trop âgées et les ont envoyées à la chambre à gaz. Ce matin-là, Germaine avait un énorme abcès à la gorge. Elle était au *Revier*, un sinistre endroit où on parquait les malades. Quand elles avaient entendu l'appel des SS, ses amies avaient réussi de justesse à la cacher sous une couverture et elle avait réchappé de la sélection. Pas sa mère, le SS Pflaum ayant aperçu ses cheveux blancs mal dissimulés sous son fichu et l'ayant désignée. Se protéger les unes les autres, c'était l'obsession des femmes dans le camp, leur survie, et quand l'une d'elles se faisait prendre, la culpabilité de rester en vie rongeait les autres. Anise, qui n'avait pas réussi à convaincre Émilie Tillion de se cacher, culpabilisait affreusement, et perdre sa mère dans ces circonstances avait anéanti Germaine. «J'aurais dû être avec maman, répétait-elle, je l'aurais forcée à se cacher, elle m'aurait écoutée, c'était à moi de la protéger.»

— Arrête, Germaine ! la coupait Noella Rouget, une autre détenue du Bloc 27, ta mère voulait qu'on s'en sorte, tu entends. Elle voulait qu'on vive, on s'est fait la promesse que celles qui en sortiraient témoigneraient pour les autres. N'oublie pas que quand ils l'ont emmenée, ta maman s'est retournée vers nous et nous a fait un magnifique sourire avec un signe de la main. Je suis sûre qu'elle nous encourageait à tenir le coup. Pour que la vie l'emporte sur l'horreur, pour qu'un jour le monde entier sache.

Germaine se sent responsable du sourire lumineux de sa maman. Elle la revoit à la table familiale, les encourageant à l'étude, elle et sa sœur, leur expliquant qu'il fallait se construire avec la connaissance, la lecture, comprendre le monde et aller vers les autres pour ne pas en avoir peur. Elle la revoit au camp qui partageait ses connaissances avec les détenues, qui parlait d'art, de pays lointains, de peuples différents.

— On doit témoigner, dit-elle alors dans un sursaut, c'est l'urgence, il faut se dépêcher de ne pas oublier, parce que personne ne veut se souvenir de l'enfer.

Anise est sceptique.

— Mais tu sais bien, Germaine, qu'ici ils ne veulent pas nous écouter. Tout le monde a souffert du froid et des privations, à part quelques planqués, il y a eu des morts dans les familles, personne ne veut en savoir davantage.

— Alors on va faire ce qu'on sait faire. On va l'écrire…

Germaine réagit avec les armes que lui a données sa mère.

— Quand papa est mort en 1925, maman a dû faire face et elle nous a élevées seule, ma sœur et moi, en écrivant. Je l'ai vue des heures et des heures, toujours seule et à la tâche. Écrire était le moyen de nous faire vivre et le livre c'était plus important que tout, c'était transmettre.

Geneviève a pris du papier, un crayon, et elle s'est assise à la table de Germaine.

— Alors allons-y, dit-elle, on commence tout de suite.

— Par quoi, demande Anise, les actions dans la Résistance, les arrestations, la prison ou le camp ?

Geneviève n'a pas une seconde d'hésitation.

— Le camp. La Résistance, c'était difficile mais c'était la guerre, c'était du combat de guerre. La prison, c'était une prison, le camp c'était autre chose. C'était un autre monde, l'inhumanité. On était dans une folie. On doit séparer les choses, arriver à les rendre compréhensibles.

Elles se regardent, désorientées, aucune n'ose écrire le premier mot. Il faut bien commencer, alors elles posent maladroitement quelques notes difficiles à sortir, c'est chaotique, ça part dans toutes les directions. Le flot est bien trop grand et bien trop douloureux. Geneviève et Anise se demandent s'il faut continuer à poser les souvenirs les uns à côté des autres ou décider déjà d'une sorte de plan, Germaine réfléchit. En ethnologue rigoureuse, elle tente de trouver le condensé de ce qu'elles doivent faire, une phrase qui donnerait la direction à suivre, après quoi les souvenirs pourraient prendre place dans un ordre logique. Quand elle écrivait ses Guides bleus sur les pays d'Europe, sa maman avait toujours un souci, être au plus près de la vérité, elle ne voulait pas engager le lecteur sur de fausses pistes à cause d'une rédaction approximative. Par exemple, un sentier était un sentier, pas un chemin, et celui qui allait le prendre devait le savoir. Elle se sentait responsable. Pour parler du camp, Germaine explique qu'il faut avoir la même rigueur, raconter ce qui s'est passé avec le plus de justesse possible. Ne tolérer aucun excès, aucune approximation, les faits, juste les faits. C'est un point essentiel et grave, elles ne peuvent se permettre d'être dans l'à-peu-près, dans les « on a dit », « on a entendu », tout doit être du direct, du vécu. C'est une grande responsabilité devant l'histoire. Elles cherchent ensemble, longtemps, écrivent des mots, des idées, mais rien ne convient.

— Mais enfin, qu'est-ce qu'on veut au juste, s'agace Anise.

— On veut écrire la vérité, ce qu'on a vécu, dit posément Geneviève, toujours très calme.

— Alors on n'a qu'à mettre : *La Vérité*, ou *La Vérité du camp.*

Germaine n'est pas convaincue. C'est trop affirmatif, qui détient la vérité ? Il faut être plus précises.

— Tu as raison, dit Geneviève, la vérité, on la cherche.

— Voilà, c'est ça, on la cherche.

Et elle écrit : *Ravensbrück, à la recherche de la vérité.*

Maintenant ils sont là ces premiers mots, écrits noir sur blanc. Elles éprouvent un sentiment très fort, la conscience qu'elles font quelque chose d'important pour l'avenir. Elles reprennent leur vie en main et elles ne vont confier à personne le soin de parler à leur place. Tout comme elles ont pris le chemin de la Résistance sans demander l'autorisation à personne, elles vont écrire elles-mêmes les pages de ce terrible moment de l'histoire. Germaine prend une pochette qui lui servait à ranger ses feuilles de cours au temps de ses études et elle y range les trois premiers feuillets chargés des notes écrites de la main de chacune.

— On ira jusqu'au bout, on continuera jusqu'à ce que tout soit dit. Et s'il le faut, on recommencera des jours et des jours pour que rien ne soit oublié.

Germaine réagit méthodiquement, en ethnologue. Il faut réunir tous les témoignages possibles, joindre le plus d'ex-codétenues pour qu'elles racontent ce qu'elles ont vécu afin de constituer un énorme fonds qui serait la preuve et la mémoire. Chacune doit faire sa part du travail et passer le message.

Elles se séparent conscientes de la responsabilité qui leur incombe.

Geneviève décide de ne pas prendre le métro pour rejoindre la maison de son oncle, l'idée d'entrer sous terre lui est devenue insupportable. Au-dessus de sa tête, il y a la lumière, partout la vie reprend, les terrasses des cafés de Saint-Germain sont animées, elle croise de jolies jeunes filles en robes gracieuses et des jeunes gens rieurs. Geneviève a l'âge d'être aussi insouciante qu'eux mais cela lui est impossible, jamais elle ne retrouvera cette légèreté. Un jeune couple la bouscule involontairement, ils ne la voient pas, ils s'embrassent en marchant comme s'ils étaient seuls au monde. Geneviève est heureuse de les voir, elle respire à pleins poumons et continue son chemin sur le boulevard, oblique à droite par la rue du Bac et poursuit jusqu'à la Seine. Elle contourne des gravats, des barricades improvisées, il y a encore beaucoup de désordre, des pavés arrachés dans les rues qui rappellent qu'hier, ici, on s'est battu. Mais le soleil l'emporte. Les bouquinistes ont ouvert leurs boîtes magiques, et les livres et les revues égaient le quai Voltaire. Une bouffée de joie l'envahit, elle s'approche, regarde les dessins sur les couvertures, les photographies sur les magazines. Elle a toujours aimé les livres, surtout les livres d'art et d'histoire. À hauteur du pont Royal, elle s'attarde, en prend un, le feuillette puis le repose et en prend un autre. Tous ces livres à portée de main, elle s'y noierait. Elle ressent comme un luxe inimaginable le seul fait de pouvoir en choisir un selon son gré, d'imaginer le lire tranquillement sur un de ces bancs au bord de la Seine en laissant couler les minutes et les heures, sans contrainte. Tout lui est un immense cadeau.

— Vous cherchez un livre précis, un roman peut-être ?

Le bouquiniste s'est avancé, il a un visage bienveillant et la regarde avec gentillesse. Peut-être a-t-il compris d'où elle revient. Elle est encore loin d'avoir retrouvé toutes ses couleurs et elle ne pèse pas lourd.

— Non, non, merci, dit-elle précipitamment, je regardais comme ça, je ne cherche rien de précis.

Elle serait volontiers restée là encore un moment, mais elle n'a pas d'argent pour acheter un livre. Alors elle remercie le bouquiniste et s'arrête plus loin pour regarder couler la Seine. Elle pense à Germaine, si forte, si méthodique. Plus âgée qu'elle de treize années, Germaine a eu le temps, avant la déclaration de guerre, d'obtenir son diplôme d'ethnologue. Parfois, Geneviève l'envie. Elle aurait tellement voulu pouvoir aller jusqu'au bout de ses études d'histoire, obtenir son diplôme et acquérir cette compétence que donne la poursuite d'études exigeantes. Elle sait à quel point une solide culture aide à comprendre le monde, elle l'a expérimenté au camp. Depuis, la culture est devenue un élément capital dans sa vie. C'est parce qu'elle a été capable d'analyser leur situation et de l'expliquer que Germaine les a sauvées de cet univers concentrationnaire qui les écrasait. Subir sans comprendre, pour Geneviève c'était ce qu'il y avait de plus terrifiant.

« Quand je suis arrivée là-bas, j'étais dans une espèce de terre inconnue… dans un univers non seulement effrayant mais absurde, à rebours de tout ce que nous connaissions. Il n'y a rien de pire que d'être jeté dans l'absurdité. Cela détruit un être humain[1]… »

Germaine avait le remède.

« Comprendre une situation qui vous écrase, démonter mentalement ses ressorts, envisager dans tous ses détails une situation apparemment désespérée, c'est une puissante source de sang-froid, de sérénité et de force d'âme[2]. »

Dans le camp, Germaine récoltait des informations et les reliait entre elles. Geneviève se souvient avec précision du moment où elle leur expliqua que le chef des Waffen SS, Himmler, était actionnaire de Ravensbrück et qu'il avait donc intérêt à ce que le camp réalise des profits[3]. D'où les travaux de toutes sortes qu'on leur faisait exécuter, remettre en état des uniformes pour les revendre, travailler à l'atelier des fourrures récupérées sur les détenues d'Auschwitz,

---

1. Geneviève DE GAULLE-ANTHONIOZ, Germaine TILLION, *Dialogues*, présentés par Isabelle Anthonioz-Gaggini, Paris, Plon, 2015.

2. *Ibid.*

3. Frédérique NEAU-DUFOUR, *Geneviève de Gaulle-Anthonioz. L'autre de Gaulle*, Paris, éditions du Cerf, 2015.

faire du terrassement pour la construction de routes, assembler des pièces pour Siemens qui sous-traitait ses activités au camp. Les concentrationnaires devaient être rentables ; celles qui ne l'étaient pas, on s'en débarrassait. Il n'y avait qu'une logique, la productivité. Comprendre avait été pour Geneviève une incroyable délivrance.

Son regard glisse sur les belles façades de pierre des hôtels particuliers qui bordent le quai Voltaire. À voir les fenêtres ouvertes sur le fleuve et les voiles légers qui bougent dans l'air chaud de l'été, elle devine les grandes pièces aux parquets cirés, elle imagine leur décor, les magnifiques tapis, elle voit l'argenterie briller dans les vitrines d'acajou, les portraits de famille. Issue par sa mère des Gourdon, en Anjou, Geneviève a connu les beaux objets, meubles et parquets du château familial de Chemillé que ses grands-parents maternels habitaient et qui avait été construit par son arrière-grand-père. La richesse des grandes maisons ne lui est pas étrangère, mais elle vit désormais dans un autre monde. Plus loin, des voitures se croisent et des péniches glissent lentement sur la Seine, alourdies de chargements de bois ou de charbon. Les mouettes poussent des cris stridents en rasant les eaux, Geneviève suit du regard leur vol rapide, elle aimerait revoir la mer, les vagues de l'Atlantique, Ostende et l'interminable façade du grand hôtel qui l'a tant marquée. La plage à l'infini. Elle prend de longues bouffées d'air, elle est vivante, elle vit.

Elle a cette capacité de prendre des forces partout où elles se trouvent et comme elles se présentent.

Jusque dans la plus petite chose, le moindre moment. Et des forces, elle en a un grand besoin. En cette fin d'année, elle va faire beaucoup d'allers-retours entre la France et la Suisse, dans un pays comme dans l'autre, sa présence s'avère indispensable.

L'association qui leur tenait tant à cœur existe maintenant, avec les résistantes de la rue Guynemer elles se sont mises d'accord autour d'un nom définitif, l'ADIR, l'Association nationale des anciennes déportées et internées de la Résistance. Les statuts ont été déposés et la publication au *Journal officiel* est parue le 15 août. De nombreuses heures de travail ont été nécessaires pour clarifier les objectifs et les mettre par écrit. Toutes avaient conscience qu'il fallait souder les membres autour de buts précis de façon à être efficaces, elles savaient aussi qu'il leur faudrait beaucoup de ténacité pour faire aboutir leurs demandes, la misère des femmes qui revenaient des camps était immense et leur dénuement total.

Un matin, en se rendant dans les locaux de la rue Guynemer pour travailler aux statuts, Geneviève est entrée en même temps qu'une jeune femme qui lui rappela immédiatement quelqu'un, ou quelque chose. C'était un souvenir très fort, de ceux qu'on n'oublie jamais, mais qui sur le moment lui échappait. C'était étrange, ce sentiment qu'elle avait d'une chose qui l'avait marquée profondément, et l'oubli de ce que c'était. La jeune femme lui sourit. Elle était de taille moyenne, un foulard noué retenait ses cheveux. Elle était vêtue d'une robe rose. Un rose pâle presque invisible, léger comme une couleur diluée à l'eau, une couleur d'aquarelle. Cette couleur… ce rose… Les yeux de Geneviève s'écarquillèrent, elle se souvenait. Mieux, elle revivait l'ahurissante scène.

C'était un matin d'hiver et de brume épaisse, elles étaient de corvée de terrassement au camp lorsqu'une jeune fille était sortie de la brume, telle une apparition. Elle était pâle comme un linge, ses cheveux étaient coupés très court, ses pieds glissés dans des sabots étaient grossièrement entourés de chiffons, et une chose était stupéfiante. Elle était vêtue d'une robe de bal. Une robe de soie d'un rose délicat qui flottait dans la brume d'hiver tout autour de son corps. Dans ce camp sordide habitué aux vêtements sales et frustes, la vue de cette robe était irréelle. Les pelles et les pioches s'étaient arrêtées de creuser le sol gelé. Avec cette robe de bal, c'est le monde d'avant qui resurgissait. Le monde où on se fait belle, le monde des vivants, celui où l'on joue de la belle musique. Après en être restée sans voix, la surveillante, ahurie, demanda à l'apparition ce qu'elle faisait là. Elle n'éructa pas comme à son habitude. Elle parla même avec retenue, comme à un être immatériel qui pourrait s'évanouir si on l'effrayait. Or l'apparition était bien réelle. Elle était hongroise, s'appelait Irène, et elle venait d'être transférée d'Auschwitz avec des déportées politiques. On les avait fait se déshabiller et on leur avait distribué au hasard des vêtements pris sur un tas qui se trouvait là. On lui avait attribué cette robe de bal. Elle était maintenant frigorifiée et, dans cette brume, elle avait perdu le groupe. La surveillante l'avait écoutée sans l'interrompre, bouche bée. Puis elle lui avait indiqué la direction du bloc des arrivées en lui recommandant de ne plus se perdre. Que ça pourrait lui coûter cher. Le travail avait repris. Pour Geneviève et toutes les autres, cette vision avait été tout à la fois merveilleuse et atroce. Le tas de vêtements d'où était issue la robe de soie était celui d'un convoi de femmes qu'on avait gazées et brûlées dans la nuit. Geneviève avait pensé à la propriétaire du vêtement qu'on avait dû rafler à la sortie du bal ou peut-être même dans la chambre où elle venait de l'enfiler avant d'aller rejoindre son amoureux.

— Pardon mademoiselle, vous savez à qui je dois m'adresser ? On m'a dit qu'ici on pourrait peut-être m'aider un peu.

La jeune femme de la rue Guynemer que Geneviève venait de croiser, elle s'appelait Madeleine, et sa robe n'était pas en soie mais en coton. Geneviève revint à la réalité. L'appartement de la femme en rose avait été vidé des biens familiaux et était désormais occupé par des inconnus. Son frère avait été tué au maquis, son père et sa mère assassinés à Auschwitz. Elle n'avait plus qu'une tante qui n'avait pas voulu l'accueillir parce qu'elle-même vivait dans un petit deux pièces avec quatre enfants à charge et un mari revenu dans un sale état. Madeleine tenait à la main un petit baluchon. Sa tante le lui avait remis, c'était tout ce qu'il lui restait de sa vie d'avant. Pourtant elle souriait et demandait juste à ce qu'on l'aide pour quelques jours, elle ne dérangerait pas longtemps, elle voulait redevenir couturière. C'était son métier avant la guerre et elle comptait bien s'y mettre au plus vite.

Des femmes comme elle, Geneviève en rencontra beaucoup. Bien souvent détruites physiquement et psychologiquement, elles étaient toutes volontaires. Sa détermination à agir au plus vite pour aider fut encore plus grande. Geneviève voyait toujours la plaie des autres, jamais la sienne, car, de son point de vue, elle avait de la chance, les siens étaient vivants. Dieu l'avait laissée entrer seule au camp mais il avait protégé sa famille. Maintenant, il devait l'appuyer pour celles qui n'avaient pas eu cette chance.

Quand elle était à Paris, Geneviève s'investissait rue Guynemer, elle fut là au moment de créer les statuts, fit partie du premier conseil d'administration et en devint présidente. « En plus d'une association de résistantes, l'ADIR devint une association de déportées qui furent toutes des combattantes… le travail de mémoire, leur participation à l'histoire des femmes dans la Résistance se fit surtout à l'aune de la déportation, plus qu'au regard de la Résistance où elles furent toutes des membres remarquables de la catégorie que l'on appelle usuellement les grands résistants[1]. »

Leur souci premier est d'aider les déportées et leurs familles. Toutes étaient soudées à jamais par ce qu'elles avaient traversé et qu'elles ne pouvaient partager vraiment qu'entre elles. Les statuts étaient clairs :

1. Philippe MEZZASALMA, « L'ADIR, ou une certaine idée de l'histoire de la déportation des femmes en France », *Matériaux pour l'histoire de notre temps*, n° 69, 2003.

« Le conseil d'administration doit être composé de deux tiers de déportées et de un tiers d'internées.

L'article 1er de ses statuts définit ainsi le but :

— Venir en aide à ses membres ;

— Venir en aide aux familles de ses membres ;

— Venir en aide aux familles de déportées et internées de la Résistance mortes en captivité ou des suites de celle-ci ;

— Soutenir moralement et matériellement les anciennes déportées et internées de la Résistance. »

Aider, soulager, trouver des solutions, des logements, de la nourriture, monter une cantine et installer des dortoirs, Maryka, Jane Sivadon et les autres s'en étaient déjà chargées du temps de la première association. Elles savaient faire. En revanche, ce qu'elles n'avaient pas, c'est un porte-parole aussi fiable et aussi efficace que l'était Geneviève. Son oncle Charles s'était battu pour l'honneur de la France, au nom des mêmes valeurs, Geneviève allait se battre pour la fraternité. La qualité de son éloquence, la précision qu'elle apportait dans tout ce qu'elle disait, son souci d'être juste dans le récit des faits, partout où elle passait elle marquait les esprits et plus profondément les cœurs. Il y avait dans son apparence fragile, dans le ton de sa voix, une douceur d'une grande fermeté. Elle n'enchaînait pas mécaniquement les phrases, ce qui se produit souvent quand on dit et redit les mêmes choses d'un jour sur l'autre. Elle ressentait les mots qu'elle prononçait, elle revivait les situations et ceux qui l'entendaient les vivaient avec elle. Parce qu'elle ne jouait aucun rôle, parce qu'elle n'essayait pas d'émouvoir mais de faire comprendre, on l'entendait.

Son engagement durant cette période fut considérable. Elle exprima à la perfection une chose essentielle : quelles qu'aient été leurs souffrances, les déportées ne pleurnichaient pas, ne se plaignaient pas. Elles demandaient juste ce qui était légitime : une aide pour celles qui ne pouvaient se relever seules de ces épreuves inhumaines. Geneviève, Maryka, Noelle, Jane, Anise, Germaine et les autres, leur expérience commune des camps leur donnait des forces d'une solidité à toute épreuve. Aucun conflit, aucune appartenance politique ne put venir à bout de leur solidarité, ce qui est un fait rarissime dans l'histoire des combats humains. La fraternité qui les avait sauvées de la mort allait leur permettre de faire face à l'indifférence qui accompagnait leur retour. Puisque leur sort n'était pas prioritaire, elles prenaient les choses en main. La Résistance, les camps, le front les avaient transformées. Désormais, leur vie leur appartenait. Elles étaient les mieux placées pour savoir comment s'entraider. Désormais, elles décidaient de leur destin.

Leur travail fut considérable. Pour Geneviève, il se doubla de déplacements incessants d'une conférence à l'autre et de visites aux rescapées dans les maisons de repos. Mais personne n'avait anticipé que tous ces voyages seraient aussi compliqués. Trouver des voitures et des personnes pour l'accompagner, des trains quand ils marchaient, fut un casse-tête incroyable. L'été et l'automne passèrent sans qu'elle ait le temps de s'en apercevoir, et un matin ce fut l'hiver. Quand elle regarda par la fenêtre de la chambre qu'on lui avait réservée dans la maison d'une des dames suisses, la neige était tombée pendant la nuit et de gros flocons blancs dansaient, opacifiant la vue. Tout avait disparu, enseveli, et tout était d'un blanc immaculé. Enfant, Geneviève avait beaucoup aimé la neige : « Un brouillard épais laisse paraître une grande forêt enneigée. Ma grand-mère et moi nous glissons sur un traîneau tiré par deux grands chevaux. Leurs clochettes sonnent, allègres, à moins que ce ne soient les arbres de cristal. Nous sommes serrées l'une contre l'autre sous une couverture de peluche rouge… »

Dans ce temps lointain, quand sa grand-mère l'emmenait en traîneau dans les forêts de Sarre où son père avait un poste d'ingénieur, la neige était immaculée et magique. Le jour où dans le camp Irène était apparue dans sa robe de bal, il avait neigé aussi et il y avait du brouillard. Les nouvelles arrivantes avaient été parquées sur la place d'appel qui « était blanche de neige. Le lendemain elle était marron de merde : chacune avait mangé la neige et fait ses besoins[1] ».

Ces mots si crus, cette réalité, c'était juste hier. Geneviève s'écroule au pied de son lit, les larmes la submergent, les sanglots la secouent. Le camp lui a enlevé jusqu'au bonheur de pouvoir s'émerveiller en regardant la neige ! Tout lui semble vain, elle se dit qu'elle ne remontera jamais, elle se sent oppressée, elle a du mal à respirer. Ses pleurs l'étouffent et, dans cette chambre où Anise cette fois n'a pas pu la rejoindre,

---

1. Marie-Anne Matard-Bonucci, *La Libération des camps et le retour des déportés*, Paris, éditions Complexe, 1999.

elle pourrait en mourir. Que va-t-il lui rester si des joies aussi simples que celles de contempler la neige sont perdues à jamais ? Reviendront-elles un jour les belles heures, les insouciantes magies de la première jeunesse ? Il lui semble les approcher parfois, mais, furtives elles s'évanouissent aussitôt. Elle a beau lutter, les visions de cauchemar sont les plus fortes. Elles envahissent son cerveau, impossible de les repousser. Elles reviennent, la dévorent, la broient. Alors, dans le silence, elle prie. Seule la prière calme ses peurs. Elle s'agenouille comme du temps où elle faisait sa prière du soir, avec son petit frère, sa sœur et leur papa. Pour leur maman perdue. Elle y met la même confiance et la même ferveur. « Notre père qui êtes aux cieux... » Les mots reviennent sans peine. Petit à petit, ils imprègnent la chambre qui l'environne d'une mémoire familière et apaisante. Elle se souvient : « Non, Dieu n'était pas absent du camp, il éclairait le beau visage d'Émilie Tillion. La vieille Maria, mère Élisabeth rayonnaient de sa lumière. Nous allions le prier en cachette, derrière une baraque avec une religieuse orthodoxe russe, ancienne et ardente révolutionnaire, mère Marie que l'épreuve portait à la plus haute contemplation... à aucun prix je ne voulais me séparer dans ma prière des plus misérables, celles qui volaient le pain, se battaient pour la distribution de soupe ou, pire, gisaient dans leur coin avec leur vermine et leurs souillures... je devais partager leur humiliation, comme la fraternité et le pain[1]. »

1. Geneviève DE GAULLE-ANTHONIOZ, *La Traversée de la nuit*, *op. cit.*, p. 49.

Geneviève irait décrocher la lune pour ne pas décrocher de la vie. Elle reprend confiance. Il existe un monde meilleur qui du fond du bunker où les SS l'ont jetée, remonte lentement à la surface : « Cette fois le ciel est bleu, un peu nacré, l'air est vif, il me semble que je sors d'une profonde caverne. Il ne m'est plus indifférent de vivre ou de mourir. Je veux retrouver ceux que j'aime, le printemps et les arbres en fleur. Quand je reviendrai à Paris, j'irai revoir les *Nymphéas* de Monet à l'Orangerie. À force d'y penser ils ont envahi mes rêves, leurs corolles radieuses de clarté ont recouvert mon lac silencieux[1]. »

Le monde qui au plus profond des ténèbres lui a donné tant de force et d'espoir, c'est le souvenir de la beauté, celle des *Nymphéas* et des ciels changeants de la Baltique. Un monde qui transcende et qui sauve, le monde de l'art et la splendide nature. Elle ne l'oubliera plus.

Au-dehors, la neige continue de tomber, de lourds flocons tourbillonnent devant la fenêtre de sa chambre. Elle a deux conférences à assurer dans la journée, une dans l'après-midi, une autre le soir. Elle tend l'oreille. À l'intérieur de la maison quelqu'un s'agite. Elle distingue des bruits de vaisselle, ses hôtes sans doute qui préparent la table d'un petit déjeuner. Elle regarde sa montre et ne peut s'empêcher de sourire. Déjà 8 heures ! Elle a réussi à dormir une nuit entière sans cauchemar. Sans se lever une seule fois ! C'est donc que tout n'est pas perdu !

---

1. *Ibid.*, p. 71.

10

La première fois qu'elle a vu l'homme qui allait prendre tant de place dans sa vie, elle n'y a pas fait attention. Ou plus exactement, elle ne s'est pas particulièrement attardée sur lui à ce moment-là. Mais au cours de l'après-midi elle a remarqué qu'il était mince, très brun, qu'il avait un regard profond et un sourire joueur.

— Je m'appelle Bernard Anthonioz.

Il s'est présenté simplement, il n'était ni timide ni effronté. Il avait juste envie de parler avec elle, et cela n'avait rien à voir avec le fait qu'elle soit la fille du consul Xavier de Gaulle et donc la nièce du grand général. D'ailleurs il ne le savait pas. Mais il l'avait remarquée tout de suite parmi ce groupe de jeunes Suisses dont il faisait partie. Elle, elle était là entre deux conférences. Dans le cadre de son travail, Xavier de Gaulle organisait des rencontres pour le rayonnement de la France et il y avait naturellement convié sa fille. C'est quand Bernard s'est présenté, quand il lui a parlé, qu'il s'est passé quelque chose. Elle ne se l'est pas avoué, elle aurait même été incapable de le reconnaître, mais elle l'a ressenti. S'en est-il aperçu, l'a-t-il compris ? Il aurait eu de bonnes raisons d'en être déstabilisé, on n'aime pas sans connaître, sans raison, tout de suite. Et pourtant…

À vingt-quatre ans, son parcours était déjà remarquable : études de droit et de littérature, engagement auprès d'un professeur de l'université de Bâle, Albert Béguin, antipétainiste convaincu. Dès 1941, ils avaient fondé une revue qui s'appelait *Les Cahiers du Rhône*.

> « *Les Cahiers du Rhône* sont nés du fleuve et des événements. Ils ont un lieu et une date de naissance, auxquels ils se voudraient fidèles, autant qu'à un esprit commun, plus qu'à aucune idée.
>
> Un jour de l'automne 1941, à Genève, quelques étudiants, liés d'amitié, les uns suisses, les autres français, se demandaient une fois de plus comment ils pourraient entrer dans le combat spirituel de leur génération et de notre temps. Désireux de ne pas rester plus longtemps les spectateurs consternés et inertes du désastre européen, ils éprouvaient le besoin de porter un témoignage actif de leur espérance et de leur foi, de les professer d'autant plus hautement qu'autour d'eux tout paraissait s'y opposer, les cruelles paroles et le plus cruel silence de l'oubli[1]. »

Ce jour-là, Geneviève et Bernard n'ont pas pu parler très longtemps, mais ils se sont revus en d'autres

1. Albert Béguin, « Nos cahiers. Cours poétiques du Rhône », *Les Cahiers du Rhône*, n° 1, mars 1942.

occasions. Elle apprit que pendant l'Occupation il avait passé la frontière, de Suisse vers la France plusieurs fois, pour ramener un poème d'Aragon et publier dans les *Cahiers*, *Les Yeux d'Elsa* et bien d'autres textes impossibles à sortir en France.

— C'est Louis Aragon lui-même qui m'a remis son texte, j'étais allé le chercher à Nice. Ma sœur Béatrice m'avait accompagné. On était très heureux de le voir, et fiers de publier ce texte. Après, pour le diffuser, on a dû encore repasser la frontière plusieurs fois. Il a fallu trouver des boîtes aux lettres, mais… vous connaissez ça, Geneviève, les boîtes aux lettres.

Elle s'émerveillait des similitudes qui existaient dans leurs parcours respectifs. La Résistance, le passage de frontière, l'engagement contre le nazisme, la publication de textes. Au fur et à mesure de leurs conversations, elle aimait découvrir tout ce qui les rapprochait. Elle le trouvait particulier.

— Mon père était sculpteur, j'avais seize ans quand il est mort mais je sens encore l'odeur des plâtres humides de son atelier et j'entends toujours le bruit de ses ciseaux qui tapaient le marbre…

En racontant, son visage s'éclairait. Dans l'atelier de son père, il collait son dos contre le poêle l'hiver. Il revoyait les sculptures sur les hauts tabourets, les outils au manche de bois bien rangés, les maillets, les burins, les pointes, les blocs de marbre. Les dessins d'ébauche posés sur la table de bois maculée de blanc, la verrière qui donnait sur une cour. Et le soleil qui, l'été, y pointait ses rayons.

— J'aime les artistes, leur univers. On a besoin d'eux.

Il ne parlait jamais de carrière, de position sociale ou d'argent. Il n'en avait pas et il gagnait sa vie pour aider sa mère veuve depuis fort longtemps. Il parlait de choses à faire, d'idées à mettre en œuvre. Il était enthousiasmant. Elle n'évoqua pas le camp directement, mais lui expliqua qu'elles avaient commencé à écrire à ce sujet avec Germaine.

— On veut garder la mémoire, plus tard elle sera moins précise. Là tout est net dans nos têtes. Ce qu'on a vécu est trop grave pour tomber dans l'oubli.

Il n'hésita pas une seconde.

— Alors il ne faut pas attendre, il faut imprimer vos textes et les diffuser. J'en parle à mes amis, ils vont être d'accord, j'en suis sûr. On va les faire paraître aux *Cahiers* !

L'histoire de Geneviève et de Bernard commença ainsi, bien avant que Geneviève lui fasse sa demande en mariage sur le pont du Rhône à Genève. Elle écrivit des textes avec Anise et Germaine, et il les publia. Sans qu'ils le sachent encore, cet acte commun ancra ce qui devait les unir profondément tout au long d'une vie. Toujours ils seraient un couple. Mais à ce moment-là de leur histoire, ils ne savaient pas encore qu'ils s'aimaient. En tout cas, ils ne se l'avouaient pas.

— Tiens, lui dit Bernard un jour en sortant de la poche de sa gabardine un petit livre beige orné d'un dessin, regarde. C'est un recueil sur les maisons savoyardes de chez moi, mon père les aimait beaucoup. C'est lui qui a fait ce livre.

Il attendait qu'elle regarde comme un enfant qui vous donne un dessin qu'il a fait spécialement pour vous et qui attend votre réaction. C'était touchant.

Elle avait pris le recueil et s'était mise à le feuilleter. Il n'était pas épais, moins d'une centaine de pages. Le contenu était le reflet exact du titre, *Maisons savoyardes*. Il y en avait d'Annecy, de Maurienne, de Moûtiers, d'Aix-les-Bains, des Échelles, de toute la Savoie. Le texte parlait du travail des artisans qui les avaient construites, avec admiration et respect. Le père de Bernard avait valorisé des détails, une cheminée, un portail, un chai, une fenêtre. Beaucoup de chalets, et même des masures. Tout avait trouvé grâce sous sa plume de dessinateur. Un ami avait écrit quelques mots sur la page de préface : *Il m'a semblé revoir la maison de mon enfance qui se trouvait être une maison savoyarde, ou plus exactement une maison construite avec l'intelligence du pays par des gens qui ne se vantaient pas de leur instruction…*

Quelque chose se passa en Geneviève lorsqu'elle referma le recueil. Elle s'était un peu renseignée sur Bernard comme le fait toute jeune fille qui a « un penchant » amoureux et elle avait appris qu'il travaillait avec un grand professeur d'université et avec un grand éditeur d'art, Albert Skira. Mais loin de s'en vanter, il l'avait fait entrer dans l'intimité de ses origines par ce petit recueil tout simple. Elle aimait ce que cela disait de lui. Et près de cet homme fier de son père qui aimait les maisons et les artisans, elle se sentait bien. Rassurée, à sa place. Dans l'attirance qu'ils avaient l'un pour l'autre s'immisçaient pourtant des inquiétudes confuses. Bernard n'avait aucune fortune et pour la très grande majorité des familles, le patrimoine, l'argent, c'était essentiel, il fallait tenir son rang. Les hautes sphères se protégeaient des unions financièrement désassorties et, en ce domaine, rares étaient les aventuriers. Geneviève et sa famille sortaient de la norme dictée par leur milieu, l'amour avait pour eux la même place que l'honneur, tout en haut de l'échelle des valeurs. L'argent n'y figurait pas.

Le hasard voulut qu'à ce moment-là, Mme Suter propose à Geneviève de partir dans son chalet du Verbier avec Germaine et Anise.

Mme Suter avait prévu un stock de bûches pour tout le séjour. Le premier jour, dans cet endroit protégé, loin du bruit, loin de tout, les trois amies s'abandonnèrent avec émotion à la douce chaleur du feu de cheminée.

> « Nous étions au cœur de l'hiver, il était tombé beaucoup de neige. On n'aurait jamais pensé pouvoir revivre un jour des moments aussi merveilleux. »

Un monde si doux. Geneviève plongée dans ses pensées et Germaine absorbée par le jeu des flammes. Le chalet était un endroit confortable et très élégant, tout en bois blond avec de beaux coussins et des rideaux rouges. Par la fenêtre du chalet, Anise contemplait le paysage blanc, les hauts sommets. Elle n'y croyait pas, des années après elle en parlait encore avec émotion : « Ce séjour au chalet du Verbier, ça a été pour nous une incroyable chance. Une magie[1] ! »

1. Anise Postel-Vinay, entretien avec l'auteure.

Elles s'octroyèrent une journée de repos. Dès le lendemain de leur arrivée, elles se mirent à l'œuvre. Le livre de Ravensbrück ne pouvait pas attendre. Ce chalet, dans le silence qui les entourait, c'était l'occasion rêvée de pouvoir terminer ensemble. Germaine avait écrit l'essentiel car elle s'était mise dès son arrivée à Ravensbrück à ce qu'elle avait appelé « la recherche de la vérité ». Pour la parution des témoignages dans la revue des *Cahiers du Rhône*, chacune prit une part. Jour après jour, elles lurent, relurent, ajustèrent.

> « Chacune a choisi son thème librement et selon ce qu'elle souhaitait le plus profondément communiquer. Nous étions alors partagées entre le sentiment très fort du devoir de faire connaître et l'impuissance à partager notre expérience. Chaque ligne de ce "Ravensbrück" nous a coûté énormément[1]. »

Et un matin, Geneviève appela Bernard Anthonioz pour l'avertir. Le travail d'écriture était terminé. Ce qu'aucune ne savait alors c'est que ce serait la toute première mouture d'un texte qui évoluerait au fil des ans et qui s'enrichirait de témoignages venus de toutes parts. Il fallut pourtant attendre une vingtaine d'années pour que, le 25 janvier 1966, sur le plateau de télévision des actualités de Maine-Anjou-Touraine, Geneviève, accompagnée d'une ancienne compagne de captivité, maître Mirande Laval, vienne

1. Caroline GLORION, *Geneviève de Gaulle-Anthonioz*, *op. cit.*, p. 65.

présenter à une journaliste un livre unique. Titre : *Les Françaises à Ravensbrück.* Coiffure impeccable, robe sombre, petits clips discrets aux oreilles, chaîne en or et médaille autour du cou, Geneviève s'exprime avec gravité. Elle a conscience que ce livre est une première pierre, unique et déterminante pour la suite.

« C'est un témoignage collectif sur la déportation des femmes. Nous (associations de déportées) avons réuni des témoignages de nos camarades en grand nombre et nous avons pris la responsabilité d'en faire un livre, de les grouper en chapitres, de les réécrire en partie pour les rendre plus lisibles... c'est la première fois qu'une tentative de ce genre a été faite dans l'histoire des déportations.

— Et vous avez même eu l'admiration des hommes qui n'ont pas osé faire cette chose, souligne alors la journaliste.

— Ils le feront peut-être un jour. »

Mais bien avant que n'arrive ce jour-là, bien avant que les maisons d'édition ne s'emparent du sujet, c'est Bernard qui, aux *Cahiers du Rhône*, fit paraître les premiers témoignages des trois amies. Dès le lendemain de l'appel de Geneviève, il arriva au chalet. Cette rapidité ne manqua pas de surprendre agréablement Germaine qui comprit tout de suite qu'il se passait quelque chose entre le jeune éditeur et son amie. Sous prétexte d'aller prendre l'air en marchant dans la neige, Anise étant partie voir ses parents, elle les laissa seuls. L'intimité du chalet les enveloppa, ils parlèrent de tout et de rien, des choses de la vie, de leurs goûts, et de cette « foi et de cette confiance dans la valeur de l'homme » qui les portait et les unissait. Manifestement amoureux, Bernard gardait pourtant une retenue et il repartit pour Genève sans lui avoir parlé clairement.

Pour Geneviève, c'était incompréhensible, elle n'était pas du style à tergiverser ni à faire des mines, alors puisqu'elle l'aimait et qu'elle voulait l'épouser, lui et pas un autre, elle décida que c'est elle qui lui parlerait. Geneviève ne s'en tenait pas à des convenances. Elle allait où la portait sa propre morale. Elle aimait la France et n'avait pas hésité à arracher un drapeau qui lui faisait injure, elle aimait Bernard, elle n'hésiterait pas à le lui dire. C'est comme ça qu'à son retour du Verbier, une après-midi où ils s'étaient donné rendez-vous à Genève sur le pont du Rhône, elle avait déclaré : « Voulez-vous m'épouser ? »

Et c'est comme ça qu'elle attendit sa réponse durant trois jours interminables passés à se ronger les sangs au consulat de Genève.

— Geneviève !

— Oui ?

— Téléphone, c'est pour toi.

Son père ne lui avait rien dit de son interlocuteur, contrairement à son habitude, « c'est ton amie Anise » ou « c'est ton oncle Charles », et elle eut une forte intuition. Bernard était au bout du fil.

— Si tu veux, on peut se retrouver sur le pont du Rhône, au même endroit. J'ai la réponse à ta question.

Il n'en dit pas plus et elle ne lui demanda rien. Elle accepta juste le rendez-vous.

Tout au long du chemin, tandis qu'elle se repassait le film de leur conversation téléphonique en cherchant un signe dans l'intonation de sa voix, son cœur battit fort. Allait-il accepter de l'épouser ? Ce n'est que lorsqu'elle fut près de lui, au beau milieu du pont comme elle l'avait souhaité, à la même place que trois jours auparavant, qu'elle lut la réponse sur le visage de Bernard. Il acceptait de l'épouser, il dirait « oui ». Mais quand elle l'entendit enfin, au lieu de se jeter dans ses bras comme elle l'avait si souvent imaginé, elle se redressa d'un air fier. Il l'avait fait attendre trois jours interminables, elle répliqua d'un ton sec :

— Mets-y les formes !

Il éclata de rire et l'enlaça sans plus de façon. Il l'adorait.

11

Derrière le voile de tulle blanc qui lui recouvre le visage, Geneviève retient sa respiration. Dans moins d'une minute, quand le prêtre se retournera, elle dira «oui» et deviendra une autre: Mme Bernard Anthonioz. À ce moment-là seulement, elle pourra soulever son voile et embrasser son mari.

Comment devient-on une autre? Qu'est-ce qui va changer?

Elle est émue tout comme Bernard. Il a discipliné ses magnifiques cheveux noirs, passé un bel habit sombre et noué un ruban de soie blanche autour de son col de chemise. Derrière eux, sur les bancs de l'église Notre-Dame, les familles sont là. Le père et la belle-mère de Geneviève, son oncle le général de Gaulle et tante Yvonne, son frère Roger, ses cousins, Philippe et Élisabeth, ses tantes Madeleine et Marie-Agnès, son oncle Pierre, et tous les autres. Les amis de Bernard et ses amies à elle, ses sœurs à jamais, Germaine et Anise. L'église est comble. L'enfant de chœur a balancé son encensoir, répandant une odeur de myrrhe et d'oliban doré. Tout est blanc. Les bouquets de roses, les gerbes d'arums, les corbeilles d'argent, les souples branches de spirée printanière, les cierges sur l'autel, les bougies des grands lustres et jusqu'aux dentelles du prêtre et des enfants de chœur. Le long de l'autel court une nappe brodée, bien repassée. Impeccablement amidonnée. Le linge des églises, c'est comme le linge des maisons dont on prend soin.

> «Les lieux sont comme une patrie mystérieuse de l'âme. Dieu permet qu'elle s'y repose un moment comme la colombe de l'arche. Elle y retrouve force et vigueur pour son envol, et le souvenir même en reste béni, plein de grâces... Dieu a permis encore tout cela pour m'aider à franchir une nouvelle étape[1].»

Le prêtre a terminé son homélie. Le visage dissimulé derrière le flou de son voile de tulle, Geneviève le voit s'avancer. L'oncle Charles est son témoin, l'organiste joue un morceau de Haendel et, dehors, il fait un soleil magnifique.

Avant d'entrer dans l'église au bras de son père, Geneviève a eu le temps d'entrevoir dans la foule des jeunes filles qui lui faisaient des signes amicaux. Sa maman, sa sœur Jacqueline, grand-mère Jeanne aussi sont là, avec elle. C'est fou comme en une fraction de seconde un monde peut surgir. Elle les voit, elle entend leurs paroles, leurs rires, elle revoit des scènes,

---

1. Geneviève DE GAULLE-ANTHONIOZ, *Lettres à une amie. Correspondance spirituelle*, Les Plans-sur-Bex (Suisse), éditions Parole et Silence, 2005.

des repas. Le prêtre s'avance, le moment est venu, il va lui poser la question. « Voulez-vous épouser... »

Elle a dit oui, lui aussi. Ils ont échangé les alliances et elle a soulevé son voile blanc. Son bonheur est immense. Elle est Mme Bernard Anthonioz. Leurs regards se troublent. Ils ont le merveilleux visage de la jeunesse. Elle est sa femme et il est son mari.

Anise et Germaine sont étonnées de voir leur amie dans sa longue robe blanche, avec ce voile retenu par une tiare de fleurs d'oranger. On dirait une toute jeune fille.

« La vie gagne toujours », dit simplement Germaine.

12

— Mettez-moi trois kilos de pommes de terre, quelques navets, et un kilo de poireaux et de carottes, s'il vous plaît.

— C'est pour la soupe ?

— Oui, enfin c'est pour un pot-au-feu.

— Alors je vous donne de la bintje, mais ne la mettez pas au début, elle s'écraserait. Une bonne vingtaine de minutes avant la fin de la cuisson, ça ira. Pas plus. Sinon vous aurez de la bouillie.

— Ah, j'oubliais, mettez-moi aussi une livre d'oignons.

— C'est tout ?

Geneviève réfléchit. Quelques pommes pour le dessert, ça ferait du bien. Elle pourrait faire une compote pour les petits, ils adorent ça. Six années ont passé. Bernard et elle ont quatre enfants, Michel né en 1947, François-Marie né en 1949, Isabelle née en 1950, et Philippe le petit dernier qu'elle a mis au monde il y a tout juste un an. Avec la mère de Bernard qui est âgée et vit avec eux, cela fait sept bouches à nourrir. Geneviève n'a jamais été riche, mais elle a toujours vécu dans une famille aisée. Avant de devenir consul, son père était ingénieur et sa maman issue d'une bonne famille. Aujourd'hui sa situation est tout autre. La guerre a tout emporté, ils n'ont que le salaire de Bernard pour vivre, et il n'est pas gros. Elle-même a travaillé, mais une courte période.

Elle a été chargée de mission au CNRS et a côtoyé Pierre Mendès France qui venait de créer un secrétariat d'État à la Recherche scientifique et aux Progrès techniques. Il avait autour de lui un petit groupe de jeunes scientifiques parmi lesquels le mathématicien André Lichnerowicz et le biologiste Jacques Monod. Cette nouvelle génération était très motivée pour faire bouger le monde figé du CNRS créé en 1939. Geneviève a découvert des hommes passionnés qui voyaient dans la recherche scientifique un des moteurs importants de l'économie française. « La République a besoin de savants ! » clamait Pierre Mendès France à qui voulait l'entendre. Hélas le gouvernement d'alors resta sourd, et la mission de Geneviève est arrivée à son terme, les enfants sont nés et il a fallu s'en occuper. Elle a quitté son travail non sans regret, mais comme toujours elle s'est adaptée. Heureuse d'être vivante, émerveillée de donner la vie à un deuxième enfant, puis à un troisième et à un quatrième. Heureuse de créer sa famille avec Bernard.

— Je vais prendre aussi un kilo de pommes, dit-elle au marchand comme si elle venait de commander quelque chose d'extraordinaire.

Elle gère le budget familial au plus serré, achète ce qui est nécessaire. Pas plus. Maintenant ses deux cabas sont pleins, le marché n'est pas loin de leur appartement mais les cabas sont lourds. Par chance le bus est là. Geneviève arrive juste à temps pour y grimper. Heureusement, ce n'est pas l'heure de pointe et il est à moitié vide. Essoufflée, elle trouve une place, s'assied et pose ses emplettes à ses pieds. Il fait très froid, mais la lumière de ce mois de février n'en est que plus pure. Elle regarde défiler les rues, les passants. Elle aime ce bref moment où elle ne fait rien, que regarder sa ville. C'est rare. Sa vie a pris un rythme très intense. Le lever tôt pour le biberon du petit Philippe, les changements de couches, les lessives, les courses et la cuisine deux fois par jour pour sept personnes. Aucun répit. Sa belle-mère, la maman de Bernard, vit avec eux et aide. Mais elle est de plus en plus âgée et la place manque dans cet appartement. Un trois pièces avenue Rapp dans lequel ils vivent à trois adultes et quatre enfants. Il n'y a pas de machine à laver, pas de frigidaire non plus, et juste un réchaud à gaz. Il faut cuisiner au fur et à mesure, impossible de conserver les plats et les aliments. Pourtant, devait dire plus tard Geneviève : « Dans cette période, j'ai fait le plein de bonheur. » L'appartement était vivant. Ça débordait. Mais pour Geneviève rien n'était « trop » quand il s'agissait de vivre. En la voyant si fine, si menue, et parfois si pâle, sa belle-mère s'inquiétait. Car en plus d'assurer la charge de travail du quotidien, Geneviève travaille, bénévolement.

— Vous ne devriez peut-être pas accepter de faire toutes ces conférences au RPF, Geneviève. Un peu, je comprends, mais ils vous en demandent beaucoup. Savent-ils que vous avez quatre enfants ?

— Oui, mamy, ne vous inquiétez pas.

— Alors puisqu'ils savent, c'est qu'ils ne se rendent pas compte du travail que ça demande. Mais je ne suis pas étonnée. Aucun d'eux n'a jamais eu à s'occuper de quatre enfants !

Geneviève sourit. Sur l'insistance d'André Malraux, elle est devenue l'oratrice du Rassemblement du peuple français. Elle donne des conférences et fait des déplacements qui lui demandent du temps et la fatiguent. Elle est certes devenue Mme Bernard Anthonioz, mais elle reste une de Gaulle. Le Rassemblement du peuple français auquel elle a adhéré et dans lequel elle s'implique a été lancé officiellement à Strasbourg le 7 avril 1947 par son oncle Charles :

> « La République, que nous avons fait sortir du tombeau où l'avait d'abord ensevelie le désespoir national, la République que nous avons rêvée tandis que nous luttions pour elle… Il est temps que se forme et s'organise le Rassemblement du peuple français qui, dans le cadre des lois, va promouvoir et faire triompher l'immense effort du salut commun et la réforme profonde de l'État. Ainsi, demain, dans l'accord des actes et des volontés, la République française construira la France nouvelle[1] ! »

Cette France débarrassée des partis dont parle le général, Geneviève la veut de toutes ses forces. Pour elle comme pour lui, seules de grandes causes transcendent les clivages. Et les hommes se retrouvent à leur meilleur. Elle sait de quoi elle parle, elle l'a

1. Document INA.

vécu. Ses amitiés nées au maquis et au camp sont intactes. Peu importent les idées politiques des uns et des autres. Que son amie Marie-Claude Vaillant-Couturier qu'elle a connue à Ravensbrück, si fraternelle dans les heures sombres, soit communiste, ne l'empêche pas de l'estimer et de se battre à ses côtés pour la cause des déportées. Elles se sont même accordées à travers leurs associations pour que ce soit Germaine Tillion qui les représente au procès de Ravensbrück qui s'est tenu à Rastatt en 1950. C'est pour cette France-là, unie au-delà des partis, que Geneviève s'est engagée au RPF. Parce qu'il est un rassemblement. Et elle a bien précisé : « Je refuse tout mandat électoral. Je ne veux pas du tout faire ce métier-là. » Le ton est ferme et sans ambiguïté. André Malraux n'a pas insisté. La politique n'est pas « le truc » de la nièce du général. Pourtant il n'abandonne pas, il veut la garder. Pour ce qu'elle représente, mais surtout pour ce qu'elle est. Et il compte sur elle pour tout autre chose. Responsable de la propagande du Rassemblement, il a, dès la première réunion publique, été impressionné par son intervention. C'était le 2 juillet 1947 à Paris, au Vélodrome d'hiver. Ce jour-là, Geneviève de Gaulle-Anthonioz est montée à la tribune et s'est placée avec simplicité devant le micro. Comme si elle l'avait toujours fait, elle a parlé posément. Sans vibrato, sans effet de manche. « Mon rôle était de rappeler l'idéal de la Résistance... » La foule a écouté en silence cette toute jeune femme qu'elle ne connaissait pas et n'avait encore jamais vue. Qui parlait sans notes, d'une voix claire. Ce jour-là, Malraux a compris. Geneviève dégage une force de conviction rare. Elle touche les gens. Son terrible vécu n'a nullement entamé sa confiance en l'homme. Elle est calme, positive. Malraux lui a parlé sans détour :

— Geneviève, rien n'est gagné, vous le savez. L'idéal de la Résistance subit déjà le choc des ambitions personnelles des uns et des autres. Sans compter les communistes qui se montrent très offensifs. Le général est inquiet, il ne veut pas voir revenir le règne des partis qui ont miné le pays. Il veut rassembler et c'est maintenant ! On doit le soutenir. Après votre engagement dès la première heure et les combats que vous avez menés sans faillir, votre légitimité est entière. Et votre nom parle à tout le monde. On a besoin de vous.

Une fois encore, on lui demande d'agir, de s'engager. Pourquoi elle ? La vie a été intense et ne l'a pas épargnée. Elle voudrait vivre des heures en famille, heureuse, simplement. Comme tant de gens le font, comme quand la vie se déroulait, chaleureuse, dans la maison de Lille où sa mémoire la ramène souvent. Elle entend encore le tic-tac de l'horloge du salon qui rythmait les heures calmes, elle revoit la lumière du soleil filtrer à travers la véranda, et il lui semble encore sentir l'odeur fraîche des draps métis dans le lit de la chambre du haut entre lesquels elle se glissait le soir, aux vacances. Mais voilà, la guerre a eu lieu et il n'y a pas de place pour l'insouciance. Elle a survécu au pire avec ceux qui ont dit « non » aux diktats de toutes sortes. Ceux qui n'ont pas eu peur. Ce peuple de France fraternel et solidaire. Alors, pour tous ceux-là, Geneviève ne se défilera pas. Faillir n'est pas dans sa nature. La Résistance et le camp de Ravensbrück l'ont changée à jamais. Malraux la regarde, inquiet, la force intérieure et la fiabilité de Geneviève, il en a besoin. Elle, elle pense à ses enfants, à Bernard, à leur jeune famille. Bernard est absent toute la journée. Qui va s'occuper des enfants quand elle sera absente ou en déplacement, qui va assurer les tâches quotidiennes ? Impossible de ne pas y penser. Elle anticipe les contraintes et les difficultés. Pourtant… elle accepte. Trouver des solutions, se débrouiller, elle a l'habitude.

— Je serai là, dit-elle.

Malraux respire, il est soulagé. Les bons orateurs sont rares et Geneviève est exceptionnelle. Elle parle sans notes, elle parle du cœur. Depuis cinq ans maintenant, il fait régulièrement appel à elle. Pour un meeting, une conférence. Après avoir pris soin de s'organiser au mieux, courses, cuisine, ménage à l'avance, Geneviève s'absente, pour une après-midi, une matinée, une journée, voire deux selon la ville où elle doit se rendre. Une jeune femme aide la grand-mère pour s'occuper des enfants. Consciente de ce qu'elle représente avec le nom qui est le sien, Geneviève est toujours impeccable. De la tête aux pieds. Comme elle n'a pas trente-six tenues, elle en tient toujours une de prête. Le même chemisier parfaitement lavé et repassé, sa jolie veste à pans croisés aux rebords de velours, sa jupe droite en drap de laine et ses chaussures richelieu à lacets, bien cirées. Aucune extravagance. De la netteté. Et pour représenter au mieux cette France qu'elle aime, pour ses amies et camarades qui comptent sur elle, elle ajoute un détail chic, toujours. Un foulard noué, le collier de sa maman ou de fines boucles d'oreilles. Geneviève de Gaulle a de grandes convictions qui la portent, et une idée précise de ce qu'est le devoir.

Mais pour y parvenir ce n'est pas aussi simple qu'il y paraît. Bernard lui aussi s'est engagé. Il a quitté son métier d'éditeur d'art aux éditions Skira et il s'occupe des bulletins et des affiches du Rassemblement. Son salaire s'en ressent à la baisse, et l'équilibre financier de la famille est fragile.

Dans le bus qui la ramène du marché, Geneviève fronce les sourcils. Ce matin, leur petite Isabelle s'est mise à tousser. Elle lui a préparé un bon lait chaud avec du miel. Mais il ne faudrait pas que ce soit une bronchite ou autre et que les microbes passent à toute la famille. Dans leur appartement, difficile d'échapper à la contamination. Faire appel au docteur et acheter des médicaments à la pharmacie serait un luxe. Ils n'ont pas de Sécurité sociale.

— Zut ! Quelle idiote je fais ! J'ai passé l'arrêt.

Elle va devoir descendre au suivant et du coup marcher plus longtemps que prévu. Ses cabas chargés lui arrivent jusqu'aux pieds et ils l'empêchent d'avancer aisément. À chacun de ses pas, ils cognent contre ses mollets. C'est qu'elle n'est pas grande. Elle se dit qu'elle aurait dû rentrer à pied comme d'habitude, et elle se maudit.

Monter les étages, résister à l'assaut des enfants qui se jettent sur elle à chaque retour, mettre l'eau à bouillir et peler les légumes sans attendre, Geneviève enchaîne les tâches les unes après les autres tout en écoutant la grand-mère qui lui explique que si le petit dernier a pleuré toute la nuit c'est parce qu'il « a fait ses dents ».

— Ses dents ? Vous êtes sûre ?

— Oui, ça fait deux nuits qu'il pleure sans raison et qu'on ne dort pas. Malgré la pommade et le talc, ses fesses sont toutes rouges. On aurait dû y penser. J'ai compris tout à l'heure en frottant ses gencives avec du miel.

Geneviève repose précipitamment le navet qu'elle était en train d'éplucher. Elle s'essuie les mains au torchon et, tout émue, va voir Philippe dans son berceau. L'enfant la regarde de ses yeux ronds à moitié endormis, un peu de bave au coin des lèvres.

— Alors mon bébé, lui dit Geneviève d'une voix chavirée en le prenant dans ses bras, mamy me dit que tu as tes dents ! C'est vrai ?

L'enfant sourit et deux quenottes d'un blanc immaculé apparaissent dans son joli sourire. Geneviève en a les larmes aux yeux.

— Quelle merveilleuse nouvelle ! Mon petit, tes jolies dents !

Elle est bouleversée et serre fort son bébé contre elle. Les toutes petites dents des bébés ! Des dents de lait, comme des perles. Comme celles des bébés nés là-bas, au camp, des bébés noyés dans les eaux glaciales de la mer Baltique. Les images s'imposent sans prévenir. Il y en a tant qui la hantent. Elle ne croit pas que ça s'arrêtera un jour. Elle doit apprendre à vivre avec. Mais aujourd'hui elle les repousse de toutes ses forces, elle veut être heureuse. Elle veut le bonheur pour ses petits. D'ailleurs, ils ont accouru. Ils l'ont entendue s'émerveiller et ils tirent sur le bas de son tablier. Leur petit frère a des dents, ils veulent les voir, l'évènement est important. Geneviève aime beaucoup ces moments de tendresse. Elle s'assied sur une chaise avec Philippe dans les bras. Les trois enfants rient, tapent des mains et poussent des cris, « les dents, les dents, je les vois ». À la fin de la journée, au retour de leur père, ils fêtent la nouvelle tous les sept, regroupés autour de la table familiale. La compote est la bienvenue. La petite Isabelle et François-Marie la dévorent, les yeux brillants. Isabelle ne tousse plus. Finalement le miel et le lait ont dû faire leur effet, se dit Geneviève. Ou alors c'est la compote. Michel, l'aîné, l'a déjà finie et Bernard comprend que son fils en voudrait bien un peu plus. Discrètement, il échange son assiette encore garnie avec la sienne. Geneviève et la grand-mère se regardent. Que dire ? Rien. Les gourmands ont l'air si contents. La lampe du soir diffuse une douce lumière. Geneviève est heureuse comme jamais, aux pires heures elle n'aurait cru pouvoir l'être un jour. Bientôt les petits fermeront les yeux. Ils ont un lit, un toit, et des parents qui s'aiment. Pour Geneviève, rien, ni la serpillière, ni les lessives à l'eau froide, ni les nuits sans sommeil, n'auront raison de ce bonheur-là. Pas même le manque d'argent. Ce n'est pas grave. L'important, c'est de savourer le présent.

Car la vie ne laisse pas de répit. En cette année 1953, après cinq années d'existence, le RPF s'est fait balayer aux élections municipales. Et pour la petite famille les conséquences sont immédiates, à la fin du mois Bernard doit chercher un autre travail.

Geneviève observe l'homme qu'elle aime coucher les enfants. Ils ont été habitués à ne pas faire d'histoires, ils obéissent. Bernard les embrasse avec douceur. Quand il referme la porte, ils dorment déjà. Leur grand-mère fait attention de laisser son fils et sa belle-fille tranquilles, ils doivent parler. Ils ont beaucoup de soucis avec ces changements. Bernard espère obtenir un poste de chargé de mission au ministère du Tourisme, mais ce n'est pas encore fait.

— Je suppose que si tu avais eu une réponse pour le travail au ministère, tu me l'aurais déjà dit.

— Tu as raison, je n'ai encore rien.

Elle n'aurait pas dû le lui demander, il a froncé les sourcils. Elle sent son inquiétude et elle s'en veut.

— Ça va se faire ces jours-ci, dit-elle pour l'apaiser. Ne t'inquiète pas. Ils ont besoin d'un éditeur comme toi, capable de bousculer les habitudes et de faire de nouvelles choses avec des artistes d'aujourd'hui. Quand on a édité Aragon et qu'on a convaincu le général de Gaulle de mettre la photographie de *La Marseillaise* sculptée par François Rude sur l'affiche de son Rassemblement, on peut convaincre tout le monde de tout !

Elle rit de bon cœur au souvenir de l'anecdote et il sourit aussi. Tant il est vrai que le choix du visage exalté de cette sculpture de femme aux yeux exorbités et à la bouche grande ouverte qui crie au ralliement avait de quoi surprendre. Expressivité extrême, théâtralité romantique, cette monumentale allégorie de la liberté dressée sous le pilier nord de l'Arc de triomphe exaltait depuis 1836 le départ des volontaires de 1792. Effarouchés par son romantisme puissant, des proches du général, Soustelle en tout premier, étaient plus que réticents à l'utiliser pour le RPF. Ils n'en voulaient pas. Leur préférence allait à une iconographie classique. Mais Bernard avait tenu bon, à quoi sert une affiche si elle se fond dans le paysage ? À rien. Si Bernard Anthonioz est un homme calme et discret, il est avant tout un homme convaincu. Pour lui, les artistes sont porteurs d'un message puissant, il est temps de ne plus l'ignorer. Passant outre les réticences des uns et des autres, il n'avait pas hésité à s'adresser directement au général. « Quand on est l'homme d'un appel historique, lui avait-il dit, on ne peut pas se contenter d'une affiche d'épicier[1]. »

À peine le dernier mot prononcé, il s'était mordu la langue. Le général de Gaulle n'était pas de ceux à qui on explique ce qu'ils doivent faire. Il avait quitté son bureau quelque peu ébranlé. Mais les jours suivants, il avait appris que son projet d'affiche était retenu. Il avait convaincu. Geneviève était fière. Tout le monde n'osait pas parler à son oncle de façon aussi franche.

— On devrait aller le voir dimanche à La Boisserie, lui dit-elle. Quand il est passé l'autre jour après sa réunion, avant de repartir sur Colombey, il m'a encore avoué que depuis qu'il n'a plus le RPF, il voit peu de monde. Tante Yvonne dit qu'il est tout le temps à sa table de travail. Il rédige ses mémoires et il marche en forêt, tous les jours.

— Je veux bien. Mais, et les petits ?

1. Frédérique Neau-Dufour, *Geneviève de Gaulle-Anthonioz. L'autre de Gaulle, op. cit.*, p. 195.

— On les emmène.

— Même Philippe ?

— Mais oui, oncle Charles aime tellement les enfants, il sera très heureux de les voir.

— Et tante Yvonne ?

— Tante Yvonne aussi !

— Tu es bien sûre ?

Ce n'est un secret pour personne que les liens qui unissent le général de Gaulle à Geneviève agacent tante Yvonne. Le général complimente trop sa nièce pour ses engagements, sa personnalité. Sa liberté. Il le dit volontiers et devant tout le monde, il est « fier d'elle ». Ils sont trop complices. Un jour, et non des moindres, l'agacement de tante Yvonne était même allé assez loin. Quand elle avait appris que le général avait accepté d'être le témoin du mariage à Genève. Puisque Geneviève avait osé refuser les prétendants qu'elle avait eu la gentillesse de chercher pour elle, et qu'elle n'en avait fait qu'à sa tête en choisissant ce Bernard qui n'appartenait à aucune grande famille, elle n'irait pas à son mariage à Genève.

— Et je ne ferai pas vos valises, Charles, vous vous débrouillerez, avait-elle dit en pensant que sans elle, son mari ne s'y rendrait pas.

Loin de se laisser impressionner par la mauvaise volonté de sa femme dont il ne comprenait pas le geste d'humeur, le général s'était adressé à sa fille Élisabeth qui avait accepté de boucler la valise.

— Voyez, ma chère Yvonne, avait-il malicieusement conclu, personne n'est irremplaçable !

C'est ainsi que l'affaire du voyage en Suisse avait été réglée. Bien évidemment, tante Yvonne avait cédé et l'avait accompagné. Depuis, le temps était passé, adoucissant les rapports, mais Geneviève sentait bien qu'il restait toujours entre elle et sa tante un léger quelque chose.

— Je ne suis pas sa nièce préférée, mais je n'ai rien à lui reprocher, dit-elle à Bernard. Au contraire. Elle a l'amour de la famille, des enfants, et elle nous reçoit toujours très bien. N'oublie pas, je ne suis plus la jeune fille qui fumait la pipe et qui partait au maquis avec des inconnus. Je suis une mère de famille respectable. Je m'occupe de mes enfants et de ma maison.

Bernard sourit. Lui, il aimait bien cette jeune fille qui fumait la pipe avec un air de liberté. Il la regarde, elle a ce visage doux qui l'avait tellement troublé le jour où sur le pont du Mont-Blanc elle l'avait demandé en mariage. Et dans le regard demeure la même fermeté, une détermination qui la caractérise. Geneviève lui rend son sourire. Elle a, pour ce soir du moins, apaisé son inquiétude et il lui en est reconnaissant. Même quand elle est au bord de la fatigue, Geneviève trouve les mots qui rassurent. Elle va toujours vers le meilleur, jamais elle ne dramatise.

— Au fait, sursaute-t-il, j'oubliais de te dire, j'ai croisé Germaine. Elle passera te voir. Elle part aux États-Unis.

— Ça alors ! Je l'ai vue en début de semaine à l'ADIR. Elle ne m'a rien dit. Qu'est-ce qu'elle va y faire ?

— Je ne sais pas, on n'a pas eu le temps de parler. Elle te racontera.

La nuit est tombée. Allongée dans le lit près de son mari Geneviève regarde un rai de lumière filtrer à travers le volet. Le lampadaire de l'avenue juste devant chez eux dessine une ligne d'or sur le vieux plancher. Bernard s'est endormi. Demain il ira au ministère du Tourisme se renseigner pour son travail. On entend des craquements. Il y en a toujours à un moment ou à un autre dans ces grands immeubles anciens. Le parquet qui travaille encore malgré les années. Geneviève ne dort pas, peut-être à cause de l'inquiétude à propos du travail de Bernard, peut-être à cause de la visite de Germaine, ou alors de la dernière réunion à l'ADIR où elle se rend plusieurs fois par semaine. Arlette ne va pas bien. Elle est en train de perdre la tête, et ses amies la voient s'enfoncer sans pouvoir l'aider. Tant d'autres comme elle n'arrivent pas à se remettre. Elles deviennent folles, se suicident. Que faire ? Geneviève ne le montre jamais, mais parfois elle est anéantie, sa compassion est immense et l'envahit tout entière. Dans ces moments-là, elle se sent coupable d'avoir eu la force et la chance de retrouver la vie.

Près d'elle, Bernard dort profondément, il lui donne tellement de douceur. Elle se lève, elle voudrait bien aller boire un verre d'eau mais au dernier moment, elle hésite. En ouvrant les portes vitrées qui séparent leur chambre du salon, elle va faire du bruit. Impossible d'ouvrir ces maudites portes sans réveiller la grand-mère qui dort dans le salon et a un sommeil très léger. Alors elle renonce et se recouche. La nuit va être longue. D'autres visions ont brusquement réapparu. Des corps de nourrissons noyés dans de grandes bassines d'eau.

Dans le silence, elle lutte pour ne pas se laisser envahir. Et prie. Ses prières la ramènent dans une église dont elle ne sait exactement si elle est celle de Lille avec les grands-parents, celle de Sarre aux côtés de ses parents, ou la haute basilique de Notre-Dame de Genève avec Bernard. Elle détaille les arcs d'une nef, des chaises de paille alignées, des vitraux, des statues de plâtre, des allégories. L'archange Michel terrassant le dragon, une grisaille surplombée d'une Vierge à l'enfant. Dieu dans un espace indéfini, assis sur des nuages. Elle ferme les yeux, prend une main tout près d'elle et pose sa tête contre une épaule. Une merveilleuse odeur d'iris blanc l'enveloppe, elle a retrouvé sa douce maman. Le jour se lève quand elle s'endort enfin.

Germaine est venue la voir en fin de semaine aux alentours de 17 heures. Dès la porte ouverte, les deux amies sont tombées dans les bras l'une de l'autre avec tendresse. C'est toujours comme ça entre elles, chaque fois qu'elles se retrouvent. Elles ont besoin de ce contact. Il vient de loin, elles savent qu'il ne s'effacera jamais. Les petits sont descendus jouer au parc avec la grand-mère et le bébé dort. La paix règne dans l'appartement. Germaine offre à Geneviève deux branches d'un arbuste persistant aux baies rouges qu'elle a coupées à Saint-Mandé, la commune où elle vit désormais, dans un appartement au premier étage d'une maison particulière. Germaine sait combien son amie aime faire des bouquets, et elle lui a porté les seuls branchages du jardin encore en feuilles en cette saison d'hiver. Les petites baies rouges tranchent sur le vert du feuillage. Geneviève s'extasie. Elle va immédiatement chercher un vase qu'elle pose au centre de la table, coupe le bas des tiges et ajuste les branchages au mieux. Puis elle se recule pour regarder l'effet produit. Quelque chose ne va pas. Le bouquet est dans un contre-jour qui ne le met pas en valeur. On ne voit pas ses couleurs. Elle décide de le mettre plutôt sur le buffet face à la fenêtre, et remanie les branchages de façon à ce qu'ils retrouvent une position équilibrée dans ce nouvel emplacement. Aussitôt la pièce s'éclaire d'un beau rouge vif sur un vert lumineux. Geneviève rayonne.

— Voilà, dit-elle satisfaite en l'admirant, là il est bien.

Leur appartement se ressent de ce goût qu'elle a pour les détails et ses amis sont marqués par la beauté qu'elle sait créer autour d'elle. Avec des choses simples, même des objets du quotidien. Germaine est contente. Son bouquet a fait plaisir, on dirait un tableau. Elle savait que Geneviève saurait tirer le meilleur de ces branchages somme toute bien ordinaires.

— Je les ai coupés juste avant de partir, lui dit-elle, tout en lui expliquant qu'elle arrivait si tard parce qu'elle avait longuement attendu à l'ambassade américaine pour avoir son visa.

Geneviève se souvient brusquement de ce que Bernard lui a dit.

— Donc, c'est bien vrai. Tu pars aux États-Unis. Mais quand, et pour quoi faire ?

— Je vais tout te raconter, lui répond Germaine en tirant une chaise à elle. Mais par pitié, asseyons-nous. Je suis restée des heures debout, à piétiner à l'ambassade dans une queue qui n'en finissait pas. Je n'en peux plus.

— Oh oui, pardon, avec mon bouquet, j'oubliais... Tu veux un café ?

— Oh oui, un café ! Ça va me faire du bien.

— On va le prendre ensemble. Je vais le moudre pendant que l'eau chauffe.

— Oh, mais non alors, ne t'embête pas. Je croyais que tu en avais de prêt dans ta cafetière.

— Ça va aller vite, je te dis. Assieds-toi.

Geneviève a déjà posé une casserole d'eau sur le réchaud, attrapé le moulin à café Peugeot. Maintenant elle tourne la petite manivelle et un bruit de grains qu'on écrase se fait entendre en même temps qu'une merveilleuse odeur se répand dans la pièce. Germaine la respire à pleins poumons.

— D'où sors-tu ce café ?

Geneviève lui montre un paquet de grains orné de la silhouette d'une femme noire levant une tasse de café fumant.

— De l'épicerie. C'est la marque la plus ordinaire, Excella, dit Geneviève tout en versant l'eau chaude dans la cafetière sur le café moulu.

— C'est la première fois qu'une odeur de café me rappelle celui que je prenais avec les vieux Chaouïas... quand j'étais dans les Aurès... Des heures de palabres, des litres de café !

« Au passage, les Imouqqranen (“Grands Vieux”) venaient me saluer, boire une tasse de café avec moi, et ensuite, en leur compagnie, je reconstituais des généalogies, j’évaluais – selon les pluies – la survie probable des chèvres et les rendements des semis d’orge ou de blé dur, j’assistais aux répartitions des corvées, à l’épluchage des affaires d’honneur, j’apprenais avec qui telle fille devait se marier et qui elle épousait finalement, pourquoi telle famille s’était brouillée avec telle autre, avec quels compagnons chaque membre de la population active allait s’associer pour labourer sa part de terres collectives, comment ensuite il répartirait sa récolte, avec qui finalement il devrait la manger. J’apprenais surtout à écouter ce que chacun me disait, à ne pas savoir d’avance ce qu’il allait me répondre, et à garder secret ce qui devait l’être[1]. »

Tout en écoutant Germaine raconter ses cafés dans l’Ouest algérien, Geneviève a pris dans le buffet deux belles tasses en porcelaine fine. Un service délicat qui lui vient de sa maman. Germaine regarde sans le voir le liquide brûlant que Geneviève verse dans sa tasse. Elle pense à la jeune ethnologue qu’elle était, partie dans les Aurès entre 1937 et 1939, et à sa thèse de sept cents pages qu’elle avait réussi à emporter jusqu’à Ravensbrück. Impossible de s’en séparer, c’était son trésor. Le résultat d’années de recherches, de travail et de passion pour une tribu chaouïa à laquelle elle était restée très attachée. Elle l’avait cachée, mais la thèse

1. Germaine Tillion, *Il était une fois l’ethnographie*, Paris, éditions du Seuil, 2015, p.10.

s'était perdue. Tout disparaissait à Ravensbrück. Ces derniers temps elle a appris que Thérèse Rivière, sa chef de mission au musée de l'Homme qui avait travaillé avec elle dans les Aurès, venait d'être internée pour cause de troubles bipolaires. Elle passe d'une maison de santé à une autre. Aujourd'hui, ce passé si riche de promesses, où est-il ? Germaine porte la tasse de café à ses lèvres, il est chaud, il l'envahit.

De toutes ses amies rentrées du camp, Germaine est celle qui a le plus mal supporté le retour et la libération. Geneviève le sait. Leur Kouri, qui avait été si forte au temps des pires heures du camp, n'a pas supporté l'indifférence, les vols, les abandons auxquels d'anciennes résistantes déportées ont dû faire face au retour. Et Geneviève se méfie de ses mélancolies.

— Alors, lui dit-elle d'un ton gai pour passer à autre chose, qu'est-ce qui se passe ? Dis-moi vite, pourquoi pars-tu aux États-Unis ?

Germaine revient à elle.

— J'y vais pour travailler, dit-elle d'un ton raffermi. Les Américains ont emporté toutes les archives des camps à Washington. Pour le procès de Ravensbrück, à Hambourg, on n'a pas eu ces documents qui nous auraient tellement aidées. N'oublie pas, Geneviève, je n'étais qu'observatrice, je n'ai pas eu droit à la parole. Rien n'a été dit de la vérité exacte sur les crimes qui ont eu lieu. Ça ne doit plus se passer comme ça. Tout reste à faire. Il faut se préparer. C'est pour ça que je vais travailler à Washington sur les archives.

Geneviève n'est pas surprise. Germaine était revenue de Hambourg, effondrée. Le procès était le premier où on jugeait les responsables de Ravensbrück et il était sous juridiction britannique. Mais les Anglais, qui dans leur procédure ne connaissent pas la partie civile, ne voulaient que certains témoins. Il avait fallu argumenter fortement pour qu'ils acceptent des « observatrices ». En tant qu'ethnologue, Germaine avait été acceptée. Elle avait été choisie d'un commun accord par les deux associations de déportées, l'ADIR de tendance gaulliste et la communiste FNDIRP. Et elles s'étaient retrouvées avec Anise, Marie-Claude Vaillant-Couturier et d'autres amies des deux associations, pour le compte rendu. Il était édifiant. Les Anglais avaient accepté une déportée belge comme témoin, mais ils ne l'avaient même pas interrogée. Germaine avait raconté l'ambiance particulière de ce tribunal. L'Angleterre éternelle avec ses magistrats coiffés de la mythique perruque du XVIIe siècle, et sa justice rompue à traiter d'affaires de commerce bien plus que de crimes de masse.

— Tu es sûre ? Comment vas-tu faire, où vas-tu loger, ça va coûter de l'argent, ce voyage ? On ne pourra pas te donner beaucoup avec Bernard, mais on va t'aider.

— Non, ne t'inquiète pas. À sept, vous avez de quoi faire. Moi, je vis seule, je peux et je vais le faire parce qu'il le faut. À Hambourg, si j'avais dû argumenter nos témoignages et les développer, j'aurais été déstabilisée. Les Anglais voulaient des faits, des dates. Pouvoir les vérifier sur archives. Les documents officiels vont m'aider. Pour les procès à venir, on doit être plus armées. Les émotions qui nous étouffent ne sont pour eux la preuve de rien. On doit dire avec le plus de précision possible comment cela se passait. Revoir les périodes, les dates, les arrivées. On doit avoir un discours structuré. Les dates et les chiffres, ça fait sérieux. Ces hommes-là, ça les rassure.

Germaine a bien étudié la question et rien ne la fera changer d'avis. Dans le travail, habituée à lutter pour que soit entendue la vérité, déterminée à la traquer jusqu'au bout, à aller au plus juste, elle a retrouvé sa détermination. Geneviève l'encourage avec ferveur et la regarde partir, non sans une terrible envie de la suivre. Elle aurait tant voulu aller plonger elle aussi dans les archives, travailler l'histoire au corps à corps. Trouver les arguments, les organiser, tracer des lignes fortes. Confronter les archives à son propre vécu. Car les chiffres et les dates des convois, les noms, les recensements interminables ne disent rien des larmes et de la peur terrible. Ils ne racontent ni la nuit abominable, ni les coups, ni les corps mâchés, la chair ouverte, ils ne disent ni la cruauté, ni l'odeur de la pourriture. L'histoire par les archives n'a pas d'odeur. Elle ne raconte pas non plus la merveilleuse fraternité, qui soigne, et qui sauve de tout. Hélas, Geneviève ne peut pas partir. Impossible pour elle de quitter ses enfants et Bernard dans ce moment difficile. Et puis, il y a autre chose. Un manque, une blessure. Elle ne se sent pas légitime. Si elle avait pu continuer ses études d'histoire et faire l'École des chartes à laquelle elle tenait tant, tout irait autrement. Cette légitimité des études sanctionnées par un diplôme, elle n'en parle jamais mais cela lui manquera toute sa vie. C'est une blessure qui revient à chaque moment important de sa vie sociale.

Comme si seul un diplôme obtenu dans une école de la République pouvait légitimer le parcours d'une vie qui fut pourtant, aux yeux de tous, hautement exemplaire. Même bien plus tard, quand elle aurait prouvé la force de son chemin, sa droiture et la qualité de son engagement auprès des plus démunis, Geneviève se sentirait « usurpatrice ». Elle n'avait pas de diplôme officiel qui lui aurait permis de se prévaloir d'une connaissance universitaire. Pas plus qu'elle ne vivait dans la pauvreté lorsqu'elle parlait au nom des pauvres. Arrivant au Conseil économique et social, travaillant de longues années pour bâtir la loi contre l'exclusion, sa fille Isabelle l'entendra dire souvent : « Je suis une usurpatrice. » Comme si elle n'était pas légitime. Jamais elle n'acceptera la moindre rémunération pour elle, reversant à l'association ATD Quart Monde jusqu'au dernier centime de son salaire du Conseil économique et social. Jamais elle n'utilisera de facilités, de taxis qui lui étaient alloués. Elle prendra le bus. Dans cette rigueur extrême, ce rapport distancié à l'argent, elle rejoignait la scrupuleuse attitude des siens et de son oncle. Une certaine idée de ce que recouvrait pour lui l'honneur d'un homme, et pour elle la digne fraternité.

13

À La Boisserie, sa maison qu'il a enfin réussi à remettre en état, le général de Gaulle contemple l'horizon de champs et de forêts. À perte de vue. Il a quitté Paris, s'est éloigné du monde politique. Huit ans déjà ont passé. Les heures, les journées, les années sont interminables. La France l'habite. Il a conscience « d'incarner par l'histoire ce que les partis ne pourront jamais représenter[1] ». Il attend son heure mais il n'en dit rien, surtout pas à sa femme Yvonne. Et parfois, il doute. Il sent fuir les années les unes après les autres. Le temps passe.

Pourtant, tous les matins, dès l'aube, il met un costume, une chemise blanche et il fait son nœud de cravate. Le négligé n'est pas dans ses habitudes. Après un rapide café matinal, il s'assied à son bureau. Il écrit ses mémoires.

Aujourd'hui, c'est dimanche. Tôt ce matin, Yvonne est allée au marché avec l'Ami 6. Elle s'affaire en

1. Charles DE GAULLE, *Mémoires de guerre*, t. III, *Le Salut*, *op. cit.*, p. 407.

cuisine avec Honorine, leur bonne. Ils reçoivent leur fille Élisabeth et leur gendre Philippe de Boissieu venus passer le week-end à la maison et, ce dimanche, leur nièce Geneviève et son mari viennent leur rendre visite. Ils déjeuneront tous ensemble. Le général aime avoir les siens autour de lui. La Boisserie, il l'a voulue pour ça. Pour la famille, pour les enfants. Il est heureux de les regarder jouer dans le grand pré qui jouxte la maison. Il aime les voir courir, entendre leurs rires, et même leurs chamailleries. Geneviève compte beaucoup pour lui. Il ne se pardonne toujours pas de l'avoir laissée dans l'enfer du bunker. Chaque fois qu'il la retrouve, si petite, si menue et si fragile d'apparence, sa gorge se serre. Il connaît sa vie, et il sait combien les étapes, dès l'enfance, ont été difficiles, et plus tard, terrifiantes. Heureusement, elle a fait un mariage d'amour. Celui qu'elle a choisi est un homme bien, au RPF il a pu s'en rendre compte. D'avoir su imposer ce choix aussi il l'admire. Tant de jeunes filles de son rang acceptent des mariages arrangés qui ne leur conviennent pas. Pour la sécurité, la position sociale. Sa nièce est une jeune femme libre, et cette liberté, le général de Gaulle en connaît le prix. Aucune protection, aucune sécurité. À peine est-elle descendue de la 2 CV, que Bernard va garer plus loin pour ne pas gêner l'entrée de la maison, qu'il l'entraîne dans son bureau. Il s'arrange toujours pour partager quelque chose avec elle. Accourue de sa cuisine, tante Yvonne n'a pas eu le temps de s'interposer.

— Et les enfants, lui dit-il, je croyais qu'ils seraient avec vous ?

— On avait prévu de les emmener mais leur faire faire autant de route dans la journée, ce n'était pas raisonnable. La maman de Bernard nous a proposé de les garder avec la jeune fille qui nous aide. Ça nous fait une escapade à deux, et je vous avoue, oncle Charles, que je n'en suis pas mécontente.

— Je comprends. Vous êtes un jeune couple, lui répond-il, complice, tout en lui présentant son propre fauteuil, à son bureau. Très peu de personnes, y compris de sa propre famille, sont admises dans ce bureau. Quand à s'asseoir sur son fauteuil, elle n'ose pas. Mais il y tient.

— Assieds-toi, et lis, dit-il tout en posant devant elle une page de son manuscrit. J'ai écrit cette page hier.

Geneviève oublie instantanément sa soif et sa fatigue. Après avoir roulé pendant plus de cinq heures en 2 CV, son cerveau est abruti des secousses de la route encore loin d'être en parfait état. Elle aurait bien pris un café ou une boisson pour se remettre. Mais cette lecture, il la lui offre, et elle en mesure le prix. Il s'est placé devant la fenêtre, face au paysage dont il connaît le moindre bosquet, la moindre prairie. Il lui tourne le dos. Debout, il attend. Même dans les moments les plus simples, même quand il est si proche d'elle, Geneviève a toujours le sentiment de vivre des instants uniques du fait de sa seule présence. Elle prend la feuille manuscrite et lit :

« C'est ma demeure. Dans le tumulte des hommes et des événements, la solitude était ma tentation. Maintenant elle est mon amie. De quelle autre se contenter quand on a rencontré l'Histoire ? D'ailleurs, cette partie de la Champagne est tout imprégnée de calme : vastes et frustes horizons ; bois, prés, cultures et friches mélancoliques ; relief d'anciennes montagnes très usées et résignées ; villages tranquilles et peu fortunés, dont rien, depuis des millénaires, n'a changé l'âme, ni la place. Ainsi, du mien. Situé sur le plateau, marqué d'une colline boisée, il passe les siècles au centre des terres que cultivent ses habitants. Ceux-ci, bien que je me garde de m'imposer au milieu d'eux, m'entourent d'une amitié discrète. Leurs familles, je les connais, je les estime et je les aime.

Le silence emplit ma maison. De la pièce d'angle où je passe la plupart des heures du jour, je découvre les lointains dans la direction du couchant. Au long de quinze kilomètres, aucune construction n'apparaît. Par-dessus la plaine et les bois, ma vue suit les longues pentes descendant vers la vallée de l'Aube, puis les hauteurs du versant opposé. D'un point élevé du jardin, j'embrasse les fonds sauvages où la forêt enveloppe le site, comme la mer bat le promontoire. Je vois la nuit couvrir le paysage. Ensuite, regardant les étoiles, je me pénètre de l'insignifiance des choses[1]. »

Il n'a pas bougé. Il attend. Elle aussi. En lui confiant ces lignes, il lui dévoile beaucoup. Ces mots qu'il a écrits pour cette France rurale, âpre et profonde, qui est la sienne. Celle qu'il aime avant toute autre. Elle en a des larmes d'émotion aux yeux. Mais il ne doit pas les voir, les effusions ne sont pas dans ses manières. Il est militaire avant tout.

1. *Ibid.*, p. 409.

— J'ai fini oncle Charles. J'ai lu…

Elle pensait qu'il se retournerait. Mais il garde sa position. Alors, elle poursuit.

— C'est un hommage particulièrement sensible à cette France que vous aimez tant, oncle Charles. Vos mots sont simples, justes. Ils m'ont touchée au cœur. Et ils toucheront tous ceux qui les liront. Pour longtemps…

Elle ne peut en dire plus, par pudeur. Dans ces lignes, il y a tout ce qu'est son oncle. Lui reste obstinément silencieux, ne bouge pas. Attendant un signe, elle laisse son regard errer furtivement dans la pièce. L'occasion est unique, rares sont ceux qui y pénètrent, et jamais sans lui. Des livres s'alignent sur les étagères de deux étroites bibliothèques de chêne foncé qui encadrent la haute fenêtre devant laquelle il se trouve. Des livres d'histoire, des témoignages. Çà et là, dans l'ombre, il a posé des souvenirs qui lui ont été offerts, par reconnaissance, respect, amitié. Une statue de bronze de la louve de Rome, la croix de Lorraine, des épées anciennes dans leurs fourreaux. Jusqu'au vert foncé des rideaux de velours et du tissu des sièges, l'ensemble dégage une certaine sévérité. Geneviève ne peut s'empêcher de penser à son propre père Xavier, à sa rigueur.

— Alors ?

Il s'est enfin décidé à quitter sa fenêtre et elle découvre un doux regard d'enfant, interrogatif. Elle comprend alors qu'il n'a jamais cessé d'être le petit garçon de la maison de Lille qui alignait ses soldats de plomb victorieux, gardiens de cette France qu'il décrit. Par leur proximité, parce que avec elle il baisse la garde, elle ne le voit pas comme tout le monde le voit. Derrière l'austérité de son environnement elle sait l'extrême sensibilité qui l'habite tout entier. On le dit autoritaire, sûr de lui. Or il doute. Il a même parfois de noires visions et de « grandes fatigues », d'immenses inquiétudes que sa puissante nature d'homme d'action cache à tous. Il lui rend son sourire. Leurs liens s'enracinent dans les profondeurs d'une généalogie familiale qui, aussi loin que l'on remonte, avait le goût de l'histoire. Des lettres et de l'étude, pas de l'argent. Dans la lignée de Gaulle, qu'on s'appelle Charles ou Geneviève, on n'a jamais rien sacrifié à l'argent. Dès 1418, l'ancêtre Jan de Gaule préféra être spolié de tous ses biens que de servir le roi d'Angleterre et garda fidélité au roi de France. Quant à l'aïeul, « procureur au parlement, il fut ruiné sous la Révolution. Et son fils, bisaïeul du général et trisaïeul de Geneviève, avocat, emprisonné par la Convention et délivré par la mort de Robespierre, il ne put jamais plaider et il ne refit pas la fortune de la famille[1] ». Une miniaturiste, un historien de l'École des chartes, une romancière qui côtoya Jules Vallès, un barde breton « organisateur de congrès celtiques », la famille comptait quelques originaux dans sa très catholique et très française lignée de gens de plume, de robe et d'épée.

« La maladie, les revers de fortune, les grandes épreuves sont les compagnes familières de cette famille à travers les siècles. Les enfants sont élevés

1. Marie-Agnès Cailliau de Gaulle, *Souvenirs personnels*, Les Plans-sur-Bex (Suisse), éditions Parole et Silence, 2006.

dans l'idée que Dieu peut "tout retirer après avoir tout donné", et qu'il faut se montrer digne des épreuves qu'il vous envoie[1]. »

— Est-il vrai, mon oncle, que quand vous étiez enfants vous n'étiez pas gâtés ? Que grand-mère coupait les fruits en deux et qu'elle vous empêchait de reprendre d'un plat en vous disant qu'il devait en rester pour la cuisine ?

- Qui t'a raconté ça ? sursaute-t-il. Ton père ?

— Non. C'est tante Marie-Agnès.

Un soupir s'échappe de sa bouche.

— J'ai beaucoup d'affection pour ma sœur, mais c'est une bavarde. Nos parents étaient aimants et on avait tout ce qu'il faut. Mais, c'est vrai, gâtés, on ne l'était pas. Comme beaucoup d'enfants de notre génération. D'ailleurs, est-ce que tu as été gâtée, toi, Geneviève ? (Elle rit.) Non, eh bien, tu vois, ça ne t'a pas empêchée de grandir et d'avoir un tempérament heureux. Et solide. Ça t'a même aidée peut-être...

Avant d'aller plus loin, il s'interrompt. Il ne veut pas évoquer le passé, la guerre, les violences. La journée promet d'être belle, et douce pour tous. Il sait qu'il faut garder la magie des jolis moments, et combien ils sont précieux.

— Allez, viens, lui dit-il en l'entraînant hors du bureau, la famille doit s'impatienter. Tu connais ta tante, le rôti n'attend pas !

---

1. Christine CLERC, *Les de Gaulle, une famille française*, Paris, Nil Éditions, 2000.

14

La 2 CV roule maintenant dans la nuit. Bernard conduit. La lueur jaunâtre des phares éclaire les bords de la route de campagne et balaie tour à tour les rangées d'arbres et les prairies. Les rues des villages sont désertes à cette heure avancée. Le regard de Geneviève s'attarde sur les façades des maisons aux volets clos, sur les places des églises, des mairies, les monuments aux morts. Elle est rassurée, petit à petit la France se reconstruit et reprend ce visage tranquille qu'elle lui avait toujours connu. Ils ont de longues heures avant d'arriver à Paris. Tante Yvonne leur avait préparé une chambre mais ils ont préféré repartir. Bernard doit être tôt à son travail et rouler ensemble, seuls dans la nuit, leur faisait envie.

Comme toujours à La Boisserie, la journée a été familiale et chaleureuse. Tante Yvonne et Honorine avaient dressé la table du dimanche avec la nappe de métis blanc damassée et le service de Limoges dans la salle à manger. Le repas était simple et bon, des asperges nouvelles, du rôti et des haricots verts frais, du flan de tante Yvonne et un bon vin de Bourgogne. Ensuite ils étaient allés marcher en forêt et, au retour, ils avaient pris le café à l'ombre des arbres, devant la maison. Les rosiers étaient en boutons et les massifs de tulipes faisaient de larges taches rouge vif sur le vert du grand pré.

— Je suis toujours étonné de voir ton oncle s'asseoir dans un fauteuil papillon. Je me demande comment ces sièges au design si moderne se sont retrouvés chez lui. Avec sa haute stature, quand il s'y assied, je me demande toujours comment il va s'en relever.

— Il n'y reste pas longtemps. Je pense qu'on les leur a offerts, car je les vois mal acheter ce genre de sièges eux-mêmes.

— Peut-être Élisabeth ?

Les sièges AA Butterfly de toile verte du général dont la présence décalée dans ce paysage traditionnel intrigue tant Bernard, ne sont pas la préoccupation de Geneviève. Elle repense à leur conversation au cours de la promenade. Tous trois s'étaient avancés, laissant la famille bavarder quelques pas en arrière.

Geneviève tenait à parler à son oncle d'un groupe de jeunes scientifiques passionnés qu'elle avait connus lors de son passage au CNRS et qui avaient animé à Caen un colloque qui avait fait du bruit. L'affaire avait en fait commencé un an auparavant. À partir de l'idée émise par un haut administrateur du Commissariat à l'énergie atomique, Étienne Bauer, et par un proche de Pierre Mendès France, Jean-Louis Crémieux-Brilhac, ces scientifiques s'étaient regroupés pour défendre leur spécialité, l'estimant dangereusement négligée par les pouvoirs en place. Selon eux, l'absence de coordination de la recherche publique ajoutée au désintérêt de la sphère politique était catastrophique pour le pays qui se retrouvait à la traîne. Critiques à l'égard de l'ancienne génération du CNRS, qui n'avait pas évolué depuis sa création en 1939 alors que la société avait considérablement changé, pragmatiques, ils étaient déterminés à faire bouger les choses. Inhabituellement, le colloque avait été ouvert bien au-delà de leur seule communauté scientifique et Geneviève avait été marquée par cette volonté de rassembler au-delà de leurs propres chapelles. En marge des pouvoirs publics, il avait réuni plus de trois cents personnes, des industriels, des institutions, des représentants d'associations, de syndicats, des journalistes, des savants, des chercheurs. Depuis qu'à Ravensbrück, elle avait vécu la solidarité entre des femmes d'opinions et de pays différents, tout ce qui rassemblait les êtres humains enthousiasmait Geneviève. Elle n'oubliait pas ce que les survivantes devaient au plus petit acte d'humanité, d'où qu'il vienne. Quand l'humain semblait à jamais perdu, ce n'était pas les grandes idées, mais les plus petits gestes fraternels qui les avaient sauvées. Aussi, quand elle avait entendu Pierre Mendès France dire que « les frontières physiques et mentales paralysent les sociétés et les empêchent de progresser », elle l'avait ressenti jusque dans sa chair. Ce rassemblement des hommes au-delà de leurs communautés, elle y croit comme modèle pour l'avenir. Tenace, elle s'investit.

— De ce colloque, a-t-elle expliqué avec ferveur à son oncle, est sorti un plan décennal d'expansion en douze points pour le progrès scientifique et technique du pays. Une publication des actes principaux a été rédigée dans les *Cahiers de la République* et un autre colloque est en train de s'organiser.

— Et ces scientifiques-là affirment que la France est à la traîne ?

— Oui, c'est ça, mon oncle.

Le général plisse le front. Que la France régresse dans un domaine aussi important que la science ne peut que l'interpeller fortement. Il ne savait rien de ce que vient de lui apprendre Geneviève, aussi il l'a écoutée avec le plus grand intérêt. Elle lui est précieuse. Elle lui donne des informations de terrain qui ne remontent pas toujours jusqu'à lui et elle ne dit jamais n'importe quoi. Elle ne l'abreuve pas comme tant d'autres. Ce qu'elle dit est réfléchi, solide.

La nuit est tombée et la 2 CV ne roule pas vite. Geneviève est fourbue. La journée a été intense. Bernard en a rajouté en disant que dans son éditorial des *Cahiers de la République*, Claude Nicolet citait son confrère de *La Pensée* qui avait écrit que « les responsabilités du déclin incombent non à l'université ou au CNRS, mais à la politique des classes dirigeantes de notre pays qui font passer leur propre intérêt avant l'intérêt national[1] ».

1. Michel Pinault, *Frédéric Joliot-Curie*, Paris, éditions Odile Jacob, 2000.

Geneviève a conscience que les moyens d'action des uns et des autres divergeraient peut-être selon leurs convictions politiques, mais en informant son oncle elle avait le sentiment d'œuvrer dans le bon sens.

Deux ans après cette journée passée en famille, l'Histoire devait lui donner raison. En 1958, à peine quelques semaines après son entrée en fonction en tant que président du Conseil de la IVe République, de Gaulle fit de la recherche scientifique une priorité de sa politique. Jusqu'alors, sous les gouvernements successifs de Guy Mollet, Bourgès-Maunoury et Félix Gaillard, malgré toute la mobilisation autour de cet épineux problème, malgré le colloque, rien n'avait bougé. Enthousiaste quand elle apprit la nouvelle, Geneviève convainquit Bernard de demander à Malraux de prendre en charge la mission. Bernard et lui se connaissaient bien du temps des éditions Skira. Avec Malraux aux commandes, elle savait que les choses se feraient. Il n'était pas un scientifique, mais il était un homme de conviction. Elle lui faisait confiance. Elle alla le trouver avec Bernard rue de Varennes dans le cabinet qu'il occupait depuis que le général de Gaulle l'avait nommé ministre de la Culture.

— La science n'est pas mon domaine, leur répondit-il, étonné de cette demande, que vais-je aller y faire ?

— La science, c'est aussi de la culture, insista Geneviève, elle est indispensable à notre pays. On ne peut abandonner ce secteur, il est trop important pour l'avenir de la France, et vous êtes le mieux placé pour aider le général dans cette mission. Bernard et moi, on sait que vous irez au bout.

André Malraux ne répondit pas tout de suite, il les observait. Geneviève et Bernard se tenaient devant lui, côte à côte, soudés, déterminés à le convaincre. Leurs yeux brillaient comme s'il s'était agi de faire aboutir une demande qui aurait engagé leur propre avenir. Or ils n'avaient rien de personnel à y gagner, ils pensaient juste à leur pays et à cette jeune génération de chercheurs qui avait tant à donner. Depuis le temps qu'il connaissait Bernard Anthonioz, Malraux ne l'avait jamais vu faire les choses en pensant à lui, et la femme qu'il s'était choisie était de la même trempe. Droite, désintéressée. Ils étaient soudés dans cet enthousiasme généreux. Il en fut un peu envieux. Ce n'était pas si fréquent un couple pareil.

Et il admit que « la recherche appartenait à l'immense champ de ce que la culture avait de plus haut aux côtés de la création artistique et de la conservation du patrimoine » et que de plus elle concernait la jeunesse, donc l'avenir. Son obsession. Sans difficulté, il obtint l'aval du général et immédiatement il mit en place un haut-commissariat à la Recherche scientifique. Geneviève avait vu juste, quand Malraux voulait quelque chose, il y mettait toute son énergie et ça avançait. Mais il avait posé une condition, que Geneviève s'occupe de rassembler les protagonistes. Il venait de vérifier sa capacité à convaincre, et elle pouvait rassembler du monde, entre autres les scientifiques et participants du Congrès de Caen. Lui ne connaissait personne dans ce domaine, il avait besoin d'elle.

À cette époque, Geneviève aurait aimé s'occuper de sa famille, profiter enfin de ses enfants, de beaux moments. L'association des déportées lui prenait beaucoup de temps, mais elle avait mis toute son énergie à convaincre Malraux, elle ne pouvait se désister. Alors, sur son insistance et puisqu'il s'agissait encore une fois de rassembler des hommes de bonne volonté et qu'elle y était pour quelque chose, elle accepta.

Sa tâche ne fut pas si simple car dans l'entourage de son oncle tous n'étaient pas convaincus par les théories des jeunes scientifiques. Il y avait même de sérieuses résistances, dont celle de Georges Pompidou. Pourtant, sans conflit, forte de sa volonté, de sa capacité à travailler pour convaincre et rassembler, forte de ses contacts et de ses amitiés forgées dans les camps, Geneviève réussit. Elle contribua à lancer un mouvement qui devait déboucher en novembre 1958 sur la création de la fameuse DGRST (Délégation générale à la recherche scientifique et technique, officialisée par les décrets d'avril 1961), préfiguration du ministère de la Recherche. C'est ainsi que la France relança et structura la recherche publique, réorganisa la formation des jeunes chercheurs, et fut prête pour les grandes années de la recherche spatiale en Europe. Geneviève venait d'y contribuer de manière essentielle.

Après quoi, avec la même énergie et discrétion, elle participa à la création d'un secrétariat à la Jeunesse et aux Sports et siégea avec André Malraux à un conseil restreint présidé par le général de Gaulle sur l'Éducation nationale.

Curieusement, l'Histoire dans cette période charnière ne devait rien retenir de l'importance de son rôle. Parfois même elle l'oublia totalement. Tout comme l'administration oublia son véritable patronyme et jusqu'à son prénom. Elle ne fut plus que Mme Bernard Anthonioz.

15

«J'étais passionnée par ce que je faisais au ministère, mais cela me prenait beaucoup de temps. Mes enfants souffraient de toutes mes occupations, j'avais trente-sept ans, quatre enfants, et ce n'était pas facile de tout faire[1].»

Geneviève court, du ministère à la maison, de la maison à l'association de déportées où elle reste très active. À cette époque, elle aurait pu sans difficulté se faire une bonne place sous les ors de la République. Auprès d'André Malraux, elle aurait fait une brillante carrière au ministère, bien rémunérée. Elle aurait occupé toute sa vie durant un bon fauteuil en se mettant à l'abri. Mais se servir des organismes de l'État pour son propre intérêt était dans son esprit «un crime inacceptable». Quand le travail qu'elle avait accepté fut accompli, elle quitta les sphères du pouvoir.

Est-ce dû à son sens de l'honneur, au sens précieux qu'elle donnait à la vie avant toute autre chose? Anticipait-elle déjà ce qu'elle devrait accepter un jour

1. Caroline GLORION, *Geneviève de Gaulle*, *op. cit.*, p. 70.

ou l'autre d'un monde politique habitué à pratiquer l'esquive et les arrangements ? Toujours est-il que même Malraux auquel elle était si utile ne put la retenir.

Pour autant, la vie paisible ne serait décidément pas pour elle. Le destin s'acharnait à la faire « servir », elle n'aurait aucun répit. Deux jours avant de quitter le ministère, le téléphone sonna. Au bout du fil, son amie, Marthe de Brancion.

— Viens dîner ce vendredi avec ton mari, je veux te présenter quelqu'un.

— Ne m'en veux pas, Marthe, mais je vais quitter le ministère dans deux jours et je voudrais souffler un peu, rester à la maison avec les enfants. Ils ont besoin de moi.

— Je comprends, mais, je t'en prie, écoute-moi. Il s'agit de ce père Joseph dont je t'ai déjà parlé, qui vit dans un bidonville près de Paris et qui s'occupe de familles misérables. J'y tiens beaucoup, viens, tu ne le regretteras pas.

Mme de Brancion a sept enfants et une vie intense, engagée. Geneviève et elle se voient rarement mais leur amitié est forte. Toutes deux sont chrétiennes, animées d'une même empathie pour les êtres humains les plus démunis.

Marthe insiste tant que Geneviève accepte. L'a-t-elle regretté parfois au cours des longues années qui ont suivi ?

Peut-être à certains moments plus difficiles que d'autres, quand elle a éprouvé ces « grandes fatigues » dues aux engagements considérables que cette rencontre allait provoquer dans sa vie et dans celle des siens.

Il paraît grand, large, il s'appelle Joseph Wresinski et il vit dans un cloaque de boue et de tôles, au milieu d'un camp de misérables qu'il appelle « mon peuple ». Il porte une longue soutane noire, il est impressionnant.

— Mme de Brancion a la générosité de m'ouvrir sa porte et sa table, et de nous aider. Elle fournit régulièrement notre bibliothèque, c'est même grâce à elle qu'au camp de Noisy nous avons pu en avoir une. Aujourd'hui, elle me fait l'immense cadeau de vous rencontrer.

Geneviève le regarde avec bienveillance. Le dîner se passe bien, ils ont parlé de ce qu'il fait, de son aide aux plus démunis, de son engagement concret à leurs côtés. Il vit et se bat avec eux dans un seul but : sortir de l'engrenage de la pauvreté qui, affirme-t-il, « déshonore une société digne de ce nom ». Il sait de quoi il parle, ce monde de la misère, il en vient. Il y est né. À Angers. Il n'a jamais vraiment connu son père. Sa mère les a élevés comme elle a pu. Seule. Et il a vite compris que seul, on n'est rien. Alors, il rassemble.

> « C'est tous ensemble que nous trouverons les moyens de notre libération. Il y a au moins mille enfants dont les parents tournent en rond dans la misère comme dans une cage. J'ai vite compris que si nous ne bâtissions pas ensemble, même sans moyens, nous allions sombrer[1]. »

Il croit à la force du collectif. Forcément, Geneviève l'écoute très attentivement. Il prend confiance.

1. *Ibid.*, p. 72.

— Madame de Gaulle, j'aimerais que vous veniez nous voir au camp de Noisy-le-Grand. Je vous présenterai des familles.

Il l'a appelée par son nom de jeune fille. A-t-elle compris ce que le fait d'être appelée par son nom signifiait alors que les dernières années elle l'avait entièrement perdu dans les dédales de l'administration ? Car c'est très clair. Le père Joseph Wresinski ne s'adresse pas à Mme Bernard Anthonioz, mais bien à Geneviève de Gaulle. Celle dont le célèbre patronyme va l'aider à ouvrir des portes, à se faire entendre au plus haut niveau, dans des sphères sociales pour lui inatteignables. Le père Joseph est dur au combat. Il ne lâche rien. S'il a voulu à tout prix rencontrer Geneviève, c'est pour cette raison. Mme de Brancion ne lui a pas cédé tout de suite. Elle a réfléchi. Éduquée, consciente des violences et des drames qu'a déjà vécus Geneviève, il lui paraissait impensable de la ramener vers un « camp ». Fût-il tout autre que celui de Ravensbrück, c'était quand même un camp. Et pas le plus facile, celui de la misère. Mais le dernier hiver avait été atroce, presque aussi terrible que celui de 1954 quand l'abbé Pierre avait mobilisé la France. Des enfants y étaient morts de froid. Alors elle a accepté la demande du père Joseph. Geneviève déciderait elle-même de ce qu'elle ferait.

Plus droit que nécessaire, visage tendu, visiblement très fatigué, le père Joseph attend une réponse. Il a parlé avec courtoisie, et même avec une certaine douceur. Pourtant Geneviève devine chez lui une volonté inflexible d'obtenir. Elle connaît cette attitude, beaucoup de femmes au camp de Ravensbrück résistaient de cette façon à la violence. Par une dureté intérieure qui s'était fortifiée au fil des jours et qui se lisait sur leurs visages. Abîmées, amaigries mais frontales, elles attendaient les gardiens, prêtes à ne pas plier à défaut de pouvoir se défendre. Beaucoup y avaient laissé la peau. Geneviève connaît l'origine de cette volonté inflexible et elle la respecte. Mais aller dans un camp, ça lui semble impossible, bien au-dessus de ses forces. Seulement elle se trouve face à un dilemme, parce que refuser de voir la misère dont le père Joseph lui parle et faire comme si elle n'existait pas, ça aussi c'est au-dessus de ses forces. Geneviève de Gaulle ne plie jamais devant une pression. Son nom, elle sait ce qu'il lui a permis, et aussi ce qu'il lui a coûté. Elle sait qu'avec lui elle est en permanence dans l'œil du cyclone, et que d'une certaine façon elle y sera toujours. Elle vit avec. Depuis l'appel du 18 juin, depuis l'oncle Charles, le patronyme de Gaulle est un sésame prestigieux, puissant. Mais pour elle c'est avant tout un nom d'honneur et de devoir. Toujours le devoir. Être comptable de ce qu'on fait et de ce qu'on représente, à ses propres yeux, aux yeux des siens et au regard du monde.

Seulement voilà, elle n'est plus seulement une de Gaulle, elle est aussi Mme Anthonioz. Et elle n'a l'intention de se laisser déposséder ni du nom de sa naissance ni de celui de son mariage qui apporte tant de belles choses dans sa vie. Alors puisque la vie civile l'oblige à se définir, c'est elle qui va imposer son choix. Elle sera Geneviève de Gaulle-Anthonioz. Quant à la visite au camp de Noisy que sollicite avec insistance le père Joseph, c'est elle aussi qui va décider. Sans pression, en toute liberté.

Le père Joseph a côtoyé des êtres humains de toutes sortes, et son instinct est des plus aiguisés. Cette femme à la classe discrète, assise face à lui à cette table raffinée, dans ce salon de la grande bourgeoisie parisienne, n'a de frêle que l'apparence. En fait, elle est un roc, au moins aussi dur que lui. Il pourrait penser qu'elle ne viendra pas voir le camp. Mais elle est sensible, douce, aimante, et ça aussi il le sent. Il se dit qu'elle acceptera.

> « Quand il m'a demandé de venir voir où il vivait et ce qu'il essayait de faire… j'avais du travail par-dessus la tête parce qu'un cabinet de ministre pour une mère de famille avec quatre enfants, le dernier, Philippe, n'avait pas quatre ans, c'était vraiment un cauchemar, une course contre la montre perpétuelle, je n'avais pas tellement envie de faire encore autre chose en plus. Mais il me semble qu'il y a quelque chose qu'on n'a jamais le droit de refuser, c'est de connaître, de savoir. On ne peut pas toujours engager une action, nos forces humaines sont limitées, mais au moins on doit accepter de savoir, c'est le premier pas que l'on peut faire[1]. »

Marthe de Brancion et Bernard Anthonioz ont compris lors de ce dîner que deux êtres d'exception venaient de faire connaissance. Ils devinent que

1. Geneviève de Gaulle *in* Martin QUENEHEN, « Une vie, une œuvre. Geneviève de Gaulle-Anthonioz, la dignité et l'espérance », émission citée, à 35' 50".

si ces deux êtres-là œuvrent un jour ensemble, leur rapport ne sera pas toujours des plus simples, ni des plus calmes, mais que s'ils y parviennent, leurs forces communes soulèveront des montagnes.

Hélas, les montagnes sont toujours plus inaccessibles qu'on ne l'imagine.

Il arrive pourtant que certains êtres humains comprennent une chose capitale. Ce qu'on ne peut réussir seul, on peut le réussir ensemble. Encordés, solidaires, ces êtres trouvent la bonne voie.

16

Pourquoi la pluie s'en est-elle mêlée ?

En y repensant le soir, Geneviève ne fut pas loin d'y voir le signe d'une volonté divine. Le soleil embellit tout. Il est trompeur. Elle devait voir le camp de Noisy tel qu'il était. Un cloaque de boue et de tôles. Brut.

La veille du jour où elle a décidé de s'y rendre, avec Bernard ils ont regardé le trajet. Ce n'était pas simple, il fallait prendre le métro, trois bus successifs. Et après, marcher.

— Compte deux heures, lui dit Bernard. Avec les changements et l'attente, il te faudra bien ça.

Deux heures de trajet ! Il ne manquait que ça ! Derrière les vitres du premier bus, Geneviève a vu tour à tour défiler et disparaître les beaux immeubles de pierre du centre de Paris, les boutiques cossues et les rues animées de la capitale. La ville change, partout des travaux, la banlieue s'étend. Porte de Saint-Mandé, elle a traversé un pont au-dessus du périphérique en pleine construction. Des ouvriers en gilet orange s'agitaient entre d'énormes grues qui chargeaient à ras bord de gros camions remplis de terre boueuse. Dans un va-et-vient incessant d'énormes rouleaux compresseurs tassaient la bande de terre au fur et à mesure que les pelleteuses et les grues la dégageaient. Fascinée par le gigantisme des travaux et des machines, Geneviève découvrait la saignée qui encerclait la ville sur de longs kilomètres, jusqu'à perte de vue. Bientôt des voitures rouleraient à vive allure sur ce qui allait devenir le périphérique, un lisse ruban d'asphalte désengorgeant les rues intérieures. Arrivé de l'autre côté du pont, le bus s'arrêta. C'était le terminus, Saint-Mandé. Sous un abri ouvert à tous les vents, elle attendit encore une vingtaine de minutes le bus suivant. Quand il arriva, déjà bien chargé, il repartit en direction du bois de Vincennes et traversa successivement Nogent, la Marne, un joli pont de pierre à l'ancienne, puis Le Perreux, Bry-sur-Marne, des lotissements neufs en périphérie, de rares friches encore libres de constructions, et enfin il arriva à Noisy. Geneviève en descendit, épuisée par les arrêts incessants, le bruit, les gens qui montaient et descendaient, et ce n'était pas encore fini. Il lui restait à prendre un dernier bus, puis à marcher. Elle descendit à la quatrième station et longea un boulevard interminable. Puis elle prit une rue sur la droite puis une autre en se fiant au plan mémorisé la veille. Mais où était donc ce camp, à l'autre bout du monde ? Elle ne pensa pourtant ni à sa fatigue ni à son envie de rebrousser chemin et elle arriva au bout de la dernière rue. Après, il n'y avait plus rien. Plus d'asphalte, plus de réverbères, plus de repères. Juste de la terre, de la boue, et un ensemble d'étranges toits de tôle arrondis, collés les uns aux autres. Tels des igloos fantomatiques, ils émergeaient derrière les rideaux de pluie. Geneviève s'arrêta net. Ses pieds lui faisaient terriblement mal dans ses chaussures. Elle regretta d'avoir mis des talons, même petits, elle se disait qu'elle aurait mieux fait de prendre des chaussures plates. Mais elle a voulu faire un effort, par respect. Elle s'est habillée comme à son habitude, de façon discrète et élégante. Elle a passé une jupe de laine chinée, un pull ras-de-cou bleu marine, enfilé son imperméable beige impeccablement boutonné et noué à la taille, tiré ses cheveux en arrière avec un ruban de velours gris et autour de son cou elle a passé un foulard de soie blanche. Maintenant, sous son parapluie, elle se tient bien droite. Replié sagement contre son corps, son bras retient un petit sac à main de cuir fauve. Derrière ses fines lunettes cerclées, son regard se voile. Elle est seule en cet endroit quasi désert. Elle comprend qu'elle se trouve devant une frontière invisible que personne ne franchit. Face à elle, se dresse le fameux camp du père Joseph.

— Dans le pays, avait-il expliqué lors du dîner, on l'appelle le « Château de France » parce que le terrain sur lequel il a été construit avait appartenu à un certain Charles de France.

Un bien étrange destin que celui de ce terrain, se dit Geneviève. Avant de venir, elle s'est renseignée sur l'histoire du bidonville et son architecture d'igloos. Des cabanes de tôle et de fibrociment fabriquées à la va-vite pour abriter un temps les déshérités et les familles qui couchaient dans les rues. Violente réalité que l'appel de l'abbé Pierre avait jetée à la face du monde, générant une émotion considérable bien au-delà des frontières. Des donateurs, en premier Charlie Chaplin, l'ancien pauvre, les chocolateries de France, et de nombreux anonymes, avaient permis de réunir une somme importante qui avait financé ces igloos provisoires en attendant les relogements dans des constructions décentes. Mais depuis trois ans, rien ne bougeait. Au début, le terrain acheté par les chiffonniers d'Emmaüs était propre et les igloos étaient bien alignés. Des bus de touristes venaient même voir ce Château de France dont tout le monde parlait. Ils le photographiaient depuis la rue Jules-Ferry qui le bordait, s'avançant parfois de quelques pas inquiets. Puis ils remontaient précipitamment dans les bus.

> « On venait nous visiter en autocar, c'était un circuit touristique. On était des bêtes curieuses. On a dit qu'on était le zoo, puis le ranch. On était les rancheros, comme dans le cinéma américain avec les films de cow-boys. Parce qu'on était bien enclavés, entourés de champs, et qu'on vivait à l'extérieur de la commune. Ce camp, c'était une curiosité[1]. »

Un fabricant de cartes postales avait même édité une vue d'avion où on pouvait admirer l'ensemble, l'alignement impeccable des igloos et les rues de terre bien ordonnées. Une véritable petite ville. Mais sans

---

1. Ancienne habitante du camp, *in* Claire Jeanteur, *Le Camp de Noisy ou l'inversion du regard*, Doriane Films, 2016, à 7' 23".

électricité, sans eau courante, sans réverbères et sans asphalte pour recouvrir ses rues. C'était un provisoire très provisoire et bien fragile. Pourtant, dans le regard d'un petit garçon qui avait étouffé, entassés à neuf enfants et adultes dans une chambre de bonne, le camp des igloos, c'était magique !

« Le propriétaire avait repris notre chambre de bonne à Paris. À Noisy le sol de l'igloo était en terre, alors on a fait du ciment pour que ce soit plus propre. J'avais cinq ans, pour moi le camp de Noisy c'était la campagne parce qu'il y avait un igloo avec un arbre devant. Et j'ai rencontré des copains, dès le premier jour, ce qui fait que c'était bien. C'était beau, c'était tout neuf[1]... »

C'était au printemps. Hélas, l'automne puis l'hiver sont venus et le paradis a tourné court. Car si les véritables igloos des pôles ont la capacité de résister à des frimas extrêmes, ceux du camp ne protégeaient de rien. Le premier hiver est passé, puis le deuxième, et le troisième. Et les étés brûlants. Les rares fontaines mises à disposition n'ont pas supporté les écarts de température et ont éclaté avec le gel, les rues non plus n'ont pas tenu le choc. Des fondrières se sont ouvertes, la boue a remplacé la terre, les tôles ont rouillé et le bois des fenêtres, de médiocre qualité, n'a pas résisté. De plus, attirées par le Château de France, d'autres familles sont arrivées de partout et des abris de fortune ont été bricolés entre les igloos

---

1. Michel Cheval, ancien habitant du camp, *in* Claire Jeanteur, *Le Camp de Noisy*, *op. cit.*, à 12' 40".

pour les accueillir. Solidarité des plus démunis entre eux. Et l'alignement des débuts qui semblait si prometteur d'ordre et d'organisation, disparut. Le camp devint un chaos.

Geneviève n'a pas bougé, elle est toujours au bout de la rue Jules-Ferry, son parapluie ruisselle, ses lunettes sont embuées et elle a froid. Juste à quelques mètres, un panneau de bois fiché dans la terre indique sur la droite la rue des Pâquerettes, et sur la gauche la rue des Jonquilles. Un enfant court sous la pluie. Les pieds nus dans la boue, il joue avec les flaques. Un chien dégoulinant rase les murs.

> « Ici, tout s'arrêtait. Comme quand on entrait en prison, c'était un autre monde[1]... »

La pluie s'est calmée. Elle tombe de façon plus fine, créant une brume dans un air saturé d'humidité. Quelqu'un s'approche. Elle le reconnaît tout de suite, c'est le père Wresinski dans sa longue soutane noire élimée. Il a un bonnet sur la tête et affiche un large sourire. Elle s'est décidée, Geneviève de Gaulle est venue ! Il marche énergiquement et fait de grands gestes.

— Venez, madame de Gaulle, suivez-moi, on va se mettre à l'abri.

Et sans faire plus de façons, il l'entraîne dans la rue au nom de fleur qui n'est en fait qu'une allée de boue. Le chien dégoulinant s'est attaqué à un baril

1. Geneviève DE GAULLE-ANTHONIOZ, *Le Secret de l'espérance*, Fayard-éditions Quart Monde, 2001.

qui sert de poubelle. Le père Joseph l'invective, il fuit la queue entre les jambes. Des silhouettes furtives les croisent, saluent le père Joseph et, méfiantes, ne s'attardent pas.

> « Ça a été un premier choc ! De même que les premiers visages que j'ai rencontrés en entrant dans un camp de déportés m'ont très vite appris ce que ça pouvait être que l'univers concentrationnaire, en regardant ces visages, je rencontrais des visages marqués par la misère de tous les jours et par le manque d'espoir d'en sortir[1]. »

Son cœur se serre. Une angoisse la gagne, elle étouffe. Elle pourrait fuir mais devant elle le père Joseph avance à grands pas.

— Ça va, vous suivez… ?

Il s'est brusquement retourné vers elle, inquiet. Comme s'il avait senti sa défaillance.

— Ce n'est pas facile, dit-il, avec la pluie qui tombe depuis une semaine, et toute cette boue, j'aurais préféré vous accueillir sous le soleil.

Geneviève se reprend. Elle lui fait signe que tout va bien et le suit en repoussant l'angoisse qui monte. Mais ce camp sordide fait remonter en elle les images de Ravensbrück. Et pire, les sensations. Comme si elle y retournait, comme si elle allait entrer dans la baraque n° 23. Elle tremble de froid et de peur. Un fond de panique la submerge. Elle se maîtrise du mieux qu'elle peut, la tient à distance, pas question

1. Geneviève de Gaulle *in* Claire Jeanteur, *Le Chemin d'espérance*, Le Jour du Seigneur, 2007, à 00' 29".

de se laisser submerger. Surtout ici. Elle n'est pas venue pour qu'on s'occupe de ses traumatismes, elle est là pour les autres. Ceux qui vivent dans ce cloaque. Alors elle fait diversion, son cerveau doit à tout prix se fixer sur autre chose. Ses chaussures, par exemple, qui s'enfoncent dans la boue. Elles ne sont pas faites pour marcher dans un endroit pareil, et elle se dit qu'elle aurait pu y penser. Quelques pas à peine et elles sont déjà informes, l'humidité remonte au travers des semelles de cuir trempées par sa longue marche dans les rues de Noisy. Devant elle, le père Joseph avance toujours d'un pas ferme, chaussé de gros godillots dont on ne voit même plus la couleur. Le bas de sa soutane élimée accroche des éclaboussures de boue à chacun de ses pas. Sans s'en soucier le moins du monde, il se dirige vers l'extrémité du camp et s'arrête devant le dernier igloo. Il frappe à la porte. Geneviève note qu'il n'aurait pu aller plus loin. Elle se dit que ce n'est pas par hasard qu'il a choisi cet igloo. Il lui a fait tout traverser pour qu'elle prenne bien la mesure du camp, et il attendait sa visite.

> «À sa demande, une famille avait ouvert la porte de son "igloo", et il m'avait présentée. Dans la pénombre, j'avais rencontré le regard triste et las du père qui avait avancé deux caisses pour nous faire asseoir. La maman était apparue du fond de la pièce, portant dans ses bras un tout petit bébé. Elle était jeune, belle malgré ses cheveux épars. D'autres enfants, quatre, cinq, entraient, sortaient, comme dans un jeu, tendant leurs menottes au père Joseph, pour recevoir les bonbons qu'il tirait de la

poche de sa soutane. Il faisait vraiment très froid, plus qu'au-dehors[1]... »

Avant qu'elle réalise bien l'endroit où il l'a introduite sans autre préambule, le père Joseph prend la parole.

— Mes amis, je vous présente Mme Geneviève de Gaulle. Elle est venue nous rendre visite depuis Paris. Avec cette fichue pluie, elle est trempée, comme moi. Et on est gelés, avec ce froid ! Vous allez bien nous offrir un bon café chaud pour nous remettre. On en a bien besoin.

Stupéfaite, saisie par cette demande à laquelle elle ne s'attendait pas du tout, Geneviève voit deux enfants filer précipitamment au-dehors. Comment le père Joseph peut-il demander à ces gens qui n'ont rien de leur offrir un café ? Elle en reste muette. Car il n'y a rien de rien dans cet igloo glacial. Juste un sol de terre battue, un toit et des murs de tôle arrondis sur lesquels on ne peut rien mettre, et par terre quelques cageots ou autres caissons de bois faisant office de meubles. Pourtant, sans un mot, l'homme au regard triste tire d'une caisse une boîte d'allumettes, et il allume une bougie coincée dans le goulot d'une bouteille qu'il a prise dans un coin. La lueur de la flamme éclaire vaguement l'endroit, Geneviève y voit mieux. La jeune mère qui s'est tenue en retrait tente de faire taire l'enfant qui s'est réveillé et pousse des cris. Elle lui chante une berceuse tout en le balançant dans ses

1. Geneviève DE GAULLE-ANTHONIOZ, *Le Secret de l'espérance*, *op. cit.*

bras. Pendant ce temps, un des deux petits garçons qui s'étaient éclipsés a ramené un broc rempli d'eau que le père verse dans une casserole accrochée au mur de fibrociment qui ferme le devant de l'igloo. Il allume un réchaud et l'y pose. L'autre enfant revient avec deux verres et du sucre. Il est trempé mais rayonne comme s'il ramenait un trésor. Il pose fièrement les verres sur une caisse qui, apparemment, sert de table.

Quand elle tint le verre chaud dans ses mains, quand l'odeur du café se répandit enfin dans l'igloo et que le liquide chaud entra dans sa gorge, Geneviève eut l'impression de revivre. Le café, c'était le retour à la vie normale. Le froid sibérien qui l'avait transpercée en entrant, semblait lui-même moins aigu. La lumière de la bougie faisait vivre les objets cachés dans l'ombre et les entourait de mystère. Elle diffusait une auréole de douceur qui modifiait l'inhumanité de l'endroit, jusqu'à la surface du fibrociment et de la tôle qui semblait moins aride, moins dure. Le bébé avait fini par se rendormir. Les enfants étaient silencieux. Mal vêtus, ils paraissaient ne pas sentir le froid et regardaient Geneviève comme une chose étrange qu'ils voyaient pour la première fois. Cette dame bien habillée, bien coiffée, d'où venait-elle ? Que faisait-elle chez eux ? La pluie résonnait sur la tôle en rythme désordonné. Petit à petit, rassuré par la présence du père Joseph, le couple se mit à parler, de tout et de rien. De cette maudite pluie qui n'en finissait pas et qui les obligeait à parler fort pour s'entendre, de la fontaine qui avait éclaté avec le gel, des enfants qu'il fallait tenir dedans mais qui couraient dehors quand même et qui revenaient, trempés.

Comment les sécher, et avec quoi ? Depuis la première seconde où elle avait posé le pied dans l'igloo, la sensibilité de Geneviève était à fleur de peau. Elle voyait tout, le moindre détail, et elle écoutait avec une attention extrême. Tout, dans cet endroit si fruste, lui en rappelait d'autres. Ses hôtes racontaient leurs difficultés mais aussi la joie des jours de soleil, du printemps qu'ils avaient hâte de voir revenir pour sécher toute cette humidité. Ils racontèrent des bribes de leur quotidien. Les bons moments, l'aide entre voisins. Et les mauvais. Les pires. Le froid glacial l'hiver, l'impossibilité de chauffer, la peur des maladies qu'on n'a pas les moyens de soigner, le linge qu'on lave le moins souvent possible parce qu'il ne sèche pas. La crasse qui s'installe. La peur du lendemain, pour les enfants.

— Mais pour notre dernier, dit soudain la jeune maman prise d'un élan de ferveur, ça ne sera pas pareil. On va améliorer, y arriver. Ça va changer.

Geneviève se demanda ce qu'elle voulait dire par là, qu'est-ce qui allait changer ? L'igloo ? Leur vie ?

— Et quand on aura un peu d'argent, ajouta le père, confiant, on fera le baptême.

Un baptême ! Elle avait envie de lui demander s'il travaillait, mais elle se retint. Elle ne voyait pas d'où pouvait venir l'argent qu'il espérait. Mais il en parlait comme d'une possibilité normale, et donc elle se dit qu'il avait sans doute quelque chose en vue. Pourtant l'état des lieux lui disait le contraire. Ici, il n'y avait rien qui puisse ressembler à un achat, une dépense. Tout sentait la récupération, la débrouille au jour le jour.

«Je voyais cet environnement qui les destinait fatalement à une existence de pauvreté et d'humiliation. Je voyais cet acharnement de la misère qui se transmet de génération en génération et dont les enfants sont les premières victimes. On se dit toujours : comment pourront-ils s'en sortir puisque les parents ne s'en sortent pas ? Et pourtant… je ne pouvais pas l'accepter. J'étais une maman de quatre enfants et j'étais très sensible à cela, à l'avenir que l'on bâtit, avec et pour ses enfants. La maternité m'a beaucoup marquée car, pour nous, c'était l'antidote de ce que nous avions vécu en déportation, l'espoir de pouvoir vivre quelque chose de nouveau, une espérance. Pour ces familles, je l'ai compris plus tard, les enfants représentaient aussi cette espérance d'une autre vie, meilleure[1]. »

Le café avait redonné le sourire à toute la famille. Ils paraissaient moins abattus.

«Nous les avons quittés en les remerciant pour le café, et je n'avais pu m'empêcher de penser à cette toute petite ration de pain que nous partagions à Ravensbrück. Le pire, m'avait dit le père Joseph, c'est de ne rien pouvoir donner, et qu'on ne vous demande plus rien[2]. »

Dehors la pluie a cessé. Geneviève est restée dans l'igloo plus de temps qu'elle ne l'aurait cru. Elle est glacée jusqu'au fond des os, le jour décline, la nuit

1. Caroline GLORION, *Geneviève de Gaulle-Anthonioz*, *op. cit.*, p. 80.

2. Geneviève DE GAULLE-ANTHONIOZ, *Le Secret de l'espérance*, *op. cit.*

commence à tomber sur le camp. Le père Joseph a prévu de la raccompagner jusqu'à son arrêt de bus. Elle ne veut pas, lui dit que tout va bien, qu'elle peut y aller seule, que ce n'est pas si loin.

— Ne vous inquiétez pas pour moi, père Joseph, dit-elle en désignant au loin la lueur des réverbères de Noisy, là où je vais c'est bien éclairé et il y a encore beaucoup de monde à cette heure. Les gens rentrent du travail.

Ils se sont arrêtés au bout du chemin de terre. Il la regarde s'éloigner et revenir dans l'autre monde. Celui de la civilisation, celui où on se chauffe, où on dort et où on mange dans de véritables maisons.

> «Quand j'ai quitté le chemin boueux pour attendre l'autobus dans une vraie rue, j'ai senti au fond de moi que je reviendrais. Mais en même temps j'avais hâte de retrouver la lumière, la tiédeur de mon foyer et mes quatre enfants heureux[1].»

Au premier réverbère, elle s'est retournée pour faire au père Joseph un dernier signe de la main. Mais il avait disparu et l'autre monde aussi. À la place, il n'y avait plus qu'un immense trou noir.

1. *Ibid.*

17

À partir de ce jour, le chemin de Geneviève allait prendre une direction définitive. La fraternité et la solidarité l'emporteraient toujours sur le combat individuel. Le père Joseph, Francine de la Gorce, Gabrielle Erpicum, Alwine de Vos et Geneviève Tardieu, jeunes et si belles, sérieuses et responsables, Jean-Michel Defromont, Didier Robert et les autres, si gais et si énergiques, toujours partants pour la cause, la jolie et enthousiaste Caroline Glorion, les habitants du camp, vaillants et volontaires, les femmes et les mères pleines d'initiatives, les Jährling, les rencontres allaient se succéder les unes après les autres. Au fil des années qui allaient suivre, Geneviève puiserait auprès d'eux des forces et des idées nouvelles, et elle en apporterait sa part, renouvelant l'énergie des uns et des autres. Elle donnerait du courage quand ils en manqueraient.

Mais avant d'en arriver là, il fallait entrer dans l'histoire et la décision ne pouvait se prendre sous le coup de l'émotion. En repartant, elle réfléchissait. Allait-elle revenir au camp ? Et pour y faire quoi ? Sûrement pas en simple spectatrice pour voir ce qui s'y passait, comment on y vivait et qui était ce « peuple ». Une visite avait suffi. Si elle y retournait, même si elle ne savait pas encore ce que le père Joseph attendait exactement d'elle, elle devait savoir ce qu'elle lui dirait. Ce à quoi elle pourrait contribuer, jusqu'où elle pourrait aller dans son implication et celle de son réseau de relations. Car c'est bien ce que le père Joseph attendait aussi d'elle, la force de ses relations. Elle devrait lui expliquer et le plus clairement possible ce qu'elle pourrait faire et aussi ce qu'elle ne ferait pas. Lui dire qu'elle avait une famille et des enfants auxquels elle devait sa présence et son attention, et une association de déportées dont elle était la présidente et qui avait encore un grand besoin d'elle. Geneviève avait une conscience aiguë de ce que représentait un engagement. Elle l'avait prouvé et « ne lâchait jamais, elle a vraiment été une alliée jusqu'au bout[1] ».

1. Gabrielle Erpicum, entretien avec l'auteure.

18

— Vous avez oublié mes livres, Antoinette ?

— Non, Marthe, je n'ai rien oublié, je n'ai pas voulu en apporter ! Quand vous m'avez demandé des livres pour ces pauvres gens du père Joseph, je n'ai pas dit non. Je me suis dit que j'allais regarder dans les coffres de notre grenier, mais après coup j'ai réfléchi. Vous ne croyez pas que vos pauvres attendent autre chose ? Ils ne savent même pas lire. Si j'accédais à votre demande ce serait du gâchis. Nos livres finiraient dans un coin, à moisir ! Ils déchireraient les pages et s'en serviraient pour je ne sais quoi ! Tenez, je préfère vous donner un billet, achetez-leur des pâtes, du riz, de quoi s'habiller, ce que vous voulez, mais ne me demandez pas des livres. C'est ridicule, absurde !

Marthe de Brancion prend le billet que lui tend son amie Antoinette et la remercie, comme si c'était à elle qu'on faisait l'aumône.

— Je donnerai votre argent au père Joseph dès demain, Antoinette. C'est très gentil à vous. Mais pour les livres vous vous trompez, je vous assure. Ils sont très contents au camp quand j'en porte. Beaucoup savent lire, et certains ont du travail, un métier, mais pas assez pour s'offrir un logement, alors les livres !

Geneviève a assisté à toute la scène, elle regarde son amie Marthe faire assaut de gentillesse pour dire les choses sans heurter. C'est le jour du thé, et elle est là par hasard. Elle venait raconter à Marthe sa visite au camp de Noisy et lui faire part de sa décision d'y retourner. Comme elle le fait de temps à autre, Marthe a invité des dames de la haute société, amies et connaissances. L'occasion de récolter quelques vêtements, et des livres pour la bibliothèque du camp. Mais ces dames sont toutes de l'avis d'Antoinette. « Pour ces gens-là, disent-elles, les livres ne servent à rien. » Marthe se lance alors dans des explications sur l'accès au savoir, à la connaissance qui les aidera, « ou du moins leurs enfants, à sortir un jour de la misère. Il faut penser à l'avenir, leur dit-elle, et l'avenir ce sont les enfants[1] ».

En vain. Les dames sont de bonne foi, et même généreuses. Donner, elles veulent bien. Mais à condition que ce soit du concret. L'essentiel. De l'argent ou des choses qui de leur point de vue permettent de survivre.

— Nous sommes avec vous, chère Marthe, reprend Antoinette. Nous savons que le savoir est indispensable et le livre aussi. Mais ces gens n'ont rien, ils ne vont pas manger les pages ni se laver avec, tout de même ! On dirait que vous ne le voyez pas. Ils sont dans la survie.

1. Geneviève de Gaulle-Anthonioz, *Le Secret de l'espérance, op. cit.*

Geneviève ne peut se retenir.

— Justement, dit-elle, c'est pour survivre que le livre est utile.

Son intervention a jeté la perplexité parmi ces dames. Geneviève de Gaulle leur en impose et elle n'est pas du genre à intervenir pour rien. Surprises et intriguées, elles attendent une explication. Que leur dire ? Geneviève s'en veut, qu'est-ce qu'il lui a pris ? C'est à cause de ce mot : « survivre ». Il l'a renvoyée sous les ciels de la Baltique, au fond de la cellule, dans les champs gelés, sur les paillasses. À la survie jour après jour, à l'importance monumentale qu'ont eue pour elle et ses sœurs de captivité les toutes petites choses pour ne pas sombrer. Car il ne suffisait pas de boire ou de manger, encore fallait-il avoir envie de continuer à vivre. Ces dames ne peuvent le savoir. Il faut l'avoir vécu. Que leur dire maintenant, et comment le leur dire ? Geneviève s'est piégée toute seule, elle n'a aucune envie de parler du passé. Les cauchemars sont bien suffisants, et ces visions qui surgissent sans prévenir, dont elle cherche désespérément à se débarrasser mais qui la rattrapent au détour d'un mot, d'un son, d'une image.

— Je ne comprends pas ce que vous voulez nous dire, madame, reprend alors Antoinette. Un livre ne protège ni du froid ni de la faim.

Impossible d'y échapper. Geneviève réfléchit. À son habitude, elle reste calme et cherche la solution la plus positive. Elle est sûre que si elle arrivait à convaincre ces dames de l'importance du livre pour les exclus du camp de Noisy, elle agirait concrètement pour la famille de l'igloo, pour les enfants. Le calvaire qu'elle et ses amies déportées ont vécu à Ravensbrück ne serait alors pas vain. Elles apporteraient, par sa voix, une aide capitale au « peuple déshérité » du père Joseph. Parce que le livre qui sauve de la mort, Geneviève sait qu'il existe. Elle doit le raconter.

— Tous les jours, commença-t-elle, aux heures les plus dures et les plus inconfortables, avant l'aube, et tous les soirs, bien après la tombée de la nuit, les gardiens du camp nous faisaient lever et nous mettaient en rang, habillées de rien. Pour nous compter et nous recompter. Ça durait des heures. Ça s'appelait l'appel…

Elle parle d'une voix nette, sans effets. Antoinette et les autres sont captivées dès les premiers mots.

> « Lorsque la première sirène retentit, je sais qu'il est 3 heures et demie au cœur de la nuit. Dans les baraques surpeuplées, le cauchemar recommence. Bousculade pour accéder aux immondes et insuffisantes latrines avant que retentisse la deuxième sirène de l'appel… [Elles sont alignées dehors, debout, dans le froid] cette station debout est interminable. Si les comptes ne sont pas justes parce qu'une morte de la nuit a été oubliée, il faut aller la chercher et la transporter sur la place du camp. Nous pouvons rester plusieurs heures comme ça, immobiles[1]… »

Les dames ne perdent pas un mot du récit et sont remplies d'empathie. Mais elles ne comprennent pas où Geneviève veut en venir. Et le livre ?

---

1. Geneviève DE GAULLE-ANTHONIOZ, *La Traversée de la nuit*, *op. cit.*

— Une heure, deux heures, trois heures passent, continue celle-ci. Exténuées, nos sœurs les plus faibles tombent çà et là. Pas question de les aider, les surveillantes veillent. On les laisse au sol. L'attente continue. Elles meurent. Le froid ne pardonne pas. Il faut les évacuer. Et l'attente recommence, on recompte…

À ce moment sa voix faiblit, elle s'interrompt.

— Savez-vous, reprend-elle, ce qui m'a donné la force de tenir durant ces heures atroces ?

Le récit touche à son but. Les dames attendent, tendues.

— C'est un livre. Un tout petit livre de rien, fabriqué avec trois feuillets et un crayon volés au bureau de la surveillante par mon amie Jacqueline d'Alincourt. Il fallait à tout prix que Jacqueline « fasse un livre ». Qu'elle ait des mots à lire. C'était vital pour elle. Elle avait volé et risqué sa vie pour ça : faire un livre et nous l'offrir pour Noël. Elle a plié les feuilles et les a reliées en faisant des trous dans lesquels elle a passé des bouts de fil de laine récupérés et noués. Et comme pour un vrai livre, sur la page de garde, elle avait écrit : *Ravensbrück, Noël 1944*…

Tout en racontant, Geneviève revoit dans le moindre détail le dessin que son amie Jacqueline avait tracé sur la page suivante. Une petite fille habillée d'une jolie robe avec un col Claudine. Elle lui avait mis un tablier fleuri et un panier duquel la petite fille tirait des graines qu'elle jetait autour d'elle. Des oiseaux les picoraient et volaient en couronne autour de sa tête.

— Dans cette laideur monstrueuse qui nous entourait, ces bâtiments sales qui pourrissaient, dans cette boue qui était partout au sol, dans la puanteur des baraquements et des latrines, dans nos propres vêtements immondes, continue Geneviève, ce dessin était un miracle. Une merveille de pureté. Il nous ramenait aux images enchantées de l'enfance, il nous faisait rêver. Il nous parlait d'une chose immense, l'Espérance. Jacqueline avait recopié les vers de Charles Péguy.

De mémoire, tout en repensant à la maman de l'igloo, Geneviève les récite tels que son amie Jacqueline les avait écrits.

L'Espérance est une petite fille de rien du tout
Qui est venue au monde un jour de Noël.
C'est cette petite fille pourtant qui traversera les mondes.
Cette petite fille de rien du tout,
Elle seule, portant les autres, traversera les mondes révolus[1].

Les dames écoutent ces étranges vers extraits du *Porche du mystère de la deuxième vertu*, œuvre poétique à clef écrite au début du siècle et dont on dit qu'elle révolutionna l'approche du christianisme. Des trois vertus abritées sous le Porche du mystère de Dieu, la foi, la charité et l'espérance, Péguy dit que la plus difficile à atteindre est l'espérance. Il la compare à une petite fille qui marche entre ses deux sœurs, la foi et la charité. C'est elle, quand le doute s'installe et que la foi faiblit, qui donne la force de rester sur le chemin et de le faire jusqu'au bout. Parce que quand

1. Charles PÉGUY, *Le Porche du mystère de la deuxième vertu*, 1912.

ce n'est plus pour soi, c'est pour la petite fille, la plus faible, que l'on trouve la force de continuer. Elle est l'Espérance.

Geneviève est encore habitée par la force que ces vers lui ont apportée aux pires heures. Elle est grave. Elle les revit, comme si elle puisait encore en eux le courage de ne pas lâcher, de ne pas mourir. D'aimer encore la vie. Elle est avec la jeune maman du camp de Noisy qui malgré le pire qui l'entoure espère elle aussi, avec ce petit bébé endormi entre ses bras.

— On emportait le livre en cachette. Pendant l'appel, on se le passait. On l'ouvrait comme un trésor. On le lisait, on le relisait. Chaque mot était une source de vie.

À ce moment du récit, elle fait une pause et reprend sa respiration. Elle ne veut pas se laisser déborder par un trop-plein d'émotion, et elle ne veut pas en provoquer. Elle veut juste faire comprendre ce qu'elle a vécu pour que les amies de Marthe l'entendent et acceptent de donner des livres sans plus jamais dire que ça ne sert à rien.

— Ce petit livre de trois pages, dit-elle, était plus fort que la violence. Plus fort que la mort. L'avoir entre les mains m'apaisait, me nourrissait. Je vous affirme qu'il m'a permis de survivre.

Les dames ont tout écouté sans perdre un seul mot. Elles sont bouleversées, elles ont compris. Geneviève de Gaulle les a gagnées à la cause de Marthe et de la lecture. Elles donneront des livres.

19

Il fait un soleil magnifique, depuis une semaine c'est le printemps. Les quatre enfants chahutent et rient à l'arrière de la 2 CV. Geneviève a décidé de laisser quelques jours ses occupations de présidente à l'association des déportées et au camp de Noisy. Avec Bernard et leurs petits, elle part à la campagne dans leur maison. Leur seul bien, ils l'ont cherché longtemps. Une maison à eux dans laquelle on pose des affaires qu'on retrouve chaque fois, à la place où on les a laissées, Geneviève en rêvait. Des habitudes qu'on reprend quand on y revient, rassurantes, reposantes pour celle qui a tant bougé depuis l'enfance et déménagé si souvent. Seule la maison de Lille lui avait donné un sentiment de durée, de protection. Ses grands-parents, Henri et Jeanne, ses oncles et tantes, ses cousins, derrière les murs de la rue Princesse, ils avaient tous été proches, et heureux. Elle voulait ce bonheur, pour ses enfants et pour son couple. Pendant deux ans, avec Bernard, elle avait sillonné les villages d'Île-de-France dans le but de la trouver. Les enfants avaient grandi, il était devenu impossible de les tenir enfermés. À sept dans l'appartement, ils étouffaient. Tous avaient besoin d'aller au grand air, de quitter le monde urbain et ses façades de pierre, de voir disparaître les voitures, les travaux à tous les coins de rue. Depuis la fin de la guerre, Paris ne cessait de se rénover, d'embellir, cependant pour une famille ce trafic incessant était insoutenable. Il y avait bien les vacances pour s'évader, et beaucoup de leurs amis partaient en province, et même en voyage à l'étranger. Mais Bernard n'avait pas de congés et ils avaient un petit budget. Pas de quoi aller trop loin. Une maison à la campagne était la solution. À condition qu'elle soit aisément accessible de Paris et qu'elle ne coûte pas cher. Autrement dit la perle rare. Ils avaient pourtant fini par tomber sur elle un jour de découragement, à la sortie des forêts d'Eure-et-Loire, une fois passé le village de Musy, dans un hameau. C'était une maison modeste, tout en long, de plain-pied et… mitoyenne. C'était là le problème. Le voisin direct, un vieux monsieur sourcilleux, avait construit un mur pour séparer les deux jardins. Chacun chez soi. C'était à prendre ou à laisser, et c'était loin d'être un royaume. Ce fut pourtant leur paradis, et en toute première raison parce qu'ils pouvaient se l'offrir. Il n'y avait pas d'eau courante, pas de chauffage, mais il y avait le grand air, une cheminée, et ils avaient tous les courages puisque les enfants pourraient courir dehors en remplissant leurs poumons d'air pur tout en jouant et criant à tue-tête sans embêter le voisinage. Enfin, presque, car le vieux monsieur n'était pas sourd.

Le premier jour où ils s'y installèrent, une forte émotion s'empara de Geneviève. Elle avait une maison. Ouvrir une porte avec une clef qui lui appartenait, ouvrir ses propres volets et les refermer le soir sur un grand ciel d'étoiles, ce fut pour elle un immense bonheur. Ni elle ni Bernard n'étaient du genre à s'émouvoir du manque de confort. Ils n'avaient jamais eu des habitudes de luxe et, pendant les années de Résistance, ils avaient bien connu la débrouille. Ils allaient faire avec, et les enfants apprendraient. L'essentiel, c'était cet espace immense de la campagne, ces arbres, ces fleurs sauvages dans les prés verts, ces souples graminées qui balançaient au vent, et le chant de cette rivière qui coulait on ne sait où et que l'on entendait comme une berceuse lointaine, selon l'heure et le vent. En communion avec cette puissante nature environnante, ils revivaient. Le premier soir, Geneviève sortit deux chaises et avec Bernard ils s'installèrent près de la porte, contre le mur de leur maison. Ils restèrent là, longtemps, à regarder tomber la nuit en se tenant la main, fascinés par les milliards de lumières de la Voie lactée qui brillait si intensément au-dessus de leurs têtes que c'en était étourdissant. Ils n'avaient jamais vu autant d'étoiles.

— Ou alors, dit Bernard, on ne les avait jamais aussi bien regardées.

Geneviève serra sa main, et il lui rendit cette douce pression. Cette maison simple et modeste leur convenait et le grand mystère de la vie, de la nature et du cosmos comblait toutes leurs attentes de beauté et de bonheur.

20

— Ils ont décidé de détruire le camp, mais ils ne nous donnent aucune solution de relogement. Où va-t-on aller ?

Geneviève est rentrée de son escapade à la campagne et le père Joseph est venu l'accueillir à l'entrée du camp. Il lui fait part des dernières nouvelles. Il est visiblement très inquiet. La chaleur la plus forte a succédé au froid, sans période intermédiaire, brutalement. Le printemps affiche des températures hors normes pour la saison. Dans les igloos, la tôle emmagasine la chaleur comme dans un four. Impossible d'y tenir. Geneviève découvre que les familles se sont installées dehors. Certaines ont sorti les matelas et dorment à la belle étoile. Le camp est devenu un véritable capharnaüm, les mères ont profité du soleil pour faire des lessives à tout-va et le linge sèche n'importe où. Là où il y a de la place, posé à gauche et à droite sur un piquet, un fil, une chaise, sur la tôle des toits. Des enfants courent entre les igloos, des chiens aboient autour de deux hommes qui se disputent. On les entend crier et s'injurier, le ton monte et au fur et à mesure prend une tournure violente. La chaleur leur est montée à la tête. L'un s'est emparé d'une bouteille avec laquelle il menace d'assommer son voisin. Le père Joseph est exaspéré.

— Nom de Dieu, qu'est-ce qu'ils ont encore ! Restez là, je reviens.

Geneviève le voit courir vers les deux hommes et se placer entre eux. Visiblement il tente de les raisonner tout en essayant d'attraper le bras de celui qui tient la bouteille et qui hurle d'autant plus fort. Elle n'entend pas ce qu'il leur dit, mais les hommes ne se calment pas. Au contraire ils sont de plus en plus vindicatifs. L'affaire prend une mauvaise tournure. Bien qu'elle n'ait aucune idée de ce qu'elle pourrait faire pour aider le père Joseph à calmer ces hommes, Geneviève accourt et apprend ce qu'il s'est passé. Un des hommes a fait ses besoins contre l'igloo de l'autre, ce qui a déclenché la rage de ce dernier. Visiblement le fautif n'est pas dans son état normal. Il a bu et invective son voisin, les fesses à l'air, le pantalon à moitié descendu.

— Va te chier ailleurs, salaud !

— Je t'emmerde… je chie où je veux. Ta baraque de pute, je l'emmerde !

Geneviève s'est arrêtée à quelques pas. Son cœur bat violemment dans la poitrine. Elle a du mal à respirer. Elle ne veut plus écouter, les insultes se font plus crues, sales, et le père Joseph n'arrive pas à les faire taire. Il hurle plus fort qu'eux, mais rien n'y fait, les deux hommes ont un coffre puissant et ils sont au moins aussi solides que lui. Des enfants se sont attroupés. Ils regardent les deux pères se battre et s'insulter comme ils regarderaient un spectacle habituel, sans en paraître plus affectés que ça. Certains même rient. D'autres gigotent dans tous les sens nerveusement et se bousculent en imitant les belligérants. Comme si tout cela n'était pas grave, pour conjurer le sort qui les contraint d'assister à cet échange. Un jeu. Les mères sont là, elles aussi. Démunies face à un tel déchaînement de violence, elles crient après leurs hommes pour tenter d'aider le père Joseph, mais elles ne font qu'augmenter le volume sonore de cette scène terrible.

Quand soudain, involontairement, l'homme à la bouteille assomme le père Joseph. La bouteille éclate en mille morceaux et le père Joseph tombe au sol. Une plaie s'est ouverte sur son front. Dégrisés par la vision de ce sang et du père Joseph à terre, les hommes ont cessé de s'insulter. Bras ballants, ils ont l'air de ne plus savoir ce qui s'est passé. Geneviève et les femmes se sont précipitées pour aider le père Joseph qui paraît inconscient. En fait, il se relève tout seul, il n'a perdu que momentanément connaissance.

— Rentrez chez vous ! dit-il à tous d'une voix tonitruante pleine de colère, tout en sortant un mouchoir de la poche de sa soutane pour essuyer le sang qui coule sur ses yeux. Allez, filez, et nettoyez-moi ce verre tout de suite !

Geneviève est blême, la scène a été brève mais terrible.

— Venez, père Joseph, lui dit-elle, il faut désinfecter cette plaie. Avez-vous quelque chose, une infirmerie ?

Il est sombre, il dit qu'il a ce qu'il faut dans la cabane qui lui sert de bureau, de chambre à coucher, de maison, d'infirmerie, de tout. Dans un carton, Geneviève découvre une petite bouteille d'alcool à 90°, du mercurochrome, quelques cachets d'aspirine, du sirop pour la toux, des bandages et du coton. Il nettoie sa plaie lui-même devant un miroir accroché au-dessus d'une bassine. Elle s'inquiète, il devrait aller voir un médecin.

— Il doit bien y en avoir un dans le quartier, dit-elle.

Il se retourne vers elle, son coton taché de sang encore dans la main.

— Je n'en ai pas besoin. Et dans le quartier, comme vous dites, il n'y en a pas. On n'est pas dans un quartier. On n'est dans rien. Ici, c'est un bidonville, et personne ne veut venir. Mon peuple fait peur. Vous comprenez pourquoi, vous avez vu. Des scènes, il y en a souvent et les gens qui ne sont pas d'ici sont effrayés quand ils entendent ces cris. Le maire veut nous chasser, ils ont prévu de tout démolir. C'est ce que je vous disais en arrivant.

— Vous chasser ? Mais pour aller où ?

— Nulle part. Personne ne me dit où les familles pourraient loger. À la préfecture, on parle de les envoyer un peu partout en France, de les disséminer. Juste pour qu'on ne les voie plus. Pas pour les aider à s'intégrer, je n'ai aucune illusion. Pour les noyer dans la masse. Et les y perdre.

Geneviève sait qu'il dit la vérité. Certains hommes acceptent sans état d'âme apparent de se débarrasser de ceux qui les gênent. En faisant en sorte de ne plus les voir, de les oublier. Ou pire.

Elle regarde le père Joseph, il finit de nettoyer son front. Cette scène l'a vidé de toutes ses forces. Ses traits sont tirés, son regard est noir. Une chape de plomb s'est posée sur ses larges épaules. Tant bien que mal, il a serré un bandage autour de son front pour arrêter le sang. Geneviève mesure alors pleinement ce qu'il vit au quotidien parmi ceux qu'il appelle les siens. Comment tient-il ? Comment supporte-t-il toute cette laideur, cette pauvreté, cette crasse, ces insultes, ces cris, ces enfants à moitié nus dans la boue ? Comment supporte-t-il la haine dont il est l'objet quand il n'y a personne d'autre que lui contre qui ces pauvres parmi les pauvres peuvent la défouler ? Car ils ne l'épargnent pas, parfois même, dans leurs excès, ils le menacent, ils le jugent responsable de leurs malheurs. Ils le montrent du doigt, l'injurient. Pourtant il tient le coup. Comment fait-il ? Geneviève n'a pas passé plus d'une heure dans le camp, elle est déjà épuisée et elle n'a qu'une envie : partir et ne plus jamais revenir. Cette scène l'a anéantie. Le père Joseph l'a-t-il senti ?

— Votre amie Mme de Brancion m'a dit que vous seule êtes d'assez de poids pour pouvoir, cette fois encore, agir, et sauver ce qu'il est encore possible de sauver[1]...

Il veut qu'elle s'investisse pour de bon car elle ne s'est pas encore engagée, et il a peur que cette scène la fasse fuir définitivement. Or il a un immense besoin d'elle, et elle n'est pas dupe. Elle a des relations

1. Geneviève DE GAULLE-ANTHONIOZ, *Le Secret de l'espérance*, *op. cit.*, p. 53.

que nul ne peut avoir dans son entourage à lui. Né pauvre, il ne connaît que les pauvres, hors quelques dames charitables. Il compte sur ses réseaux à elle, ses contacts. Elle pourrait se sentir utilisée, mais ce n'est pas le cas. Elle comprend et lui donne raison. Il se bat. Pour les autres, pour ceux qui ne peuvent pas, qui n'ont aucun réseau et ne savent même pas que ça existe. Seulement elle n'est pas sûre d'avoir la force de tenir. Elle n'est pas sûre non plus que ses éventuels « contacts » dans les ministères et lieux de pouvoir lui feraient des cadeaux sur la seule foi de son nom et de son lien avec le général de Gaulle. Car c'est bien de cela qu'il s'agit. De plus, rares sont ceux qui aident sans attendre quelque chose en retour, et elle n'a rien à donner, et les pauvres de Noisy non plus. Sa marge est étroite et le père pourrait bien être fort déçu. Geneviève est déjà venue plusieurs fois au camp et elle a rencontré les bénévoles qui se sont engagés auprès de lui. Il y a des hommes, de belles et énergiques jeunes femmes qui n'ont pas hésité à quitter leur univers douillet et bourgeois pour s'installer au camp et y vivre comme lui, parmi les démunis. Dans une caravane, par exemple, telle Bernadette qui était secrétaire de direction et a quitté son confort et sa bonne situation. « Elle n'est pas croyante mais elle croit en l'humain. La boue affleure jusqu'aux deux marches de sa caravane, non loin d'une sorte de canal où surnagent des détritus[1]. » Pourtant elle reste.

1. *Ibid.*, p. 42.

Et la longue et aristocratique Alwine, diplomate de carrière, promise à un bel avenir qui met ses compétences non pas à son propre service en traitant dans les ambassades des dossiers qui lui vaudraient reconnaissance et honneurs, mais qui dessine les contours d'une future internationale du quart monde. Parce qu'elle a découvert que la misère ne s'arrête pas aux portes du camp de Noisy, mais qu'elle est aussi chez elle aux Pays-Bas, ailleurs en Europe, partout dans le monde. Alwine se bat pour mobiliser les consciences des élites scientifiques autour de cette question qui la hante : « Comment en finir à jamais, comment éradiquer la pauvreté ? » Sur le terrain, il y a aussi Gabrielle et Geneviève, Mary et Erika, si jeunes et si belles, qui quotidiennement s'engagent en travaillant avec les enfants et les mères. L'élégante Francine de la Gorce qui a abandonné ses études de médecine pour aider, et Caroline Glorion avec la fougue de ses vingt ans. Fille d'un grand médecin parisien, elle passe ses journées à aider au camp alors qu'elle pourrait sans problème profiter de sa position de privilégiée pour faire la fête ou partir au bord de l'océan avec ses amis dans des villas de famille, comme le voudrait son âge insouciant. Qu'est-ce qui les tient tous et toutes, qu'est-ce qui leur donne le courage ? Car il en faut énormément. Et même bien plus que ça. Tant d'autres viennent et repartent, souvent déçus, les déshérités ne sont pas accueillants. Ceux-là et celles-là restent, et Geneviève constate qu'ils ne sont pas nombreux à tenir le coup.

« Chaque fois que je vais à Noisy, je ressens la fragilité de cette petite équipe immergée dans ce grand bidonville[1]. »

Elle est extrêmement sensible à cette fragilité, elle voudrait s'engager comme eux, mais à nouveau elle doute. Parce que cet engagement, elle n'est pas sûre de pouvoir le tenir. Et elle sait qu'une fois accepté, il n'y aura pas de retour en arrière possible, il lui faudra aller jusqu'au bout, ne jamais faiblir. Elle pense à ses petits, Isabelle, Michel, Philippe et François-Marie. Elle les voit trop peu et en souffre. Eux aussi, ils ont besoin d'être épaulés pour grandir, faire leur chemin. Il lui arrive de se demander pourquoi Dieu a mis sur sa route tant de combats, et tant de malheurs. Comment font ceux qui ont une vie tranquille, au service de leur seule famille, loin du malheur des autres ? Elle sait, car elle en connaît, que beaucoup n'ont jamais côtoyé la misère, ou le mal. Durant la guerre, ils ont continué leurs études sans s'occuper d'entrer en Résistance, et aujourd'hui ils ont un bon métier, ils vont au travail le matin, font leurs courses, gâtent leurs enfants et partent en vacances dans des maisons secondaires avec tout le confort, certains même ont les moyens de loger dans des hôtels. Ils ont des soucis bien sûr, comme tout le monde, mais ils ne se sentent pas responsables ou solidaires des misérables qui ont échoué dans les camps. Ils ne les voient jamais. Ils ne croisent pas le regard de ces enfants, ils ne connaissent pas le froid glacial des igloos. Les pauvres ne hantent pas leurs nuits. Le destin ne les a pas mis sur leur route,

1. *Ibid.*, p. 30.

et cette route qui y conduirait, ils n'ont jamais cherché à la prendre. Alors, pourquoi elle ? N'a-t-elle pas eu assez de drames ? Geneviève est en colère, elle ne veut pas être une victime, éternellement au service des autres victimes. De la guerre, des camps ou de la misère. Elle a parfois de grandes révoltes, sa façon à elle de tenir le coup.

Le père Joseph ne la quitte pas des yeux. Il sent qu'elle pourrait ne jamais revenir. Il termine sa phrase.

— Puisque le Seigneur vous a donné de porter sur vous la misère du camp de Ravensbrück et qu'il vous a donné la force de n'en pas mourir, voulez-vous avoir pitié de nos familles, Geneviève, et faire ce que vous croyez possible de faire ?

Sa voix si pleine d'assurance a cette fois tremblé. Elle ne l'a jamais vu aussi vibrant, et aussi près de s'effondrer. La violence est son quotidien, pourtant il n'est sans doute pas aussi indestructible qu'elle aurait pu le croire. Voilà maintenant plus de quatre ans qu'il est à la barre de ce navire chancelant, à voguer sur un fleuve de boue, seul avec son frêle équipage. Alwine, Geneviève, Francine, Gabrielle et les autres, tiendront-ils encore longtemps ? Le visage du père Joseph est creusé, blême, sa soutane est élimée et la cabane qui lui sert de bureau où ils se trouvent en ce moment est sombre, triste. Mais Geneviève remarque qu'il n'y règne aucun désordre, tout est bien rangé, les dossiers soigneusement empilés sur une étagère en disent long sur l'importance qu'il accorde à son travail. Des objets sont posés çà et là, maladroitement fabriqués par ceux de son « peuple », ils lui ont été offerts. Le père Joseph fait bonne figure, mais que cette scène terrible entre les deux hommes du camp ait eu lieu devant « Mme de Gaulle » le blesse profondément. Comme si c'était lui qui en était l'auteur, comme si une seule scène allait balayer tout le reste, toutes les bonnes choses qui s'y passent aussi. Il se tient droit, se veut ferme, mais elle sent bien qu'il pourrait s'effondrer, là, d'un seul coup. Et ne jamais se relever.

— Père Joseph, lui dit-elle alors d'une voix posée, je ne peux pas quitter ma famille pour venir avec vous… Vous parlez souvent de changer la société, cela me semble fou, et cependant c'est votre combat qui, après Ravensbrück, en vaut vraiment la peine… Pour que la vie de ces familles soit transformée, il n'y aurait qu'une chose à faire, quitter son propre monde pour rebâtir un monde différent en rejoignant ceux qui sont exclus, de l'autre côté de la barrière[1]…

Il est crispé. Son visage est encore plus tendu, son regard est sombre, il attend.

— Et ça, poursuit-elle, je ne peux pas le faire[2]…

Il voudrait qu'elle cesse de parler. Il veut lui dire qu'il a compris, qu'elle n'a pas à aller plus loin ou à s'excuser. Mais elle reprend avant qu'il ait pu dire quoi que ce soit.

— Mais sans doute faut-il aussi, en seconde ligne, des gens de foi, de confiance, qui acceptent, à partir des plus pauvres, de questionner leur vie, de se compromettre pour construire cet autre monde dont

1. *Ibid.*
2. *Ibid.*, p. 29-30.

l'unique moteur ne serait pas la consommation, le profit. Je peux être à vos côtés à cet endroit-là, père Joseph[1].

Il retient à grand mal les larmes qui sont montées d'un coup et qui affleurent à ses yeux. Une seule coule le long de sa joue. Geneviève en est bouleversée, des larmes pareilles, aussi retenues, elle sait de quelles profondeurs elles viennent. Et à quel point il faut que le corps soit épuisé pour les laisser monter. Le père Joseph s'est tellement battu, il a pris tant de coups en pleine face, et d'autres, pires, des plus sournois. Des coups bas, de politiques et autres, déçus de ne rencontrer en lui qu'un homme de conviction au lieu d'un prêtre faisant de l'assistanat et des bonnes œuvres, qui les aurait remerciés des miettes qu'ils auraient accordées à ses pauvres. Lui, il demande le respect, et l'équité. Pas l'aumône.

— Il est tard, je reviendrai, père Joseph, dès cette fin de semaine. On parlera de ce que je peux faire pour cette histoire de démolition et de relogement. On va faire ensemble tout ce qu'on peut.

Il veut la raccompagner.

— Je connais le chemin maintenant, dit-elle en lui faisant un dernier signe de la main. Reposez-vous un peu, je n'ai plus besoin d'un guide, je suis avec vous.

Elle s'éloigne, et il regarde sa toute petite silhouette disparaître au bout de la rue des Jonquilles. Il est bouleversé, elle va les aider ! Il a bien failli ne pas y croire. Car elle non plus n'est pas un roc et il a conscience que ce qu'il lui demande est bien plus

---

1. *Ibid.*

immense qu'il n'y paraît. Aller mendier auprès des instances officielles est une chose terrible, surtout quand on s'appelle Geneviève de Gaulle, qu'on ne l'a jamais fait pour soi et pour les siens, et qu'on porte ce nom couvert d'honneur.

Le père Joseph n'a pas sollicité Geneviève sans se faire violence. Il pense à son peuple.

21

Geneviève sollicite en premier Pierre Sudreau, le ministre de l'Équipement et du Logement, un ancien déporté comme elle. Elle n'est pas venue les mains vides et encore moins geindre ou réclamer. Elle est venue proposer une solution concrète pour satisfaire au relogement que le père Joseph demande. Elle apporte un projet architectural de « cité promotionnelle ». Un projet abouti, précis, qui a même été chiffré. Il remplacerait sur les terrains de Noisy les igloos vétustes. Il y a même une maquette à disposition, conçue par l'architecte concepteur, Jean Daladier. Jean Daladier est l'un de ses amis, il appartient à cette nouvelle génération d'architectes qui remet en question le rapport de l'homme à la nature et à l'habitat. Des matériaux innovants étant apparus avec de nouvelles possibilités d'utilisation, il dit qu'il faut en tenir compte et revoir l'évolution des formes en osmose avec l'environnement, les arbres, le ciel. Le tout dans une dimension éloignée de l'accumulation, de la copie des anciens ou de la représentation sociale. Puisqu'on menaçait de détruire les igloos et le bidonville, il a envisagé de construire à la place une cité nouvelle dans cet esprit. On y logerait les habitants des igloos, soit pas moins de deux cent soixante familles.

Pierre Sudreau a reçu Geneviève dès qu'elle l'a appelé, il a étudié le projet et l'a écoutée avec attention.

— Nous savons vous et moi, Geneviève, ce que ça veut dire de n'avoir rien, de vivre dans la crasse, de sentir mauvais, de ne même pas pouvoir se laver ni laver ses habits. D'avoir toujours les mêmes sur soi. D'avoir froid à en mourir. Et d'avoir faim. Tout le temps faim, du matin au soir, à chaque minute, chaque seconde. Obsessionnellement. Et de ne pas savoir si un jour on verra le bout du tunnel...

Il s'est levé, il s'est mis à parler tout seul comme pour lui-même. Il est absent, son regard traverse les murs de son bureau. Il voit ce qu'il voudrait ne plus jamais voir. Le camp où il a été déporté lui aussi. Puis, brusquement, il revient vers Geneviève.

— Je vais vous aider, lui dit-il. Je ne suis pas seul à prendre des décisions de cet ordre, il faut que vous le sachiez, mais je vous promets de faire tout ce qu'il me sera possible de faire. Cette cité est un magnifique projet.

Geneviève se retient de l'embrasser, il a compris. Elle part au plus vite annoncer la nouvelle au camp, et dès les jours suivants, comme Pierre Sudreau le lui a promis, elle rencontre l'équipe du ministère. Ils savent que le logement est une priorité et ils défendent le projet. Ils ont organisé des réunions avec les différents partenaires. Le ministère de la Population, celui de la Construction, une quantité de hauts fonctionnaires qui, eux aussi, ont un avis sur la question. Sont présentes enfin les instances locales, le maire de Noisy, ses adjoints, le préfet de Seine-et-Oise. Il faut les convaincre un par un, puis les réunir avant que le projet puisse être seulement validé. Le nombre des intervenants à convaincre est énorme. Geneviève le découvre en même temps qu'elle prend connaissance de leur point de vue qui, pour la majorité d'entre eux, est le suivant :

« Ils ne croient pas possible la promotion des familles du camp. Pour eux, mieux vaut disperser les familles et mettre les enfants dans des institutions en espérant qu'ils s'en sortiront mieux que leurs parents[1]. »

Geneviève est atterrée, elle savait que le chemin ne serait pas simple mais elle ne s'attendait pas à pareille obstruction, ni à un tel dédale administratif. Lors d'une réunion au ministère de la Population, elle a assisté à l'affrontement du directeur de cabinet du ministre, favorable au projet, et du représentant du préfet de Seine-et-Oise qui n'avait pas jugé bon de se déplacer lui-même pour une cause aussi peu importante, mais qui a pris soin de donner sa position : « La cité promotionnelle ne peut en aucun cas être construite dans mon département. » Les pauvres, oui, mais ailleurs. Exaspéré, le directeur de cabinet du ministre a répliqué vertement :

— Faut-il passer la population du camp au lance-flammes ?

1. *Ibid.*, p. 32.

Après quoi, fortement contrarié, porté par la cause qu'il défend, il a mené la lutte pied à pied. Mais rien n'y a fait. De réunions en réunions, le projet a été disséqué, méprisé, et finalement refusé. Non seulement il a été rejeté mais, afin de se sortir l'épine du pied et de clore définitivement le débat, les autorités locales ont décidé de raser les igloos au plus vite et de séparer les parents de leurs enfants pour les reloger plus facilement. Un véritable cauchemar pour les familles, d'autant que bon nombre de parents avaient eux-mêmes connu, dans leur enfance, l'Assistance publique et ses déboires.

Avec le père Joseph et l'équipe de Noisy, Geneviève avait mis toute son énergie et ses réseaux dans ce premier combat. Voilà qu'après de beaux espoirs, il était perdu et, pire, il avait déclenché un séisme. Tant d'efforts, de réunions, de paroles, de travail, pour rien. Il y aurait de quoi se décourager, mais Geneviève va résister. Cela fait bien longtemps qu'elle a appris à ne pas se laisser envahir par le découragement. Dans chaque difficulté, elle puise une force nouvelle. Elle n'a l'air de rien, ni d'une conquérante ni d'une rebelle, et sa force de résistance est d'autant plus exceptionnelle qu'elle ne se voit pas. Qui pourrait la déceler chez cette jeune mère fragile au visage si doux ? Dans les drames de sa vie, dès la mort de sa mère et de sa sœur, Geneviève a toujours puisé son énergie dans la volonté de vivre. Résister est dans sa culture, celle des de Gaulle, antidreyfusards et antimunichois. Le doute, elle connaît. Pas le découragement. Il n'est pas non plus dans la nature du père Joseph ni dans celle de toute l'équipe. Ensemble, ils font front et continuent comme si de rien n'était. Pas question de laisser la place aux bulldozers, ils ne connaissent qu'une chose, l'action. Non seulement ils ne vont pas laisser détruire les igloos et séparer les familles, mais ils vont construire. De leurs propres mains, avec les habitants du camp. Une idée s'est imposée au père Joseph. Construire une chapelle.

— Une église, explique-t-il, c'est le début d'un village. Il faut aussi une crèche, un foyer pour les mamans, une bibliothèque.

Geneviève l'écoute, stupéfaite. Puis elle comprend et sourit. Le père Joseph a raison, on ne détruit pas un village aussi facilement qu'un bidonville. Et puisqu'on ne veut pas leur donner des logements décents, le camp de Noisy va se dépouiller de ses oripeaux de bidonville et devenir un véritable village.

Elle a déjà dans les jambes des kilomètres et des kilomètres de déplacements, des heures de bus et de métro, des journées de réunions à n'en plus finir avec toujours, inlassablement, des discours à faire, à dire et redire, des mains à serrer, des gens à convaincre, elle ne pèse pas lourd et pourtant elle va s'investir plus que jamais. Elle ramène à l'appartement des piles de dossiers de relogement, elle tape à la porte du ministère. Elle tient, ne lâche rien.

Bernard s'en inquiète, il se demande jusqu'où elle va pouvoir aller. D'autant qu'à la maison, la vie à sept n'est pas facile et que c'est loin d'être un lieu de tout repos. Les enfants grandissent, sa mère a beaucoup vieilli. Lui-même est occupé fort tard au ministère de Malraux à défendre des projets et une direction des arts dont tout le monde ne veut pas obligatoirement entendre parler. Mais pour lui, la France doit garder un rayonnement culturel, renouveler la création, et il met toutes ses forces à défendre les artistes qui y contribuent. Ce soir, son ami Malraux vient dîner avec un autre de leurs amis communs. Charles-Édouard Jeanneret, qui se fait appeler Le Corbusier. Un architecte qui préconise depuis longtemps une autre façon d'envisager l'habitat. Geneviève a mis la table, arrangé un bouquet de fleurs des champs cueillies au bord des fossés, et elle a préparé un gratin de pommes de terre. Un rôti de porc et une tarte aux fraises, sa spécialité, ont complété le repas. Puis elle est allée se changer, de façon à accueillir ses invités comme il se doit. Elle a passé une élégante robe croisée de jersey souple, noué ses cheveux en un catogan impeccable et mis des boucles d'oreilles blanches cerclées d'un fil doré. La tablée est au grand complet, avec les enfants. Ils sont un peu serrés mais Geneviève tenait à les avoir, au moins au début du repas, sachant qu'ensuite ils iraient se coucher. Le Corbusier a des yeux pétillants et parle inlassablement de sa grande passion, l'habitat. Les quatre enfants l'écoutent, bouche bée. Geneviève aime qu'ils participent à ces moments. Pourtant le sujet n'est pas, *a priori*, des plus passionnants pour eux. Mais l'homme fascine. Il est très grand, tout maigre, avec sur le nez de grosses lunettes rondes à large monture noire. Il porte un costume sombre bien ajusté, une chemise blanche et un nœud noir autour de son col. Des boutons de manchette ornent ses poignets de chemise impeccables. Il se tient bien droit. On le dit mégalomane, ce qui n'est peut-être pas faux, songe Geneviève. Dans sa jeunesse, les années 20, il avait élaboré pour Paris le projet d'une cité idéale. Une sorte de « ville radieuse » traversée d'« autostrades », pourvue d'immeubles fonctionnels, d'une place centrale permettant aux avions d'atterrir en plein centre, le tout nécessitant le sacrifice total des quartiers du Marais, des Archives et du Temple. Fort heureusement, la capitale échappa à ce projet pour le moins radical. Controversé, tour à tour admiré et honni, Le Corbusier réalisa pourtant par la suite de grandes œuvres. Hors normes, obsédé par l'explosion de l'espace et la libération de la forme, par le bonheur des hommes dans l'architecture, excessif, paradoxal, il ne pouvait que plaire à André Malraux.

— Quand j'ai appelé mon projet « ville radieuse », raconte-t-il, on m'a dit : « Pourquoi ne l'as-tu pas appelé “ville locomotive” ? » Autrement dit quelque chose de costaud, de puissant, qui marche et qui fonctionne, quelque chose qui débite…

Il s'exalte en parlant, Geneviève le sent encore stupéfait de s'être entendu dire une chose pareille.

— Mais pour moi le mot « radieuse » veut tout dire. Depuis le temps que les critiques s'acharnent après nous et veulent démontrer que nous faisons des villes ennuyeuses, des casernes à la prussienne, ils seront obligés d'analyser la cité radieuse, et ils verront bien qu'elle l'est, radieuse. Voilà ! Et la locomotive, je m'en balance[1] !!!

1. Archives du ministère des Territoires, extrait de l'interview de 1957. Présentation du projet.

Malraux est aux anges. Il aime le ton enlevé de son ami et il part à son tour dans une de ces longues tirades dont il a le secret. Pour des hommes aussi sérieux et aussi cultivés, il y a en eux quelque chose d'enfantin. D'aussi loin que Geneviève le connaisse, et Bernard bien avant elle, en Suisse, Malraux a toujours eu le sens de l'épique. Au premier congrès du RPF à Marseille, elle le revoit à la tribune, s'adressant aux « compagnons » gaullistes, enflammé : « Que les journalistes alignés rigolent, mais je vous appelle à la chevalerie ! »

Les journalistes n'avaient pas ri, Malraux était si imprévisible et ce genre d'appel à « la chevalerie » dans un milieu qui se veut si sérieux, était unique. Alors peut-être même étaient-ils admiratifs, il y a toujours une magie lorsque quelqu'un sort des images convenues.

« C'était comme ça, se souvient Geneviève, peut-être qu'on était très naïfs… mais ça touchait des gens de milieux très différents et de convictions politiques très diverses… on était très intimidés devant lui. Malraux était beaucoup plus intimidant que le général de Gaulle. Je n'arrivais pas à comprendre la moitié de ce qu'il disait alors que j'ai toujours très bien compris ce que disait le général, que tous les Français comprenaient très bien car il avait vraiment le don de se faire comprendre. André Malraux, que vous le lisiez ce n'était déjà pas très facile, et il fallait quelquefois recommencer la lecture une deuxième fois, une troisième même. Ça dépendait, mais quand on l'écoutait, ça allait vraiment très très vite… Il y avait des moments où c'était un peu la panique et où on s'embrouillait dans ses rappels grandioses. Mais il avait une mémoire prodigieuse, une culture formidable et, évidemment, ce n'est pas à la portée de tout le monde. Moyennant quoi il était si gentil, si extrêmement bienveillant qu'il finissait toujours par vous rattraper et on sortait de là en se disant : finalement, je ne suis pas si bête que ça[1]. »

Bernard, discret et peu porté aux grandes envolées, sourit en écoutant ses amis qui parlent maintenant d'une fondation à laquelle Le Corbusier souhaite donner son nom et à laquelle il veut tout léguer pour que son message architectural ne soit pas trahi. Il n'est plus tout jeune, il veut préparer les choses :

— Vous comprenez, mes amis, dit-il, je veux empêcher qu'à ma mort cet actif multiforme ne devienne la proie des huissiers, notaires et prétendants héritiers. Je n'ai plus d'héritier direct. Ma famille, les Jeanneret, s'éteindra complètement par le décès de mon frère aîné, Albert Jeanneret, de moi-même et de mon cousin Rudolf Jeanneret… Ma vie a été faite de contacts intenses avec les besoins de l'époque, de participation à ses luttes… Tout mon actif doit être mis à l'abri et géré par un comité d'amis appartenant à des milieux différents, mais tous compréhensifs de l'effort de ma vie[2].

1. Geneviève de Gaulle *in* « À voix nue : Geneviève de Gaulle-Anthonioz », émission diffusée sur France Culture en 1995.

2. Extrait du testament de Le Corbusier, consultable sur le site fondationlecorbusier.fr

Geneviève comprend où il veut en venir car Bernard est tout ce que Le Corbusier attend d'un ami. Il est fiable, cultivé, droit. Moralement irréprochable. Le Corbusier est venu lui demander de faire partie de ce comité.

La valeur patrimoniale de son œuvre est immense et reconnue dans le monde entier. Il est aussi controversé, ses théories sont remises en question. Mais indéniablement il a contribué au grand mouvement de l'urbanisation moderne, repensée en liaison avec l'environnement et la nature, et en est même devenu le représentant. Il hait les lotissements et entassements d'immeubles qui naissent un peu partout et emprisonnent l'homme. Il a une obsession, faire impérativement entrer dans chaque appartement le soleil et la vue des arbres. Il est aussi le merveilleux créateur de ce qu'on appellera plus tard les « villas blanches ». Des structures légères, immaculées, débarrassées de tout décor, juste fonctionnelles, ouvertes sur la seule beauté qui vaille à ses yeux : la nature. Il envisage sa fondation « comme un être administratif destiné à devenir spirituel, autrement dit une continuation de l'effort poursuivi pendant toute une vie[1] ».

Bernard comprend son inquiétude de voir son travail récupéré ou mal transmis. Il regarde discrètement Geneviève, il a besoin de sentir qu'elle est avec lui. Elle lui sourit, il accepte.

Pourtant, Geneviève prend la mesure de ce que cela signifie concrètement pour eux. La charge de travail et de responsabilités de Bernard n'en sera

1. *Ibid.*

qu'augmentée, et bénévolement. Les réunions pour créer cette fondation, la suivre, les courriers, les problèmes à résoudre ne manqueront pas. Pourtant elle approuve le geste amical de celui qu'elle aime. Et elle ne remerciera jamais assez le ciel qui l'a mis sur sa route. Bernard lui a fait rencontrer le monde de l'art et des artistes à la défense desquels il consacre sa vie. Il est son plus grand cadeau.

22

Ils ont décidé d'aller voir ensemble un film qui ne sera projeté que dans une petite salle du Quartier latin, *Le Chagrin et la Pitié*. Le réalisateur, Marcel Ophuls, enfant durant la guerre, avait suivi ses parents en Espagne puis aux États-Unis et il était revenu en France en 1950. On dit que son film de plus de quatre heures est une « bombe », qu'il révèle la collaboration de certains Français avec l'Allemagne nazie et qu'il remet en cause ce qu'il appelle « la mythologie gaullienne d'après-guerre d'une France libre ».

Geneviève a vécu cette période en France dans la Résistance jusqu'à son arrestation en 1943, elle sait ce qu'elle a vu, et elle sait aussi que la vérité est multiple. Elle a décidé de se faire sa propre opinion du film.

Aussitôt sortie de la salle de cinéma, Geneviève a éprouvé le besoin de se retrouver seule, et de prier. L'église Saint-Séverin est à deux pas. Le film lui a fait mal. Ce qu'elle y a vu n'est pas ce qu'elle a vécu, elle, au contact du peuple français.

«Je voudrais dire combien m'a choquée, et je ne suis pas la seule, un film comme *Le Chagrin et la Pitié*. Ce serait absurde de dire que tous les Français ont été des résistants. Mais la Résistance n'aurait pas existé, elle n'aurait pas pu naître s'il n'y avait pas eu dans le peuple français un consensus très profond. Nous avions sans cesse besoin d'être aidés par la population... Il y a une histoire que j'aime raconter parce qu'elle est exemplaire. À Annecy, il y avait une fabrique de roulements à billes, et elle produisait des petites pièces de métal qui étaient essentielles pour certains chars allemands. L'ordre a été donné à la Résistance de détruire cette usine, et ce fut fait. Et quelques mois plus tard, après que les Allemands eurent fusillé en représailles une cinquantaine d'otages, l'usine a recommencé à marcher et la Résistance a demandé à ce qu'on la détruise une deuxième fois. Il y a eu beaucoup d'hésitations. Ce seraient des centaines d'otages qui seraient fusillés. Alors les résistants ont demandé si ça ne serait pas possible plutôt de la bombarder. L'accord a été donné à condition que l'usine soit balisée, de nuit. Le pari a été tenu. Pendant la soirée, dans toutes les maisons, et c'étaient souvent des maisons pauvres, des maisons d'ouvriers, des résistants sont passés et ont demandé aux habitants de partir. Ils ont fait des ouvertures dans les toits, apporté des lumières les plus fortes possibles, et toute l'usine a été entourée de petites lumières à travers les toits des maisons. Le bombardement a réussi.

Tous ces gens ont accepté de quitter leurs maisons et personne n'a parlé. Tous, pour la Résistance, ont accepté ce sacrifice qui était grand. C'était ça le consensus du peuple français. La Résistance fut un combat auquel ont participé des hommes et des femmes de toutes opinions politiques et religieuses, de toutes les régions de France et de tous les âges… et ces hommes et ces femmes représentent à eux seuls un peuple tout entier qui les soutenait et les comprenait[1]. »

Elle est profondément bouleversée. Les blessures de cette guerre ne sont pas refermées, si on y touche elles saignent encore. À la Libération et malgré toutes les désillusions, croire en son pays et l'aimer tout entier l'a aidée à surmonter beaucoup de douleurs et de doutes. Elle a pardonné et ne pense plus à ceux qui ont mal agi, elle pense à tous ceux qui ont été là pour les aider, elle et ses jeunes amis de « Défense de la France ». Elle pense aussi à son oncle Charles de Gaulle qui, comme tous les hommes, n'est certainement pas parfait, mais qui a redonné à son pays la force et l'envie de croire en l'avenir.

Sous la hauteur des voûtes de l'église, dans le silence et le recueillement, elle s'apaise. Elle prend des distances avec le réel qui la blesse et s'en va vers des mondes que seuls ceux qui croient au ciel entrevoient. Des mondes intimes, spirituels. Elle prie, dans le plus grand silence.

Il fait frais, il fait toujours un peu frais dans les églises. Sa prière terminée, elle remet le gilet qu'elle avait posé sur la chaise près d'elle et s'assied. Elle

1. Geneviève de Gaulle-Anthonioz *in* « La Tribune libre », émission diffusée le 16 juin 1978. Document INA, « Geneviève de Gaulle-Anthonioz : la Résistance ».

aime rester là, de longs moments, sans autre but que de laisser le temps filer. Son esprit vagabonde.

> «Ainsi les lieux sont comme une patrie mystérieuse de l'âme. Dieu permet qu'elle s'y repose un moment comme la colombe de l'arche. Elle y retrouve force et vigueur pour son envol, et le souvenir même en reste béni, plein de grâces[1].»

Le soleil filtre à travers les vitraux et des taches colorent la pierre du sol. Des cierges brûlent dans la pénombre contre l'autel de la Sainte Vierge. Geneviève la reconnaît. Il y avait la même statue de plâtre colorée dans l'église de Lille où, depuis sa petite enfance, elle allait avec sa mère et sa grand-mère. Cette dernière allumait toujours un cierge, «une offrande pour ceux qui souffrent», disait-elle en pensant aux familles qui avaient perdu leurs garçons dans les tranchées de 14. Ses quatre fils à elle en étaient revenus, Xavier, Charles, Jacques, et même le plus jeune, l'aspirant Pierre de Gaulle. Elle se persuadait que la petite médaille du Sacré-Cœur qu'elle leur avait donnée à chacun au moment du départ, y était pour beaucoup. Mais elle mesurait le miracle et s'en sentait redevable pour tous les autres. Geneviève la revoit prier dans la pénombre de l'église, visage entre les mains, pour «la jeunesse de France décimée tragiquement». Son fils Charles lui avait raconté l'agonie

---

1. Geneviève DE GAULLE-ANTHONIOZ, *Lettres à une amie. Correspondance spirituelle*, *op. cit.*

des « pauvres fantassins pris dans les barbelés comme dans des toiles d'araignée ». Les rares fois où il en parlait, il répétait que « le commandement n'avait aucun souci de la vie humaine », et il ajoutait que cette guerre atroce lui avait « laminé l'âme ».

Dans cette église où la pénombre gagne, Geneviève pense à lui, à son amour de la France. Et elle pense aux peuples tout entiers, français et allemand.

23

Geneviève tente de s'organiser pour les jours à venir, entre la maison, les enfants et les rendez-vous, il y a toutes sortes de choses à faire. Elle doit aller à la réunion hebdomadaire de l'association de déportées, courir au plus vite à Noisy parce que le père Joseph lui a fait savoir qu'il avait une nouvelle famille, et parce qu'elle doit faire le point avec Gabrielle sur les dossiers de relogement. Ceux qu'elle a pu faire aboutir, ceux pour lesquels il faut trouver d'autres solutions, et enfin prendre les suivants. Ces incessantes demandes de logement sont pour elle un véritable calvaire. Alors qu'elle n'est que spontanéité, elle doit user de stratégies auprès des différents représentants des organismes concernés, et ne pas solliciter toujours les mêmes personnes pour ne pas les « saturer ». Sa marge est étroite, le père Joseph a parfois l'air de croire qu'il suffit qu'elle dise qui elle est pour que les portes s'ouvrent et que les problèmes se règlent : « Ah mais bien sûr, madame Geneviève de Gaulle, donnez-nous votre dossier, nous nous en occupons, ne vous inquiétez pas. »

La réalité est tout autre. Bien sûr on ne lui ferme pas la porte et on la reçoit avec les civilités d'usage, mais les attitudes sinueuses avec lesquelles elle doit composer en permanence l'épuisent. De perte de dossiers en rendez-vous remis pour raisons « urgentes de dernière minute », de transmission de dossiers à d'autres services dans d'autres ministères, elle navigue dans un véritable labyrinthe. On la reçoit bien, et jamais on ne lui dit « non ». Seulement une fois c'est trop tôt, d'autres fois c'est trop tard. Elle n'est pas dupe, fait avec et ne lâche rien. Geneviève de Gaulle a une arme redoutable : elle n'a pas d'ego. La seule chose qui compte pour elle, c'est d'être efficace. Pour un seul but : aboutir, aider ceux qui ne peuvent pas se défendre et ne peuvent compter que sur elle.

— Je voudrais rencontrer le général de Gaulle, lui demande un matin le père Joseph. Je veux lui expliquer la situation directement.

Elle s'y attendait. Du côté de ceux qu'elle défend, elle doit aussi gérer les rapports, et en aucune façon elle ne se laissera contraindre. Son mental est fort, et ses idées claires. Faire se rencontrer son oncle et le père Joseph dont elle connaît les tempéraments respectifs, pour l'heure ça ne mènerait nulle part. Le père Joseph ne veut pas de dames patronnesses, ça tombe bien, elle n'en est pas une et elle a sa façon de faire pour obtenir de l'aide. Rien ni personne ne fera qu'il en soit autrement, ce serait contre-productif. La pression n'agit pas sur tout le monde.

Elle voudrait bien être la fée Geneviève de Gaulle qui, d'un coup de baguette magique, avec l'aide de son oncle « tout-puissant », donne tout de suite à tous un logement avec de l'eau courante, de la lumière et du chauffage. Et un travail. Autrement dit, le début du paradis. Mais la dure réalité se rappelle à elle plus souvent qu'elle ne le voudrait. C'est-à-dire tout le temps. Appelé au pouvoir pour résoudre le conflit en Algérie, le général de Gaulle est confronté à des difficultés d'un autre ordre. L'armée française n'a pas réussi à venir à bout des nationalistes algériens, le bilan moral et humain est catastrophique. Il doit prendre une décision et en finir.

Depuis plusieurs mois, Geneviève mène un nouveau combat, à la demande de son amie Germaine Tillion : elle informe le général des actes de torture qui sont perpétrés en Algérie au nom de la France. Germaine connaît bien ce pays puisqu'elle a été en mission dans les Aurès au temps de ses études et qu'elle y est repartie à son retour de déportation. Quel que soit le terrain sur lequel elles agissent, l'une et l'autre forment un duo soudé et combatif autour d'une seule chose : trouver le vrai et, surtout, le juste. Faire connaître les réalités dont elles sont les témoins, quel qu'en soit le prix.

C'est sur ce principe qu'elles se sont rendues ensemble à un procès en Allemagne quelque temps auparavant. Germaine était accourue chez Geneviève, consternée.

— Geneviève, il se passe quelque chose qui n'est pas moral… tu dois m'aider. On doit intervenir.

Il lui faut reprendre sa respiration. Geneviève lui tend une chaise.

— Assieds-toi d'abord, tu es tout essoufflée. Qu'est-ce qui te met dans cet état ? Tu veux un café ?

— Non, non merci. Donne-moi plutôt un verre d'eau. Je suis venue dès que j'ai su…

Mise au courant, Geneviève fut aussi consternée que Germaine. On accusait deux anciennes surveillantes de Ravensbrück d'avoir décapité des détenues à la hache. Les deux amies pouvaient en toute certitude affirmer que ce n'était pas vrai. Dans la période où les surveillantes du camp étaient censées avoir commis ces crimes, Geneviève et Germaine étaient là, et ça n'avait jamais eu lieu. Ces deux femmes avaient abusé de leur position de gardiennes, usé de force, donné des coups, proféré des insultes, mais elles n'étaient pas les auteurs de ce dont elles étaient accusées.

— Si nous devons continuer à dire la vérité, a dit Germaine, nous devons aussi la dire quand cela nous coûte. Dire le vrai ne suffit pas, il faut aussi dire le juste.

— Alors on va y aller, approuva Geneviève.

Témoigner à décharge a coûté autant à l'une qu'à l'autre, mais elles partirent ensemble au procès témoigner de ce qu'il en avait été. Parce que pour elles, « c'était le juste ».

De la même manière, quand elle est revenue des États-Unis où elle était allée consulter les archives de Ravensbrück que les Américains avaient emportées avec eux, Germaine s'est à nouveau tournée vers Geneviève.

— Il faut revoir le texte de notre livre[1].

— Tu as découvert des choses ?

— Oui, et au vu de ce que j'ai appris dans les archives, il y a des points à modifier. Je sais que tout

1. Germaine Tillion, *Ravensbrück*, Paris, éditions du Seuil, 1973 et 1988 ; « Points », 2015.

ce qui est allemand ne nous inspire que de l'horreur, mais on doit faire la part des choses.

Geneviève en convint.

— C'est vrai. On a écrit le livre à chaud, on n'avait aucune distance. On doit dire aussi le drame que cette période a représenté pour le peuple allemand.

— Allez, on se remet au travail !

Elles ont revu les points en question, ont été témoigner au procès, et le livre a été réédité avec les modifications (il le sera d'ailleurs régulièrement, à chaque nouvelle information non encore connue précédemment). Dans ces démarches communes, leurs liens se sont encore renforcés. Elles avaient, à ce moment de leur histoire, conscience de former un seul bloc, déterminé et capable de faire bouger les choses. Chacune avec ses points forts. Une compétence d'ethnologue de terrain pour Germaine, une capacité à convaincre et à transmettre les messages pour Geneviève qui possédait une élocution claire et exceptionnelle. Sans compter, bien évidemment, le poids que représentait son « nom ». Ainsi, quand Germaine, repartie en mission en Algérie, avait appelé Geneviève pour qu'elle informe le général de Gaulle des tortures et des assassinats qui s'y déroulaient, celle-ci n'avait pas hésité.

Elle savait que Germaine n'était pas du genre à exagérer les choses. Un jour elle avait appelé, elle n'arrivait plus à parler.

— Geneviève, ils ont tué Mouloud Feraoun… lui qui était si bon, il était en réunion… pour les enfants, dans mon centre social… il a agonisé pendant quatre heures…

Germaine n'a pu aller plus loin, et Geneviève a compris. Grand écrivain algérien, Mouloud Feraoun était né dans une famille de paysans pauvres de huit enfants en Kabylie. Boursier, il avait poursuivi des études et aidait les enfants déshérités du centre social créé par Germaine. Avec six autres inspecteurs du centre, il venait d'être assassiné par l'OAS, persuadée d'avoir affaire à un repaire d'indépendantistes.

Geneviève est sous le choc. Mouloud, comme Germaine, n'avait qu'un souci : les enfants, l'humain. C'est dans ce sens que Germaine avait créé des centres sociaux en Algérie. Pour aider un peuple en voie de paupérisation avec des paysans quittant les campagnes pour s'agglutiner dans des bidonvilles insalubres. Dans les années 30, les paysans vivaient une vie sobre mais décente. Ils avaient leurs maisons, leurs chèvres, ils mangeaient à leur faim. Ce n'était peut-être pas le paradis, encore que, mais c'était en tout cas bien mieux que le bidonville à la périphérie d'Alger où elle les avait retrouvés une vingtaine d'années plus tard, « dans un terrible état de clochardisation ».

— L'évolution et la modernité ont rompu l'équilibre qui avait jusqu'alors permis à tous de vivre. Nous avons inventé les vaccins, c'est très bien. Mais à partir du moment où nous sommes dans une population qui avait pour objectif d'avoir quatre enfants, on en a vingt. On a diminué la mortalité, c'est une qualité. Mais élever vingt enfants, il faut avoir cinq fermes, ou vingt métiers, tu comprends[1] !

---

1. Germaine Tillion *in* Dominique Gros, *L'Honneur de vivre : Geneviève de Gaulle/Germaine Tillion*, Poischiche Films, 2015, INA.

Tout au long de sa vie, Germaine devait trouver auprès de son amie Geneviève une écoute, une confiance absolue et, surtout, une aide concrète. Parce que Geneviève s'engageait. Sans son travail acharné de relais d'informations, beaucoup de combats n'auraient pu aboutir. Bien des causes auraient été perdues.

Quand Germaine lui demanda de contacter à nouveau le général de Gaulle pour lui parler des condamnés du FLN responsables eux aussi de plusieurs attentats meurtriers, elle le fit. Son oncle devait avoir une autre source d'information que celle des militaires français. Germaine était la voix des autres. Tout comme il devait savoir qu'il existait aux portes de Paris des enfants, des mères, des bébés et des pères qui vivaient dans la boue, la crasse, la puanteur, avec pour unique paysage un horizon des tôles rouillées. Et pour unique rempart contre le pire, un père en soutane élimée et une bande de bénévoles presque aussi démunis que lui, bien que pleins d'énergie et actifs.

Geneviève lutta pour les deux causes avec autant de conviction pour l'une que pour l'autre. Parce que c'était « juste », parce qu'il s'agissait de comprendre et, dans les deux cas, d'avoir de la compassion. Elle alla voir son oncle et il l'écouta non pas seulement parce que ce qu'elle disait était vrai, ça, il verrait par lui-même, mais parce qu'elle « parlait vrai », ce qui est essentiel.

C'était un mois de juin, une fin de journée. Le général de Gaulle était dans son bureau. Elle avait frappé à sa porte. Il semblait fatigué, elle l'avait senti tout de suite. Elle avait proposé de le laisser à son travail, mais il avait insisté. Il était heureux de la voir, et ils avaient longuement parlé.

— Dis à ton amie Germaine de me transmettre tout ça par écrit, lui avait-il demandé après qu'elle lui eut exposé les demandes de Germaine. Je lui répondrai, je t'en donne ma parole. Et quant à toi, tu sais que je connais et que j'approuve ton engagement aux côtés de M. l'abbé Wresinski.

— Six années à leurs côtés, mon oncle, m'ont appris comment étaient traitées des familles qui s'exténuent à élever leurs enfants. Que devons-nous faire pour que leurs droits fondamentaux soient effectivement reconnus et que la Déclaration universelle des droits de l'homme ne soit pas un vain mot ? Qui, mieux que vous, peut engager notre pays dans cette voie ? N'est-ce pas la vocation de la France de donner un exemple universel ? N'est-il pas temps de poser les bases d'une société plus juste… de porter la lutte contre la misère sur le terrain politique, et de sortir des ornières de l'assistance ?

La lumière déclinait. Elle ne voulait pas en rajouter, mais elle tenait à lui rappeler des choses qu'elle lui avait déjà dites et, surtout, à les resituer sur son terrain à lui. Le politique. Il était assis à son bureau chargé de dossiers sur lesquels, visiblement, il était en train de travailler quand elle l'avait interrompu. Il ne répondit pas tout de suite. Il alluma la lampe bouillotte de style Empire, classique ornement des bureaux de pouvoir, et un large rond jaunâtre s'étala sur le plateau d'acajou. Sa face en fut aussitôt éclairée et elle put voir l'inquiétude qui barrait son front.

— J'ai toujours en mémoire, reprit-il, ce que tu m'as confié dès ton retour de la déportation. La reconnaissance de la valeur et de la dignité de chaque personne comme de chaque peuple n'a jamais cessé d'inspirer mon action, et nous avons franchi quelques étapes. Il en reste d'autres… tout est toujours à recommencer… Encore faut-il que les Français me suivent[1].

Il l'avait écoutée parce qu'elle ne le mettait jamais en situation de devoir la remettre à sa place. Mais elle tenait la sienne. Leurs échanges étaient dénués de toute démagogie et empreints de respect et de tendresse familiale. Beaucoup de causes doivent sûrement à leur complicité d'avoir abouti.

Ils sont maintenant dans la pénombre, le soir est tombé. Il semble las, il l'embrasse affectueusement.

— Tu vois, Geneviève, lui dit-il alors, j'ai dix ans de trop.

De ce jour elle se souvient encore.

« Cette conversation est un grand moment de ma vie[2]. »

---

1. Geneviève DE GAULLE-ANTHONIOZ, *Le Secret de l'espérance*, *op. cit.*, p. 65.

2. *Ibid.*

24

Le soleil brille sur Paris, Geneviève contemple l'alignement des grands arbres de l'avenue. Tout au long ils arrivent à hauteur des fenêtres et leurs feuillages denses empêchent la lumière de pénétrer à l'intérieur des premiers étages. N'était une clarté plus prononcée, il semblerait dans ces appartements sombres qu'il ne se passe aucun changement d'une saison à l'autre. Or c'est le printemps. Sur l'avenue, les passants marchent d'un pas tranquille, l'arrivée du renouveau provoque chez eux l'envie de ralentir, de profiter de la lumière qui inonde la ville. Sur le trottoir juste en face, Geneviève remarque un couple qui, *a contrario*, marche d'un pas rapide. Ils semblent pressés, parlent et font de grands gestes. Petit, rond, l'homme doit être essoufflé car il s'essuie le front avec un grand mouchoir. À peine Geneviève s'est-elle fait la réflexion qu'elle le reconnaît. Cet homme, c'est Albert Beuret, le directeur de cabinet d'André Malraux. Ils s'engouffrent sous le porche de leur immeuble et quelques secondes après, la sonnerie retentit.

— Ça alors, les Beuret sont là ! Que peuvent-ils bien vouloir ? Ce n'est pas dans leurs habitudes de venir à l'improviste, dit Geneviève à Bernard qui, perplexe, lève le nez des pages étalées sur la table du salon et sur le sol tout autour de lui.

— Tu devrais rassembler ton dossier avant que j'ouvre. Ça fait un peu désordre.

Il sourit, sans intention de rassembler quoi que ce soit. Albert et sa femme Germaine sont des amis et, chez eux, les amis, artistes et autres, viennent sans aucune façon.

> « Dans notre appartement, petit, puisque, nous, on était les quatre enfants dans la même chambre, mes parents étant dans un coin de salon qui se fermait avec des portes-fenêtres, ma grand-mère sur le divan du salon jusqu'à son décès, dans cet appartement, donc, sont venus Chagall, Le Corbusier, André Bodin, Zao Wou-Ki, des artistes, des poètes car ce qu'on oublie souvent c'est que l'engagement des résistants était aussi un engagement avec une envie de faire avancer des réformes, en particulier avec André Malraux qui a eu très tôt l'idée de faire ce ministère de la Culture[1]… »

Albert Beuret avait connu Malraux en avril 1940 au moment de la « drôle de guerre » quand il était caporal des corps francs. À la fin de la guerre, Malraux l'avait emmené chez Gallimard puis au RPF

---

1. Philippe Anthonioz *in* Martin QUENEHEN, « Une vie, une œuvre. Geneviève de Gaulle-Anthonioz, la dignité et l'espérance », *op. cit.*, à 32' 22".

et au ministère. Marié à Germaine, une vendeuse du rayon des gants du Bon Marché, Albert Beuret était un homme d'origine modeste qui vivait avec son épouse dans un simple studio du XVe arrondissement de Paris. Il ne venait ni des beaux quartiers ni des sphères habituelles des milieux de la politique et du pouvoir, et sa place privilégiée au sein du ministère de Malraux en tant que chef de cabinet ne lui valait pas que des amis. Pour Geneviève et Bernard, l'origine sociale n'avait jamais eu aucune importance, ils ne choisissaient pas leurs relations sur ces critères-là. « Geneviève de Gaulle était dans une égalité totale de relation avec les êtres humains[1]. » Signe de leur confiance, Bernard et Geneviève avaient choisi Albert pour être le parrain de leur fille Isabelle. Il en avait été très touché, et c'est à ses amis et à leurs quatre adolescents qu'il pensa le jour où on lui attribua un grand logement de fonction dans l'enceinte des Gobelins.

— On vient d'aller le visiter avec Germaine, expliqua-t-il en recommençant à s'essuyer le front tant il avait sué et marché vite pour leur annoncer la nouvelle.

— L'endroit est très beau, ajouta sa femme encore sous le charme, mais pour Albert et moi l'appartement est bien trop grand.

— S'il vous convient, reprit Albert, on est venus vous proposer de vous le laisser. Germaine et moi on

1. Didier Robert, qui a travaillé plus de quinze ans à ses côtés au bureau d'ATD. Entretien du 21 mai 2015, au couvent des dominicains, à Lille.

s'installe dans le vôtre et vous prenez les Gobelins. Isabelle et les trois garçons auront chacun leur chambre, il y en a suffisamment, vous verrez.

Geneviève les regardait, stupéfaite. Ce qu'ils venaient de dire lui paraissait incroyable. Ainsi ils auraient enfin un logement avec de l'espace ! Chacun des quatre adolescents aurait sa chambre. À leur âge, les conditions dans lesquelles ils dormaient étaient devenues plus que difficiles. Elle n'arrivait pas à réaliser, et Bernard pas davantage. Une fois qu'ils eurent bien compris que l'appartement en question était un appartement de fonction appartenant à l'État, ils acceptèrent l'échange, avec un immense soulagement. De la place pour tous ! Enfin ! À une condition, ils paieraient le loyer. Les formalités administratives suivirent et les Beuret quittèrent leur petit studio de la rue Félix-Faure pour s'installer avenue Rapp tandis que Geneviève et Bernard emménagèrent en famille aux Gobelins. Avec une immense joie !

Grand édifice clos du XVIIe siècle, les Gobelins, site sur lequel avait été construite au cœur de Paris la célèbre manufacture de tapisseries, avaient un air de grands ensembles conventuels. Il y régnait une atmosphère à part. Une fois passé le grand portail, on était ailleurs. Les bruits de la ville arrivaient étouffés, c'était comme une campagne. Les hautes fenêtres de l'appartement ouvraient sur la lumière qui entrait à flots, l'air circulait entre les pièces, un long couloir ouvrait sur des portes. Les enfants étaient au paradis. Il serait certainement difficile, voire impossible, de chauffer durant les rudes mois d'hiver, mais on se couvrirait. Les pulls de laine et les grosses chaussettes, ça devait servir. L'espace, la lumière, c'était irremplaçable. Et puis, il y avait tout autour d'eux, dans cette enceinte à part, une ambiance unique propre aux lieux de création et d'artisanat, avec la présence de la manufacture et de ses artisans qui rénovaient les grandes œuvres de la tapisserie française et du mobilier national. Un lieu exceptionnel de paix et de concentration maintenant des savoirs traditionnels où la main de l'homme restait au cœur du travail.

Geneviève aime côtoyer ces hommes et ces femmes attachés à faire de la « belle ouvrage », comme on disait dans le temps. Elle aime aussi marcher dans les allées pavées, sentir vivre la pierre, entendre le marteau des artisans, le rabot des menuisiers. En ces lieux, tout semble échapper à la gravité du monde qui se trouve juste de l'autre côté des murs de l'enceinte.

Le hasard veut qu'au moment où ils arrivent aux Gobelins, un artiste peintre ami, Marc Chagall, soit déjà installé à demeure dans les ateliers d'un des bâtiments. Et ce dans le plus grand secret. Car on est au cœur de l'affaire du plafond de l'opéra Garnier qui enflamme les esprits du milieu parisien depuis que Malraux a demandé au peintre de réaliser un nouveau plafond. Il trouvait celui réalisé par Jules Lenepveu au XIXe siècle, trop académique avec ses représentations mythologiques et ses inévitables muses. À son avis, il fallait « dépoussiérer ». Mais les propositions vivement colorées de Chagall ont provoqué une levée de boucliers. Jugées anachroniques et artificielles, elles révulsent les puristes. L'affaire a pris une dimension politique car il y a des mouvements sociaux à l'Opéra et le coût de l'opération arrive au mauvais moment. Pour autant Malraux n'en démord pas, il s'agit pour lui de donner la pleine mesure du rôle d'un ministre de la Culture. L'art doit contribuer au rayonnement international de la France. Il décida donc de passer outre et de faire travailler Chagall en secret sur une immense toile qui serait tendue sur l'ancien plafond. Si nécessaire et pour apaiser les esprits, il suffirait d'enlever la toile pour retrouver, intacte, l'ancienne peinture. Chagall réalisa une quantité d'esquisses et de maquettes puis s'attaqua aux multiples panneaux qui devaient constituer un ensemble de toiles amovibles de deux cent quarante mètres carrés. Un défi magistral ! Enfermé aux Gobelins, le peintre accomplissait son œuvre, un hommage à la musique, à quatorze compositeurs et à leurs œuvres. L'arrivée de son ami Bernard, de Geneviève et des enfants fut pour lui une bulle d'air inespérée.

> « Il arrêtait de peindre vers midi et il venait souvent à la maison, déjeuner avec nous. Il faisait partie de la famille. On était habitués à voir des artistes. Beaucoup étaient des amis de mes parents et ils passaient à la maison, maman n'hésitait jamais à dresser la table[1]. »

C'est un lundi matin, ils sont tous allés à la campagne passer le week-end et Geneviève a rapporté des branchages cueillis çà et là, une branche de mûres, des fougères, des feuilles de glycine, des baies trouvées dans la haie et quelques gueules-de-loup roses

1. Isabelle Anthonioz-Gaggini, entretien avec l'auteure.

du jardin. Elle savoure à l'avance son plaisir d'en faire un bouquet pour l'appartement et ce matin elle les dispose avec soin, se reculant, jugeant de l'effet du mélange, disposant mieux la branche des mûres, puis la fougère, de façon à équilibrer les reliefs et les formes. Son bouquet est magnifique de fraîcheur et de naturel. D'invention. Il respire la campagne, la nature, la beauté des choses simples. Venu déjeuner, Chagall ne s'y trompe pas.

— Quel merveilleux bouquet ! Geneviève, vos bouquets sont toujours si beaux. Vous permettez que j'en fasse des croquis ?

Elle sourit et lui demande s'il compte changer de sujet pour son plafond.

— Pas vraiment, mais vos bouquets m'inspirent. Je les disposerai dans mon œuvre. Ils y apporteront beaucoup. Venez voir dans quelques jours, je vous montrerai, en ce moment, je finis le panneau du *Lac des cygnes* et je travaille sur celui de Mozart. D'ailleurs, je voulais demander à Isabelle la permission d'emprunter son tourne-disque. Dans quelques jours, quand j'aurai avancé un peu plus, j'aimerais écouter *La Flûte enchantée* dans l'atelier tout en regardant mon travail. Je me fredonne l'air mentalement, mais l'écouter en vrai, ce sera quand même mieux.

Chez Geneviève et Bernard, la musique a une place importante et on entend souvent les grandes œuvres du classique ou les chants cisterciens que Bernard aime tant. À la radio, car il n'y a chez eux aucun tourne-disque pas plus que de télévision. Mais leurs jeunes adolescents ont maintenant leurs propres goûts musicaux et, grâce à son parrain Albert qui lui a offert un petit appareil de marque Teppaz, Isabelle a la chance de pouvoir poser ses propres disques. S'en séparer lui coûte, mais comment refuser à Chagall ? Elle accepte et, la semaine suivante, avec sa mère, au retour du lycée, elles décident d'aller le voir et de lui porter le Teppaz. Quand elles arrivent à l'atelier, elles le trouvent assis sur une chaise au beau milieu d'une grande toile parsemée de personnages. À soixante-dix-sept ans, les longues stations debout pour peindre de telles surfaces lui sont impossibles. Absorbé, il ne les a pas entendues venir, et elles en profitent pour admirer. Sur un fond jaune d'or, des danseuses en robes de couleur tournoient, un grand cygne blanc replie ses ailes contre une jeune fille au bord d'un lac bleu. Elle écarte les bras comme pour embrasser le monde entier et elle tient entre ses mains un bouquet. Geneviève sourit de plaisir, elle reconnaît le sien. Chagall n'avait pas menti, ses bouquets de graminées, de marguerites et de toutes sortes de fleurs orneront le plafond de l'opéra Garnier. Tout autour, çà et là, il a des oiseaux, une lune. Tout semble voler.

Le peintre a senti une présence dans son dos, il s'est retourné, inquiet. Isabelle lui montre son Teppaz et le visage de l'artiste se détend, il va pouvoir écouter Mozart en situation, il rayonne.

— On croit que je n'aime que le violon et la musique klezmer, dit-il en se levant de sa chaise et en les rejoignant. Mais ce n'est pas vrai. Je suis un grand amateur de musique classique. Surtout celle de Mozart.

Isabelle est contente pour lui car elle l'aime beaucoup, mais elle ne peut s'empêcher de penser à ses disques à elle qui resteront muets durant le temps qu'il faudra au grand peintre pour terminer son œuvre.

— Approchez, dit-il, là, je mettais juste les dernières touches au *Lac des cygnes*, maintenant on va installer le tourne-disque et écouter Mozart près de mon panneau sur *La Flûte enchantée*. J'ai bien avancé mais ce n'est pas terminé. Il me manquait la musique. Merci Isabelle !

Isabelle a de jolis cheveux souples qui tombent autour de son visage doux. Elle ressemble à sa mère et, en les voyant là, l'une près de l'autre, si délicates, Chagall se dit qu'il ferait bien leur portrait. Mais son œuvre l'accapare. Elle n'attendait que le tourne-disque d'Isabelle, et la musique. Sur fond d'un ciel bleu profond, Geneviève et sa fille la découvrent. Un ange à tête d'homme et d'oiseau tient dans son bec une flûte rouge. Il vole. Isabelle a branché le tourne-disque et, délicatement, elle y a posé le disque de Mozart. Petit à petit, la musique emplit l'espace. Ils sont là tous les trois, immobiles, éblouis. Émue, Geneviève regarde sa fille et lui prend la main. Une voix s'élève, pure, c'est l'air de *La Reine de la nuit*. Le regard de Geneviève se perd dans l'immense toile. La musique a toujours eu sur elle une forte résonance. Au camp, tel le tourne-disque d'Isabelle, sa mémoire diffusait dans son cerveau celle qu'écoutaient ses parents, celle entendue dans la maison de Lille, et, surtout, celles des églises. Leur souvenir harmonieux était une puissante source d'évasion.

La nuit est tombée depuis longtemps déjà. Alors que les enfants et Bernard sont plongés dans un profond sommeil, Geneviève n'arrive pas à dormir. Elle se lève, ouvre la fenêtre de sa chambre et contemple le ciel. Un air frais passe sur son visage. Les Gobelins sont endormis, comme les enfants, et la nuit est bleue avec des milliards de petites étoiles perdues dans l'espace infini. Elle revoit l'émerveillement d'Isabelle dans l'atelier de Chagall, et elle en est touchée. Elle a pu se rendre compte en diverses occasions que ses enfants sont particulièrement sensibles à la beauté du monde et des choses. Elle espère avoir bien agi avec Bernard en les guidant sur ce chemin-là plutôt que sur celui que l'époque valorise, la voie de la compétition, de la conquête, de l'argent. Elle se reproche de leur avoir « volé » trop de temps avec ses occupations, de donner beaucoup ailleurs, et peut-être moins à eux. Sans jamais rien en laisser paraître, elle culpabilise souvent ! Mais qu'aurait-elle dû faire ? Ne pas entendre l'appel de ceux qui ont besoin, laisser ceux qui n'ont rien à leur sort d'errants ou de misère ? Qu'auraient dit ses enfants si elle avait été de ceux-là, de ceux qui ferment et les yeux et le cœur ? Qui s'occupent de se constituer un patrimoine et d'amasser des biens plutôt que de partager, de s'engager ? Car, « quelle liberté pour celui qui se détourne de la voie commune, qui a une autre cause à servir que de gagner de l'argent, de faire une carrière ! Ceux-ci ne sauront jamais le bonheur de se détacher du peloton, même si c'est pour le plus humble service[1] ».

---

1. Geneviève DE GAULLE-ANTHONIOZ, *Le Secret de l'espérance*, *op. cit.*, p. 89.

Parfois cependant une mélancolie la rattrape, car si elle a décidé une fois pour toutes de mener le combat avec les plus pauvres, elle sait que son milieu ne lui pardonnera pas aisément de s'être approchée d'eux. Son intuition lui dit que la note de son engagement sera chère et que ses enfants la paieront aussi.

Au bout de l'allée pavée, en contrebas, deux silhouettes apparaissent et viennent interrompre le cours de ses pensées. C'est un couple, ils sont jeunes, seuls au monde, et ils marchent à l'amble en chuchotant. Juste au moment de passer sous ses fenêtres, de façon tout à fait inattendue, la jeune fille éclate de rire. Son compagnon a dû dire quelque chose d'amusant. Justement pour ça, la faire rire, lui faire plaisir. Il gesticule en parlant, content de son effet, et elle rit encore lorsqu'ils s'éloignent. Il a dû en rajouter.

Geneviève est émue de les voir si complices. Ils sont si jeunes, si confiants.

25

Très vite cette année-là, l'été a succédé au printemps, étouffant. Sous les igloos, dans la chaleur torride, on crève de chaud. La tôle est brûlante, une véritable plaque de four, il vaut mieux ne pas y poser les mains. Impossible de rester dedans, et dehors on ne sait plus où se mettre. Aucun arbre, aucun bâtiment pour se réfugier sous une ombre protectrice, rien. Que la terre battue, sèche, nue, qui se craquelle de partout et ouvre de larges fissures. Les enfants courent à moitié nus et dans les familles on en vient à souhaiter l'hiver. Comme si d'une saison sur l'autre, les habitants du camp oubliaient. Se leurrant à propos du passé pour mieux supporter le présent, imaginant chaque fois que la saison à venir serait plus supportable que la précédente. Geneviève découvre cette capacité permanente qui est la leur d'espérer, à travers les enfants, ou à travers les saisons. Et en traversant le camp pour se rendre au bureau du père Joseph, elle se pose chaque fois la même question : « Dans ce lieu, tant de souffrances ont été accumulées, tant d'espérances ont sans cesse resurgi ! D'où vient cette force des pauvres, de recommencer tous les jours[1] ? »

Le père Joseph ne se berce pas d'illusions et il anticipe, il sait que l'hiver venu, ce sera encore pire. Comme chaque fois et même pire d'année en année car le camp est de plus en plus vétuste. La pluie, le froid et le gel ravineront les sols, le vent glacial s'infiltrera dans le moindre interstice entre les tôles et à l'intérieur il fera encore plus froid qu'à l'extérieur. Aucun répit. L'hiver lui donnera raison. Il va être le cadre d'un drame.

Aux premiers froids on a résisté, comme d'habitude. Dans les igloos, on a enfilé tout ce qu'on a pu se mettre sur le corps et on a serré les dents. Mais quand le thermomètre a commencé à passer au-dessous de zéro, on a calfeutré au maximum, glissant entre les tôles des cartons et des vieux journaux pour faire écran, roulant de vieux chiffons sous les portes. On a fait feu de tout bois pour se réchauffer, on a ratissé alentour tout ce qu'il était possible de brûler et d'enfourner dans les poêles. Et l'accident est arrivé. Le feu a pris dans un igloo durant la nuit. Dès qu'elle l'a su, Geneviève est accourue. Les habitants étaient rassemblés et ils regardaient l'igloo encore fumant. Les mères pleuraient en se tenant les mains, l'une d'elles criait, hurlait. Le père Joseph, aidé des habitants, jetait encore de l'eau sur l'igloo pour éteindre les dernières flammes. Le feu avait pris en pleine nuit pendant que ses habitants serrés les uns contre les autres s'étaient endormis d'épuisement. Ils avaient mis leurs deux petites filles au plus près de la chaleur du poêle pour les protéger au mieux.

1. *Ibid.*, p. 76.

En fait, elles ont été les premières atteintes, impossible de faire quoi que ce soit. Elles ont été brûlées vives. Josiane était un bébé de un an, et Gisèle avait cinq ans. Les petits corps calcinés avaient été extirpés du brasier et on les avait posés devant l'igloo.

« Bouleversés en les voyant, traumatisés par leurs petits membres ratatinés, les gens disaient : "On crèvera tous comme ça. Par la faim et le froid[1]." »

Traumatisé, le père Joseph avait organisé des funérailles d'une infinie sensibilité. Tous les habitants étaient autour de lui et des parents, soudés, solidaires. Le ciel était d'un gris de cendres, les visages graves, abîmés de malheur. Toute petite, Geneviève est au milieu d'eux :

« Je me souviens très bien de ce jour-là, ça m'avait beaucoup marquée. Il ne faisait pas beau, nous étions serrés les uns contre les autres et j'ai senti autour de moi cette odeur que j'ai bien connue quand j'étais au camp de Ravensbrück. L'odeur de corps qui ne sont pas très bien lavés, de vêtements qu'on n'est pas arrivé à faire sécher. C'était une odeur que je connaissais, un petit signe qui a beaucoup compté pour moi. Je me suis sentie alors très très proche de tous ces habitants du camp[2]. »

---

1. Francine de la Gorce *in* Claire JEANTEUR, *Le Camp de Noisy*, *op. cit.*

2. Geneviève de Gaulle *in* Claire JEANTEUR, *Le Camp de Noisy*, *op. cit.*, à 44' 45".

Le père Joseph est abattu comme rarement.

— Vous voyez le délabrement de ces igloos, ils sont pratiquement inchauffables. Il faudrait faire une campagne pour obtenir du charbon pour cet hiver, on pourrait éviter les grandes catastrophes[1].

— Je sais qui peut nous aider !

Geneviève vient de penser à une journaliste, Clara Candiani, qui a depuis plusieurs années une émission sur France Inter très écoutée, « Les Français donnent aux Français ». Elle appelle les auditeurs à aider ceux qui se trouvent dans une passe difficile, ceux qui en ont besoin. La démarche est très encadrée, les dons suivis jusqu'au bout. Clara Candiani fait un travail remarquable mais Geneviève s'inquiète. Le style caritatif de la démarche ne va pas plaire au père Joseph dont le leitmotiv, rabâché en toutes occasions, reste obstinément le même : « Ne demandez pas, ne mettez pas votre misère en avant. Faites par vous-même. »

Seulement les circonstances sont exceptionnelles. Alors cette fois, il donne son accord tout en prévoyant immédiatement la mise en place d'un système qui coupe court à l'assistanat.

— Les dons iront directement au vendeur de charbon et les habitants l'achèteront au tiers de son prix. Ils seront responsables de leur consommation et de la gestion du charbon donné.

Cet hiver-là, l'appel de Clara Candiani a été entendu au-delà de leurs espérances et le charbon a afflué. Mais qu'en sera-t-il l'hiver suivant ?

---

1. *Ibid.*, à 39' 55".

La leçon a été terrible, et Geneviève comprend de mieux en mieux la démarche dans laquelle s'inscrit le père Joseph.

« Il ne faut pas se contenter d'ouvrir des brèches, c'est des murs qu'il faut faire tomber[1]. »

Pousser les portes, les fracasser même s'il le faut, les unes après les autres, obstinément. Ne plus jamais laisser tranquilles dans leurs bureaux chauffés ceux qui sont le bras technocratique de la société, ceux qui courent après l'argent et applaudissent le cynisme, et trouver du soutien parmi les hommes et les femmes de ce pays qui n'ont oublié ni le véritable sens de la vie ni la fraternité qui relie les hommes. Et c'est parce qu'ils sont là, plus nombreux et forts qu'on ne le dit, que Geneviève va engager dans les années suivantes un combat féroce et ininterrompu.

Parce que « là où la société imagine de dangereux éléments, habiles à profiter de la manne publique et se complaisant dans l'ordure, Geneviève a rencontré des familles qui cherchent à rester debout[2] ! »

Pour ceux-là, pas d'actions d'éclat, de celles qui font les héros et les héroïnes auxquels elle ne croit pas. C'est en équipe, la petite équipe du père Joseph, et celle occasionnelle de ses amis artistes prêts à donner des œuvres pour décorer le foyer des mères du camp, qu'à la présidence d'ATD, devenant ATD Quart

1. Geneviève de Gaulle-Anthonioz, Journal télévisé de 20 heures de France 2, 18 décembre 1994.

2. Frédérique NEAU-DUFOUR, *Geneviève de Gaulle-Anthonioz. L'autre de Gaulle*, *op. cit.*, p. 238.

Monde, pendant près de quarante années, Geneviève va monter des dossiers, soutirer des informations, ouvrir les portes et appeler les consciences. Dès les premiers temps, celle d'un homme va répondre au-delà de tout ce qu'elle croyait pouvoir attendre. Véritable et digne serviteur de l'État, Paul Feuilloley a succédé un beau matin à l'ancien sous-préfet qui fuyait et se défaussait. Alors qu'il avait été jusqu'ici impossible de faire avancer le moindre dossier, avec lui tout a changé. Dès la première réunion, le ton était donné. Paul Feuilloley a convoqué tout le monde, les représentants des postes et télécommunications, d'Électricité de France, les services de la voirie, la direction des Affaires sanitaires et sociales, les directeurs d'école. Personne n'a été oublié. Grand, mince, simple et élégant, il a pris la parole d'une voix ferme.

— Cette réunion est la première d'une série. Il y en aura tous les quinze jours avec vous tous. Nous avons des problèmes à résoudre et nous allons les répertorier un à un. Aujourd'hui. Puis les coucher par écrit, service par service. À la réunion suivante, on récapitule. Vous me direz ce que vous avez fait et comment vous avez résolu le problème. Étape par étape et ainsi de suite jusqu'à ce qu'ils soient tous résolus. Allons-y, on commence…

Et il avait ouvert son carnet, pris son stylo et interpellé le premier près de lui, les Affaires sociales.

— Alors, on commence par quoi ?

Un vent de stupéfaction avait soufflé sur la petite assemblée peu habituée à entendre un discours aussi bref et aussi précis. L'ancien représentant de l'État noyait le poisson dans un dédale de périphrases confuses et de considérations inabouties. Quasiment seule femme dans cette assemblée d'hommes en costume sombre et cravate, assise près de Paul Feuilloley, Geneviève n'en croit pas ses oreilles. Elle ne saurait dire pourquoi mais elle le sent, non seulement cet homme fera ce qu'il dit, mais il ira jusqu'au bout.

C'est un miracle, qui eut lieu. Comme annoncé, les réunions se succédèrent tous les quinze jours, puis quand les problèmes furent en partie résolus, il y en eut tous les mois, puis tous les deux mois. Avec méthode et efficacité, la période de mobilisation sous le contrôle de cet homme exceptionnel dura plus de quatre ans et elle fut « extraordinaire ».

> « Ça, c'était un grand exemple. Il a montré ce que peut réellement faire un responsable des pouvoirs publics quand il a conscience du rôle qui lui est donné[1]. »

Hélas, on ne trouve pas des Paul Feuilloley tous les jours. Et au plus haut niveau de l'État les déceptions furent parfois très grandes.

Pourtant, marche après marche, les choses avancent. D'un combat l'autre, le mouvement d'ATD prend de l'ampleur. Il dispose de bâtiments à Pierrelaye dans un ancien relais de poste, d'une salle à Paris près de la Mutualité, et ses membres sont de plus en plus nombreux. Pour tout cela, au nom de ce qu'elle appelait « l'espérance », selon la définition de Georges Bernanos, qui est un choix et non un acquis,

---

1. Geneviève de Gaulle *in* Claire JEANTEUR, *Le Camp de Noisy*, *op. cit.*

Geneviève a su faire le chemin et, quand il le fallait vraiment, mettre de côté une fierté familiale et personnelle qui lui était pourtant si chère.

«Il ne faut pas croire que s'appeler Geneviève de Gaulle au tout début de sa présidence d'ATD lui a ouvert toutes les portes. Pas du tout. Elle a des fois été mise dehors après des rendez-vous avec les pouvoirs publics et, moi aussi, je l'ai vécu, et j'ai aussi vécu avec elle des rendez-vous où, pour être clair, à la sortie on n'avait rien obtenu[1].»

Geneviève fait la part des choses, mais elle est lucide.

«Je n'ai jamais été maltraitée comme le père Joseph l'a été. Dès les premières années, il disait qu'être proche des très pauvres c'est se compromettre avec eux. J'ai commencé à comprendre ce qu'il voulait dire. Se compromettre avec les plus pauvres de la société, c'est accepter de prendre des risques dans son travail, dans son milieu, d'être rejeté à son tour, mal vu à cause de son engagement aux côtés de ceux qui sont montrés du doigt[2]…»

Garder la tête haute, Geneviève y est arrivée, toujours. Comme lors d'une réunion avec une ministre sur un sujet chez elle ultrasensible : le placement des

1. Didier Robert, entretien de Lille, 21 mai 2015, à 12' 05".
2. Caroline Glorion, *Geneviève de Gaulle-Anthonioz*, *op. cit.*, p. 85.

enfants de familles démunies. Faut-il faciliter l'adoption ou soutenir les parents en difficulté ? Telle était la question au cœur de cette rencontre. Que l'on permette à des organismes officiels d'arracher des enfants à leurs familles, non pas pour des raisons de maltraitance mais pour des raisons de pauvreté, révulsait Geneviève au-delà de tout. Elle voulait se faire entendre, elle le devait à ces familles qui n'avaient qu'elle pour faire le lien avec les sphères décisionnaires.

— Je vais vous raconter une histoire, madame la ministre, dit-elle à un moment de la réunion, c'était un soir, une fin de journée. J'étais chez moi. Je finissais de préparer le repas. Avec les enfants, j'attendais le retour du travail de mon mari. On a sonné, à cette heure je me demandais qui pouvait bien venir. J'ai ouvert. C'était la concierge, elle m'apportait une lettre, j'ai tout de suite reconnu l'écriture du père Joseph. « Toutes mes excuses, madame Anthonioz, m'a dit la concierge, mais le facteur l'avait mal glissée dans votre boîte aux lettres et elle était tombée. Je voulais vous la porter plus tôt mais je n'ai pas pu. J'espère que ça n'est pas urgent. » Heureusement, continue Geneviève, ça ne l'était pas. Du moins, pas urgent comme on l'entend, pas à régler dans l'heure. Mais en fait, quand je l'ai lue, j'ai su que ce courrier était de l'urgence la plus absolue…

Concentrée, la ministre se redresse, elle se demande ce qu'il pouvait bien y avoir dans cette fameuse lettre pour que Geneviève de Gaulle lui en fasse le récit.

— Le père Joseph m'écrivait que la veille, une ambulance était venue au camp des igloos…

« Une ambulance vient de se garer sur la rue Jules-Ferry, le long du camp. Une ambulance ! Ça alors ! Une habitante du camp, Jeannette, est intriguée. À l'intérieur, deux hommes, l'un en sort et s'avance vers elle, un papier à la main.

— Bonjour madame, je viens chercher une habitante. (Il lit son papier.) Mme I., vous connaissez ?

Jeannette est méfiante, comme ils le sont tous quand un inconnu de l'autre monde s'approche du camp. Mais cette fois ce sont deux hommes en blanc dans une ambulance, alors elle se dit que ce doit être du sérieux, qu'il a dû se passer quelque chose.

— Qu'est-ce que vous lui voulez, à Simone ?

— Son mari a eu un accident. Il s'est blessé au travail, et on vient la chercher avec ses enfants pour l'accompagner à l'hôpital.

Sous le choc de la nouvelle, Jeannette lâche sa bassine qui tombe au sol en éclaboussant tout alentour et elle porte les mains à son visage :

— Mon Dieu ! René a eu un accident ! Ça alors, il ne lui manquait plus que ça à la pauvre Simone ! Venez vite. Je vous y emmène. Elle habite de l'autre côté, au fond du camp. Faites attention, il y a encore de la boue des dernières pluies, là-bas l'eau stagne longtemps. C'est toujours à l'ombre.

L'infirmier regarde de tous les côtés. Nulle part il ne voit le soleil, mais du bazar, partout. Des vélos à moitié rouillés ou en partie désossés, des cageots empilés, des vêtements qui pendouillent sur des fils et une marmaille éparpillée qui se mouche et les regarde passer avec de gros yeux ronds. Même les quelques plantes que des mains attentives ont installées devant les portes d'entrée semblent résister à l'envie de fleurir en un pareil endroit. Devant lui Jeannette court plus qu'elle ne marche, bouleversée. Simone a cinq enfants et s'il est arrivé quelque chose de grave à son mari, c'en est fini pour elle. Comment va-t-elle faire avec les petits ? Déjà qu'ils sont les plus pauvres du camp !

— Voilà, on y est.

L'ambulancier s'avance vers ce qui fait office de porte et qui est en réalité un assemblage de planches mal jointes. Il frappe tout en se demandant si sous le choc elles ne vont pas s'effondrer à ses pieds. Mais non, la porte s'ouvre. Simone n'a pas d'âge et l'intérieur de son igloo est… impossible à décrire car il n'y a rien, et il y a de tout. Des choses informes posées au sol, pas de meubles, rien de rien, juste des sacs. Mise au courant de la situation, affolée et terriblement inquiète, Simone récupère ses petits dont certains traînaient à l'extérieur. Aidée de Jeannette et de ses voisines, elle les attife tant bien que mal avec des habits prêtés par les unes et les autres. Toutes ont donné ce qu'elles avaient de mieux. Les petits doivent être bien mis pour aller voir leur père à l'hôpital.

La ministre attend, elle ne comprend pas le sens de ce récit. Geneviève reprend :

— Savez-vous, madame la ministre, comment s'appelait cet hôpital ?

— Non, bien sûr. Comment voudriez-vous que je sache !

— Il s'appelait « le commissariat ». C'était un commissariat.

La stupéfaction se lit sur le visage de la ministre. Que vient faire un commissariat dans ce récit ?

En fait, le père Joseph écrivait à Geneviève qu'estimant le milieu familial des enfants trop pauvre pour qu'ils puissent s'y épanouir, les services sociaux avaient décidé de les enlever à leur famille de toute force. Pour éviter qu'il n'y ait une échauffourée en envoyant les assistantes, ils avaient dupé la femme et les habitants du camp en montant cette triste mascarade. C'est dire la surprise de Jeannette et des femmes du camp lorsqu'elles ont vu, en fin de journée, Simone revenir dans la poussière par l'allée des Jonquilles. Elle était seule, en larmes, défigurée par le chagrin. Entre deux hoquets, elle leur explique que René n'a eu aucun accident, qu'on lui a pris ses enfants et qu'elle ne sait pas où ils sont ni quand elle va les revoir. Elle était revenue à pied, par ses propres moyens. Les femmes sont consternées, elles n'y croient pas. Comment des services officiels ont-ils pu mentir à ce point ? Comment a-t-on pu leur faire ça ! Issus de l'Assistance publique, Simone et René aiment leurs enfants et aucun habitant du camp ne peut dire les avoir vus ne serait-ce qu'une seule fois maltraiter l'un d'eux.

Le soir, seule devant son igloo face à la nuit noire, Jeannette est effondrée. Elle a cru aider Simone, elle n'a rien vu venir.

> « Jeannette, qui a connu les pires épreuves, dont le retrait de ses enfants, et qui se bat maintenant pour soutenir les autres familles… Je voudrais savoir ce qui l'a déterminée à dépasser son écrasante situation, à devenir,

et avec quelle force, l'expression du courage et de la dignité[1]. »

— Faire croire à une pauvre femme qu'on va à l'hôpital et la conduire au commissariat ! Vous vous rendez compte, reprend Geneviève. Ce qui s'est passé là est innommable et me rappelle les plus déchirantes heures des camps nazis. Le mensonge pour duper les familles juives et tziganes, les enfants qu'on arrachait à leurs parents et qui ne les ont jamais revus. Je croyais ne plus jamais assister à une pareille atrocité. Le placement brise les familles, c'est ce qu'il y a de pire.

La ministre est un peu sonnée par ce qu'elle vient d'entendre. Que répondre ?

— La grande hantise des pauvres, madame la ministre, précise alors Geneviève, c'est qu'on prenne leurs enfants. Je vous le demande, il faut soutenir les parents en difficulté, au lieu de favoriser l'adoption et le placement.

La ministre écoute mais elle aussi est contrariée. Les services sociaux qu'elle représente ne sont peut-être pas parfaits mais, selon elle, ils font au mieux. Et si leurs méthodes ne sont pas toujours très orthodoxes, leur souci est de mettre les enfants à l'abri.

— Ce sont des professionnels habitués aux pires situations. Ils savent ce qu'ils font pour ce qu'ils estiment être le bien des enfants, répond-elle à Geneviève. Bien souvent, ils les sortent de conditions

1. Geneviève DE GAULLE-ANTHONIOZ, *Le Secret de l'espérance*, *op. cit.*, p. 77.

de vie épouvantables et s'ils ne le faisaient pas, on les accuserait de négligences graves.

Protéger des enfants maltraités, oui, enlever des enfants à leurs parents uniquement au motif qu'ils sont pauvres, non. Voilà pourquoi Geneviève ne partage pas ce point de vue. Porté par des personnes au quotidien confortable, le jugement est violent et injuste. Depuis le temps maintenant qu'elle côtoie ces familles et en parle avec le père Joseph et son équipe qui sont les mieux placés pour avoir un avis, elle est sûre que la solution n'est pas là.

> «La loi est telle qu'il n'existe pas de prise en charge pour une famille en péril financier. En ce cas la seule réponse qu'on leur fait est la dispersion, enfants et parents séparés cruellement, souvent pour toujours[1].»

Les services sociaux et les associations ont tendance à mettre tout sur le même plan et donc à utiliser les mêmes méthodes quelle que soit la situation. Voilà pourquoi Geneviève court de réunions en réunions, interpelle les pouvoirs. Pour que plus jamais une pareille scène ne puisse se reproduire.

La ministre entend bien la nuance que Geneviève introduit entre «maltraitance» et «pauvreté». Mais pour elle il y a la politique, à ne pas oublier. Les associations d'adoption sont puissantes et savent se faire entendre. Difficile de passer outre sans se les mettre à dos.

---

1. *Ibid.*, p. 71.

— Vous savez quand même tout ce que disent à ce sujet les associations de parents adoptifs, vous connaissez leur point de vue ! dit-elle comme pour s'excuser à l'avance de la position qu'elle pourrait être amenée à prendre.

Geneviève n'en croit pas ses oreilles et se demande si elle a bien entendu. Elle se lève, blême, et la regarde droit dans les yeux.

— Mais, madame la ministre, est-ce qu'on fait de la politique en fonction des lobbies, ou en fonction de ses convictions[1] ?!

Les partis, les groupes de pression qui obligent les hommes à prendre des décisions qui vont à l'encontre de leurs convictions et à trahir leur propre morale, pour Geneviève c'est le plus inacceptable des asservissements. Car c'est par lui que des milliers d'hommes en ont mis des milliers d'autres dans des fours, et c'est par lui que le monde se déshumanise sans se sentir ni coupable ni concerné.

1. Didier Robert, entretien de Lille, 21 mai 2015.

26

La rue Mouffetard est en pleine activité. Au cœur du Quartier latin, c'est une des rues les plus anciennes de Paris, autrefois rue des mégissiers, des cordonniers et des blanchisseurs. Ses artisans ne sont plus là mais elle regorge de vie, de boutiques remplies d'objets surprenants et de petits restaurants à touristes. Geneviève aime sa vitalité, sa gaieté, mais aujourd'hui elle ne s'attarde pas. Elle se rend à l'église Saint-Médard, tout en bas. Elle a besoin d'isolement, de calme, l'histoire de Simone l'a anéantie et les journées se succèdent avec toujours un nouveau problème à résoudre, un nouveau combat, une nouvelle famille à sauver, un responsable de ministère à convaincre. Elle a le sentiment de remplir un puits sans fond et elle sent bien qu'elle y laisse sa santé et sa vie de famille. Ses enfants ont grandi, ils ont leurs propres amis, leurs propres opinions. La société bouge. A-t-elle été assez présente, les a-t-elle assez protégés ? Comme toutes les mères, elle se sent coupable, elle les aime tant ! Aujourd'hui, elle doute, ça lui arrive parfois. Et dans ces moments-là, seul son mari peut l'aider, ou la prière. Elle a besoin du calme des églises. Saint-Médard est la plus proche, elle va souvent y assister à la messe avec Bernard. Dans le petit square attenant, il y avait avant la guerre une statue dont elle se souvient encore. C'était une statue très délicate représentant une femme du peuple avec un fichu noué autour de la tête, qui donnait le sein à son petit enfant. Durant la guerre, la mère et l'enfant ont disparu et on ne sait pas vraiment comment cela s'est fait. Mais elle mettait dans le quartier une note de douceur, et sans doute manque-t-elle à ceux qui l'ont connue car aucune autre statue ne l'a depuis remplacée. Le socle est toujours là, vide. Comme si on attendait qu'elle revienne avec son enfant dans les bras.

Sous la longue et haute nef de l'église où elle est en prière, Geneviève la revoit. Et pensant à cette mère de pierre disparue, elle revoit les mères des camps, les mères des igloos, elle repense à la sienne morte si jeune et à celle de Jésus dont l'image l'apaise. Dieu est trop loin, la croix est trop dure. Elle prie.

> « Demandons ensemble à la douce Vierge Marie de nous prendre dans ses bras, toutes petites et pauvres que nous sommes… c'est difficile parfois de penser que seule la croix nous sauve. Il y a heureusement la Vierge Marie et l'on ne peut plus lever les yeux vers cette dure croix, cette terrible croix sans la voir, elle, debout, et rencontrer le regard de sa compassion[1]. »

1. Geneviève DE GAULLE-ANTHONIOZ, *Lettres à une amie. Correspondance spirituelle*, *op. cit.*

Combien elle a dû lui manquer cette mère disparue si tôt, combien elle a dû la pleurer en silence pour que cet appel à la tendresse maternelle lui vienne avec une telle charge d'émotion. Toute sa vie elle l'a cherchée, et elle lui manque toujours. Le traumatisme de l'enfance ne s'est jamais refermé. Quand elle se bat pour les enfants de Jeannette, de Simone et de toutes les autres, Geneviève se bat aussi pour ce souvenir douloureux. Elle sait ce que ces enfants vivent, elle les comprend. Elle l'a vécu et elle se souvient encore du vide, de l'attente, de la quête. « Où est maman ? » « Quand est-ce que je vais revoir maman ? » Et de l'impossible réponse : « Jamais ! »

À cette heure de l'après-midi, l'église est vide, à peine quelques rares silhouettes en prière dispersées dans les travées. Geneviève est une croyante fervente. Elle a besoin de la présence de la Sainte Vierge, mais elle a aussi besoin de se retrouver face à Dieu, si peu accessible. Elle lui adresse de longues et récurrentes suppliques dans une « correspondance spirituelle » qu'elle entretient avec une de ses amies, sœur dans un couvent. Sa foi n'est pas aussi indestructible qu'elle le voudrait, elle doute.

Pourquoi Dieu, s'il est tout-puissant, permet-il autant d'injustices en ce monde ? Ce doute la ronge, elle aurait besoin de certitudes.

> « Ce qu'il faut mendier, c'est la foi. Je me suis aperçue qu'une grande partie de mes incertitudes venait de ce que je comptais encore sur moi-même alors que c'est à

Dieu qu'il faut vraiment tout remettre… C'est comme ça que le jour se lèvera[1]. »

Allongé dans la pénombre, un christ, nu, semble dormir sur la pierre, douloureux et paisible. Il a une blessure rouge sur la poitrine au côté droit. Les flammes des cierges l'éclairent par endroits et font briller les boiseries sombres qui l'enchâssent. Il est, dit-on, l'œuvre d'un maître du genre, Philippe de Champaigne, peintre de la foi qui entremêle comme personne la douleur et la paix en un même visage.

Geneviève n'a pas réussi à trouver la paix. Les luttes de ces derniers mois ont été trop intenses, sans beaucoup de résultats, elle manque de forces. Les allers-retours d'un monde à l'autre, de celui de la misère au sien, aisé, cultivé avec de riches fréquentations, créent un décalage quasi quotidien pas facile à assumer.

« Je suis une usurpatrice, l'entend toujours dire sa fille Isabelle, je parle à la place des pauvres et je ne suis pas des leurs[2]. » Aujourd'hui elle sait qu'il lui faut retrouver de la confiance, de la sérénité. Car elle ne peut abandonner son engagement. Alors c'est décidé, comme ils le font parfois, elle ira avec Bernard dans un monastère, s'éloigner pour un temps du bruit du monde. Pour retrouver la foi, la force et le courage de revenir vers « le peuple du père Joseph » et de poursuivre la lutte.

1. *Ibid.*, p. 65.
2. Isabelle Anthonioz-Gaggini, entretien avec l'auteure.

« Dieu paraît complètement absent, je l'ai retrouvé à travers les autres femmes, les autres visages humains[1]. »

Sa décision l'apaise.

Juste au moment où elle allait se lever et quitter l'église, une jeune femme sort de la travée où elle était en prière. Elle s'engage dans la longue allée centrale et s'éloigne vers la sortie. En passant elle a laissé derrière elle l'odeur légère d'un parfum disparu et le cœur de Geneviève a cessé de battre. C'était une odeur d'iris blanc, les iris de Florence dont l'empreinte est inscrite à jamais tout au fond de sa mémoire olfactive. Elle ne l'a jamais oubliée, malgré les années, les milliers d'autres odeurs de toutes sortes, elle est restée tapie quelque part en elle, et dans cette église, après tout ce temps, elle la retrouve. C'était l'odeur de sa maman. Qui est cette jeune femme et d'où lui vient cette très ancienne poudre d'iris qui n'existe plus ? Geneviève voudrait le lui demander mais sa fine silhouette disparaît dans le contre-jour et la lourde porte de bois de l'église s'est refermée dans un bruit sourd. La pénombre a repris toute sa place et le silence est retombé. Il ne reste que cette odeur légère que Geneviève voudrait retenir à jamais, mais qui, elle aussi, doucement, s'efface.

---

1. Charlotte Delbo *in* « Agora », émission diffusée sur France Culture le 3 février 1995.

27

Il ne faut pas seulement des mots, il faut des lois. Sauver une mère et ses enfants, c'est bien mais pas suffisant. Ce qu'il faut c'est que son droit à les garder soit inscrit dans la loi.

— Mona ! Je voudrais te voir, te parler de ce qui se passe à la périphérie de Paris. Tu te souviens des mères au camp de Ravensbrück ?

Mona Regnault se souvient. Comme Geneviève, elle était jeune résistante quand elle a vu son chef de réseau se faire arrêter après qu'il fut venu chez elle rue d'Artois lui confier le plan des fortifications de Dieppe qu'il avait caché dans le talon de sa chaussure[1]. Mona aussi a connu la prison de Fresnes, et le camp. Les enfants qu'on arrache à leurs parents, elle l'a vu, vécu, et comme pour Geneviève leurs cris sont intacts dans sa mémoire. La trace de l'horrible souffrance est toujours là. Revenue à la vie civile, Mona a

1. Simone REGNAULT, « Nom de code Brutus », *Bulletin Brutus Boyer*, n° 80, 1982.

obtenu une émission de radio dont le nom à lui seul résume l'esprit : « La Porte ouverte ».

— Veux-tu nous aider, Mona, peux-tu dire ce qu'il se passe dans ces camps ? Expliquer que ces parents auxquels on enlève les enfants ne sont coupables que d'une seule chose, être pauvres. Personne ne peut imaginer que ce soit une faute, tout le monde doit savoir. Ton audience est grande, je suis convaincue que cela aiderait beaucoup pour faire avancer le dossier d'une loi afin que les familles soient prises en compte en tant que telles, et ne soient plus jamais séparées des enfants.

Mona n'avait pas besoin d'en savoir plus. Puisque Geneviève le disait, c'est que les choses étaient ainsi, Geneviève de Gaulle ne mentait jamais, ne faisait jamais d'approximations. Elle accepta et l'émission qu'elle consacra à la situation des familles des camps eut un retentissement considérable. Geneviève n'avait plus qu'à prendre immédiatement le relais auprès des pouvoirs publics concernés. À nouveau frapper aux mêmes portes, monter de nouveaux dossiers, revoir les mêmes interlocuteurs et en trouver d'autres, pour profiter de cette couverture médiatique et de son écho dans l'opinion. Ce n'est pas pour autant que les verrous sautèrent d'un coup. Il fallut pour cela patienter, attendre encore des mois, des années, et une circonstance précise.

Mai 68 avait eu lieu, le « non » l'avait emporté au référendum sur la réforme des régions et du Sénat proposé par le général de Gaulle qui, comme il l'avait annoncé, avait immédiatement quitté le pouvoir. Geneviève était bouleversée :

« Il a démissionné. “La politique implique quelque idée de l’Homme”, a écrit Paul Valéry. Cette idée de l’Homme était le fondement du projet sur la régionalisation qui vient d’être rejeté. Je ne suis pas la seule à le ressentir comme une insupportable déchirure. Le seul moyen de la dépasser, c’est la fidélité à l’idée de l’homme qui nous a guidés depuis le 18-Juin. Refuser l’humiliation de la misère comme le refus de la défaite… Rappeler la dignité de chaque être humain, je ne vois pas d’autre manière d’être gaulliste, et je suis certaine qu’oncle Charles m’approuvera[1]. »

Mais son oncle a quitté la France, il s’est éloigné avec sa femme et l’amiral Flohic sur les terres d’Irlande. Dans un petit hôtel sur l’anneau de Kerry près du village de Sneem. Il a choisi un lieu éloigné et modeste. Le secret est éventé, et les journalistes et les photographes affluent. Les grandes agences, Reuters, Gamma, AFP, ont envoyé leurs meilleurs reporters. En vain, impossible de faire le moindre cliché. Un périmètre de sécurité redoutable les tient à distance à trente kilomètres de là. Le général a un profond besoin de s’isoler. L’amiral l’observe :

« Chaque jour, je constate combien le pays est accordé à ses sentiments et à son caractère. Comme la France il s’agit d’une vieille terre, terminant l’Europe au couchant[2]. »

---

1. Geneviève DE GAULLE-ANTHONIOZ, *Le Secret de l’espérance*, *op. cit.*, p. 76.
2. François FLOHIC, *Souvenirs d’Outre-Gaulle*, Paris, Plon, 1979.

Il écrit, à sa famille, à sa sœur, à Geneviève. Les liens avec elle sont toujours aussi forts, et c'est de Heron Cove qu'il lui envoie ces mots intenses, immense hommage à ce qu'elle représente pour lui :

> « Tu fus, au moment le plus grave, et avec quel courage et quelles souffrances, un de mes meilleurs "compagnons". Tu n'as jamais, depuis, cessé de l'être[1]. »

De ce séjour en Irlande devenu légendaire, Geneviève a vu, comme le monde entier, les photographies exceptionnelles que Joan Kennely et Patraig, deux photographes d'un petit studio irlandais de Tralle, ont réussi à faire. Pardessus soulevé par les vents, le général marche sur les dunes sablonneuses des plages de Derrynane, au bord des terres de l'extrême occident.

> « C'est là qu'ont été prises les photos émouvantes d'un de Gaulle solide comme un roc, face à l'immensité de la mer agitée. L'homme des tempêtes est ainsi fixé pour l'histoire dans un cadre on ne peut plus évocateur de son destin[2]. »

Geneviève revoit son oncle à son retour en France à La Boisserie, avec Bernard. Il s'est remis à ses promenades solitaires dans la forêt environnante, et dans

1. Geneviève DE GAULLE-ANTHONIOZ, *Le Secret de l'espérance*, *op. cit.*, p. 76.
2. François FLOHIC, *Souvenirs d'outre-Gaulle*, *op. cit.*

son bureau, face à l'immense paysage des terres de Champagne, confiant en l'avenir, il écrit :

« Vieille terre rongée par les âges, rabotée de pluies et de tempêtes, épuisée de végétations, mais prête, indéfiniment, à produire ce qu'il faut pour que succèdent les vivants ! Vieille France accablée d'histoire… allant et venant sans relâche de la grandeur au déclin, mais redressée de siècles en siècles par le génie du renouveau. Vieil homme recru d'épreuves, détaché des entreprises, sentant venir le froid éternel, mais jamais las de guetter dans l'ombre la lueur de l'espérance[1] ! »

Il meurt brutalement le 9 novembre 1970. Le 10 novembre au matin, Geneviève va chercher son courrier. Une lettre l'attend, elle en reconnaît immédiatement l'écriture, c'est celle du général. Comme le signe d'une transmission :

« Je reçois sa dernière lettre le 10 novembre après avoir appris qu'il n'est plus. Le cachet de Colombey est du 9 novembre.

Il écrit : "Tu dois savoir aussi que je pense souvent à toi dans notre actuelle solitude… ici, tout est calme[2]…" »

Quand la peine est trop grande, Geneviève la garde pour elle. Seuls les murs de l'église Saint-Médard ont

1. Charles DE GAULLE, *Mémoires de guerre*, t. II, *Le Salut, op. cit.*
2. Geneviève DE GAULLE-ANTHONIOZ, *Le Secret de l'espérance*, *op. cit.*, p. 76.

entendu sa souffrance, peut-être aussi vu des larmes couler le long de son visage fin. Geneviève n'ira plus à Colombey, elle ne partagera plus jamais des souvenirs de famille. Avec le général de Gaulle, c'est tout un monde qui disparaît autour d'elle.

28

Georges Pompidou lui succède à la présidence de la République, et les choses changent, une autre France apparaît. Et celle-là n'a qu'un credo : être moderne à tout prix. Rompre avec le passé, détruire les derniers îlots encore insalubres du côté du XIIe et du XXe arrondissement, du plateau de Beaubourg, et construire une ville de gratte-ciel sur le modèle de Manhattan. Cette vitrine de l'Amérique qui fait rêver les jeunes loups de l'architecture et de la technocratie montante. La tour Montparnasse dès 1969, et la tour Zamansky à Jussieu dès 1970, s'élèveront à des hauteurs jamais atteintes dans Paris. Il faut gommer l'image de la ville brouillonne d'avant Mai 68 avec des bâtiments qui en imposent, une urbanisation du futur qui se mette au service d'une cité active et productive. Habiter, circuler, travailler. Plus de place pour le désordre, les pavés de 68 disparaissent sous des couches de goudron et à l'ouest de Paris le quartier d'affaires de la Défense s'étend à la vitesse grand V. Jusqu'à ce que Valéry Giscard d'Estaing s'interpose. Pétri de classicisme, il met un point d'arrêt à la construction des gratte-ciel qui, de son point de vue, défigurent l'élégante capitale de pierre. Mais impossible de tout contrôler, la machine modernisation est lancée. Dès 1969, Georges Pompidou décide de la création du musée d'Art moderne sur le plateau de Beaubourg, on déménage les anciennes halles vers Rungis et la Villette, et la destruction des pavillons Baltard commence. Des projets plus radicaux pointent, comme celui de traverser le parc Monceau d'une voie express ou d'envoyer ailleurs, sans savoir où, le marché aux fleurs et aux oiseaux qui a le mauvais goût de côtoyer la chambre de commerce, temple des affaires. C'est l'époque bénie des promoteurs, on va de l'avant, on démolit, on bétonne, on arrache les arbres. La priorité est de favoriser le trafic. Ils ne bétonnent d'ailleurs pas que les villes, au même moment dans les Alpes les chalets de bois traditionnels font place aux immenses bâtisses front de neige d'Isola 2000, glorieuse vitrine d'un nouveau mode de vie de citadins en vacances. Seules, éloignées, les Pyrénées échapperont à leur frénésie de bétonnage. Elles garderont leurs splendides paysages intacts, elles resteront les montagnes de la frontière sauvage, terre des aigles, des ours et des cabanes de berger.

Sceptique face à ce chantier permanent qui préfigure un univers de bureaux et de banques, un professeur du Collège de France, Louis Chevalier, sort un petit livre qui fait fureur, *L'Assassinat de Paris*. Il constate dans la capitale la disparition progressive des classes laborieuses et l'exclusion des immigrants et des marginaux. Ville de tourisme, Paris devient pour le *Herald Tribune* de l'époque qui le regrette un

« Paris Las Vegas, une ville que seuls les Américains peuvent aimer ».

C'est dans ce contexte d'un pays tourné vers un futur riche de nouveautés en tout genre que Geneviève tente de faire valoir le droit des exclus. La tâche est rude. Quand elle découvre les constructions nouvelles dans la capitale, elle voit bien qu'on ne les y attend pas. Ces temples modernes de la culture, du commerce et de la technocratie n'ont pas été pensés pour eux. Pourtant, c'est sans hésitation et sans crainte de se faire rabrouer qu'elle décide d'aller parler à Georges Pompidou en personne, avec le père Joseph Wresinski.

On ne réfléchit jamais au comment se font les avancées humaines, on croit qu'elles sont le fruit d'une volonté commune née de l'opération du Saint-Esprit. Jamais ! Cela n'arrive jamais. Elles sont toujours issues des combats des femmes et des hommes qui les portent. Geneviève et le père Joseph sont de ceux-là. Dans ces années 70 et les suivantes qui portent le succès et l'argent au pinacle des valeurs, ils vont envoyer au Premier ministre Jacques Chaban-Delmas une lettre ouverte qui remet en avant les valeurs d'accueil et d'humanisme de ce pays des droits de l'homme. Elle sera publiée dans plusieurs journaux.

> « Notre mouvement (ATD) demande pour l'ensemble des populations françaises et étrangères les plus vulnérables une politique qui respecte les droits fondamentaux des personnes, de leurs familles et de leurs groupes… »

La lettre est précise. Pour les exclus, quels qu'ils soient, ils demandent un logement, un travail et le droit à la parole. Et ils insistent : pas d'assistanat ni de charité, mais une vraie politique. Infatigables, incorruptibles, Geneviève et le père Joseph ne dévient pas de la ligne qu'ils ont fixée. Les exclus doivent avoir un travail, gagner leur vie, s'insérer dans la société. C'est l'urgence, bien avant de penser au futur, il faut régler le présent. En finir avec la pauvreté en s'atta quant à la source de ce qui la fait naître. Cosignée par le père Joseph et par Geneviève, la lettre a un fort impact dans l'opinion, et Georges Pompidou accepte de les recevoir. C'est une première victoire. Chez elle, tout en se préparant pour aller à ce rendez-vous si important, Geneviève est confiante et inquiète. Elle connaît Georges Pompidou, et elle sait qu'il n'est pas vraiment acquis à leur cause. C'est un homme sensible, mais il se situe loin des idées du père Joseph et de ses préoccupations. Pour lui, seuls comptent le progrès et l'image d'une France nouvelle et cela passe par une rénovation urbaine, par l'art et les artistes. Geneviève est bien placée pour le savoir. Féru d'art contemporain, le président demande souvent l'avis de Bernard qui est directeur de la création artistique au ministère de la Culture. Si la France est « moderne », dit-il, l'économie suivra, et le social aussi.

« C'est notre premier rendez-vous avec le président de la République. Certes j'ai eu souvent l'occasion de parler avec Georges Pompidou de la détresse où vivent tant de familles de notre pays. Il en a été chaque fois très ému mais pense que si la prospérité générale augmente, si les ressources sont mieux réparties, si les mesures d'assistance viennent en aide aux plus déshérités, peu à peu la misère disparaîtra[1]. »

Des « mesures d'assistance », le père Joseph n'en veut plus. Le cercle infernal de l'assistanat ou de la charité ne mène nulle part.

— Il faut en sortir, Geneviève, on doit le lui dire, il doit nous entendre, on doit placer la réflexion sur le terrain politique, ce rendez-vous est une occasion inespérée.

Elle craint qu'il ne s'énerve, elle connaît son tempérament fougueux. Or elle sait que sous les ors de la République il faut beaucoup de diplomatie. Il n'en a pas, elle, si. Elle possède l'aisance et la classe de ses origines. Elle les met à son service parce qu'elle pense qu'il a raison. Mais il ne doit pas s'énerver.

— On va faire au mieux, père Joseph, on va tout faire pour qu'il accepte notre point de vue.

Dans le salon d'attente de l'Élysée où un secrétaire les a introduits, ils attendent, concentrés. Lui dans sa longue soutane noire, elle si petite près de lui, impeccable, tout de beige et blanc vêtue, ses cheveux tirés en catogan, ses grandes lunettes de vue aux verres clairs, et ses perles aux oreilles. Un étrange couple, lui sombre et inquiétant, comme venu de la nuit des temps, et elle, chic et rassurante en ces lieux, comme tout droit sortie d'un salon de la grande bourgeoisie française. Les portes s'ouvrent, le président de la

1. Geneviève DE GAULLE-ANTHONIOZ, *Le Secret de l'espérance*, *op. cit.*, p. 80.

République les attend derrière son bureau du grand salon doré choisi par le général de Gaulle pour exercer sa présidence. Geneviève est surprise, le mobilier est resté le même. Elle sait pourtant que contrairement à son oncle qui n'avait fait faire aucuns travaux et « pas même déplacé un seul guéridon », Georges Pompidou a fait rénover les appartements privés par le designer Paulin. Il a même demandé à Bernard de lui présenter une trentaine d'œuvres de sculpteurs contemporains, dont Giacometti et Calder. Il a retenu Yaacov Agam, figure de proue de l'art cinétique dont la sculpture trône dans le bureau. Vu sa volonté d'avant-gardisme, Geneviève pensait que Pompidou aurait changé le bureau présidentiel, mais la table Louis XV de l'ébéniste Cressent choisie au ministère de la Marine par le général de Gaulle est toujours là. Une sorte de permanence, de continuité. Ou alors une forme de respect, peut-être n'a-t-il pas osé l'enlever. Pourtant il le dit haut et fort : « La France a besoin de modernité. » Et il le marque par des changements radicaux. Il a fait enlever le mobilier XVIIIe des appartements privés et a introduit les lignes pures de Saarinen et de Mies van der Rohe ainsi qu'une table d'Yves Klein. L'art moderne entre à l'Élysée avec les sculptures d'Arp, les toiles de Giacometti et un incroyable tapis de deux cents couleurs que Yaacov Agam a dessiné et fait réaliser à la Manufacture de Sèvres.

— Bonjour, ma chère Geneviève, vous allez bien ?

Le président s'est levé et s'est avancé vers elle pour les accueillir. Comme toujours, son visage est aimable, souriant. Il salue à son tour le père Wresinski et les invite tous deux à s'asseoir. Tendu, un peu impressionné, le père Joseph parle le premier, il ouvre le dossier qu'ils ont préparé à son intention, montre le travail accompli par ATD, en explique les grandes lignes. Le chef de l'État ne dit rien. Geneviève l'observe, *ce n'est pas bon signe*, pense-t-elle. Mais elle reste concentrée et positive. Cet entretien est une occasion unique d'obtenir quelque chose.

« Pendant l'entretien qui dure près d'une heure et n'est jamais interrompu, nous cherchons les moyens d'une rencontre entre le chef de l'État et cette partie des citoyens tellement méconnue... » Il écoute poliment, avec une attention certaine. L'inquiétude de Geneviève grandit, elle comprend à son attitude qu'il a déjà réfléchi à la question et qu'il a déjà préparé sa réponse. « Il se montre déjà bien informé, mais pas persuadé qu'une transformation de notre société soit possible ni même souhaitable, l'expérience de 68 lui a suffi[1]. »

Le père Joseph s'est tu, Geneviève aussi. Ils voudraient une réponse à leur demande, ou tout au moins une proposition de travail autour de leur projet. Mais quelque chose leur dit que ça n'aura pas lieu, l'instinct. On sent ces choses-là, on devine qu'on sera déçu mais on veut y croire encore, on insiste. Geneviève reprend la parole pour défendre encore à l'ultime minute la cause du « peuple des exclus ». Le président sourit aimablement, se lève, dit qu'il va réfléchir et les raccompagne. Quelques

1. *Ibid.*

jours plus tard, il appelle le père Joseph et lui fait enfin une proposition.

— Dans quelques mois, on donne une soirée à la Comédie-Française en l'honneur de Molière. C'est le tricentenaire. Je demanderai que le bénéfice de cette soirée soit donné à votre association ATD.

> « "Cela fera connaître votre action", ajoute-t-il, avant que nous prenions congé et en nous indiquant le conseiller chargé d'en organiser les modalités[1]. »

Le père Joseph ne se contentera pas de cette réponse et il demandera à ce que des adultes du quart monde soient personnellement conviés à ce gala au même titre que les autres invités, parmi les autres. Il l'obtiendra. Geneviève est atterrée, tout ça pour obtenir la recette d'une soirée à l'Opéra alors qu'il s'agissait de mettre sur le terrain politique le rapport à l'exclusion et à la misère. Elle laisse éclater sa déception.

— Il faut refuser ! dit-elle furieuse au père Joseph. On ne peut pas accepter une proposition pareille. On est venus parler d'un véritable projet, et on nous donne la pièce comme à des mendiants !

Curieusement, c'est le père Joseph qui va tempérer et choisir d'accepter la proposition. Ils obtiennent si peu, dit-il, et si difficilement, que rien ne doit être négligé. Il pense qu'il sortira bien quelque chose de cette soirée, il y aura des rencontres, des échanges. Ça

1. *Ibid., op. cit.*

peut déboucher sur autre chose. Le lendemain, une fois la déception passée, Geneviève a réfléchi et elle se range à son avis. Mais elle a une idée.

— Puisqu'on nous dirige vers un « conseiller chargé des modalités », dit-elle, pragmatique, on va les définir nous-mêmes. Et on les soumettra au plus vite à ce fameux conseiller.

Sa détermination et celle du père Joseph vont payer et, pour une fois, au-delà même de ce qu'elle a prévu : « Après plusieurs rencontres, le fait est que toutes nos demandes sont satisfaites. Une centaine d'invités pour des représentants du quart monde, la réception au foyer de la Comédie-Française d'une délégation qui pourra s'entretenir avec le président de la République, et un programme expliquant le but recherché par le mouvement Aide à toute détresse et les moyens mis en œuvre[1]. »

C'est un premier pas, mais la véritable surprise vient plus tard, déclenchée par cette soirée à laquelle certains ont failli ne pas aller. S'habiller pour aller à la Comédie-Française ce n'est pas la même chose que s'habiller pour sortir dans Noisy ou pour prendre le RER, et c'est un souci pour les gens du camp. Mais chacun fait l'effort, il est énorme pour tous mais on reconnaît au premier coup d'œil ceux et celles qui viennent du camp de Noisy. La misère se lit au premier regard. Tout parle, le maintien, le visage, l'aisance. Geneviève, elle, a ce qu'il faut, mais pas plus. Une robe de soirée blanche qui sert à chaque occasion. « C'est la même (je n'en ai qu'une) qui a servi à

1. *Ibid.*, p. 81.

honorer Marc Chagall lors de l'inauguration du plafond de l'Opéra[1]. » Elle est si menue qu'elle semble toujours un peu perdue dans les vêtements qu'elle porte, mais son maintien est droit, fier, et les traits de son visage fin, très doux. Au cours de la soirée, en regardant le père Joseph, heureux, elle ne peut s'empêcher d'éprouver pour celui qui fut un petit garçon des taudis d'Angers une immense tendresse et un immense respect. Lui dont le père était un ingénieur mécanicien polonais émigré qui ne put trouver de travail et repartit dans son pays, et la mère une émigrée espagnole qui les éleva seule, n'aura connu que la misère, et qu'un seul mot, la lutte. Misère et lutte imprègnent les traits de son visage, et jusqu'aux phrases qu'il prononce. Elles l'ont toujours mis à l'écart, il fait peur. Il l'a vite compris mais il est incapable de se métamorphoser, trop à fleur de peau, trop intransigeant. Aujourd'hui Geneviève sait qu'elle l'a aidé à se faire entendre, elle est le relais qu'il souhaitait et qui lui était indispensable. Mais le résultat lui semble bien peu de chose au vu de l'énergie déployée. Elle est heureuse pourtant d'avoir réussi à réunir pour la soirée un comité de parrainage prestigieux qui cautionne l'initiative du mouvement. Trois femmes ont accepté d'en être, son amie Germaine Tillion, l'écrivain Laurence Pernoud et Simone Veil, qui est à ce moment-là secrétaire générale du Conseil de la magistrature. Ainsi le père Joseph et son équipe d'ATD ne sont pas seuls. En ce soir du 6 avril 1973, le « curé de la racaille », comme on l'a surnommé, a

1. *Ibid.*, p. 82.

sa place parmi les personnalités, dans un haut lieu de la culture française. Le tout jeune et très aristocratique ministre des Finances, Valéry Giscard d'Estaing, l'a même invité à dîner rue de Rivoli avec sa délégation et son comité de parrainage. C'est une reconnaissance officielle et, pour tous ceux qui sont là au nom de ceux qui n'ont pas pu venir, Geneviève est émue.

> « Sortant de la Comédie-Française notre cortège traverse, entre deux haies de gardes républicains, toutes les voitures arrêtées. Oui, ce sont ces hommes et ces femmes si souvent humiliés, méprisés, qui cette fois sont à l'honneur[1]. »

Tant de luttes, tant de réunions, tant de chemin pour en arriver là. Elle ne peut s'empêcher de s'interroger. Qu'adviendra-t-il après ? Quand la soirée sera finie, quand les assiettes du dîner seront lavées, essuyées et remisées dans les grandes armoires, quand les beaux habits extirpés d'on ne sait où pour être présentables seront rangés, quand le père Joseph et les habitants des igloos seront revenus à Noisy ? Oui, qu'adviendra-t-il alors ? Souvent, quand on attend beaucoup de quelque chose ou de quelqu'un, on anticipe la déception. Comme pour conjurer le sort, ou simplement pour tempérer la violence du retour au réel. C'est ce qu'elle fait. Mais ce qu'elle n'imagine pas, c'est que quelque chose d'important va se produire grâce à cette soirée de prestige, qu'un grand pas va être franchi.

---

1. *Ibid.*

À un moment de la soirée, elle remarque que le ministre des Finances et le ministre de la Santé publique, Michel Poniatowski, parlent avec les exclus de Noisy, avec les mères, avec les jeunes. Ils semblent attentifs, les discussions se prolongent de façon un peu inhabituelle. Geneviève voudrait bien entendre les échanges mais elle n'ose pas s'approcher pour ne pas intervenir entre eux. Elle préfère rejoindre Germaine et Simone qui parlent, à l'écart.

— Tu es contente, tout se passe bien ? lui demande Simone.

— Qu'est-ce que le président t'a promis, juste la recette de la soirée ou tu as obtenu autre chose ? insiste Germaine.

— Non, rien d'autre pour l'instant. Mais… c'est déjà ça, et puis le père Joseph a pu parler aux uns et aux autres, moi aussi. Il fait connaître sa démarche.

Elle n'en dit pas plus, elle a conscience que les pas sont minuscules. Mais elle se le répète encore et encore, elle doit être fière du résultat. Aussi minime soit-il, il existe. Avant, pour le peuple du père Joseph, c'était le néant. Germaine et Simone comprennent. Au camp de Ravensbrück où elles ont été enfermées avec Geneviève, elles ont vécu le monde où l'on n'est rien, et où la plus petite chose devient un inestimable cadeau qui aide à survivre et à espérer.

Autour d'elles, la foule va et vient, joyeuse, s'émerveille et fait des mondanités selon que les invités viennent de Noisy ou des beaux quartiers. Seules derrière la façade de leurs sourires, de leur élégance et de leur position sociale, les trois amies ressentent instinctivement une sorte de peur. Bien enfouie. La foule, c'était l'appel au camp, les grappes de femmes poussées en vrac dans les wagons, l'individu nié dans la masse. Pas un seul jour, Simone Veil, arrachée à sa mère qui est morte là-bas, ne l'oublie. Germaine pense à la sienne. Ça ne s'effacera jamais, elles le savent. Geneviève aussi. Elles font chacune leur chemin dans la société pour reprendre le cours de la vie normale, mais elles sont marquées au fer rouge. Elles ont les mêmes réactions. Aux heures des règlements de compte de l'Algérie, alors que François Mitterrand, ministre de la Justice, refusait la clémence à plus de quarante condamnés, seconds couteaux du FLN qui furent exécutés, Simone n'a reculé ni devant la pression des militaires ni devant l'accueil glacial des responsables pénitenciaires. Elle s'est rendue à Alger et a exercé l'autorité officielle de son rôle de magistrate chargée des prisons pour faire transférer les autres prisonniers en France afin de leur éviter la mort. Comme Geneviève et Germaine l'avaient fait auprès du général de Gaulle. Après ce qu'elles avaient vécu, couper des têtes ne pouvait être dans leurs solutions. Pas plus qu'elles ne pouvaient accepter la déformation de la réalité qu'elles avaient connue. Fortement choquée par le documentaire de Marcel Ophuls, *Le Chagrin et la Pitié*, qui présentait la population de Clermont-Ferrand et d'Auvergne comme un peuple de collaborateurs, Simone fut de ceux qui, au conseil d'administration de l'ORTF, refusèrent, sa diffusion. Quitte à se mettre à dos l'opinion publique, quitte à être traitée de censeur. Parce que pour elle comme pour Geneviève, cette vision n'était pas la vérité, elle n'était pas « juste ».

C'était pour elles trois une obsession dans un monde où les lignes commençaient à bouger et où, plus que jamais, l'histoire du passé récent devait être dite, honnêtement. Haute et droite dans sa robe de jersey souple nouée à la taille, chignon relevé sur le haut de la tête, Simone se tient, un peu sévère comme à son habitude, près de Germaine et de Geneviève, plus petites qu'elle, souriantes.

Au cœur de cette foule, il y a entre elles trois un lien invisible, un quelque chose d'indéfinissable et qui les met à part.

29

La fête est finie, les robes sont rangées, la belle vaisselle aussi. La vie a repris son cours dans les beaux quartiers pour les uns, dans la boue de Noisy pour les autres. Assise dans le bus qui la ramène vers le camp de Noisy, Geneviève repense aux bons moments, à la gentillesse de tout le monde. Elle est toujours positive, ou du moins elle s'y contraint parce que maintenant il lui faut retrouver le courage de repartir dans la lutte, les dossiers, la paperasserie encore et toujours. La paperasserie, ce n'est jamais enthousiasmant ni glorieux, c'est juste étouffant, horrible. On s'y noie, c'est gris, terne, ça ne fait rêver personne. Et pourtant, tant d'avancées vont passer par ce travail souterrain, invisible et dévorant. Les conquêtes sur les champs de bataille avaient le mérite du spectaculaire, mais les conquêtes pied à pied, dans l'anonymat des bureaux de gratte-papier, n'ont jamais inspiré de grandes œuvres. Elles passent, ternes, oubliées. Elles sont pourtant le nerf de la guerre, celle que Geneviève mène jour après jour dans la plus grande discrétion, dans d'incessantes allées et venues entre son monde et celui des exclus. Un va-et-vient usant, qui fait mal, qui la culpabilise. « Je suis une usurpatrice. » C'est son éternel leitmotiv, il la ronge. Qui est-elle, elle n'est ni le général de Gaulle, ni le père Joseph, pas même mère Teresa ? Et pourtant…

Ce matin, le père Joseph se lève d'un bond en la voyant entrer dans son bureau.

— Geneviève ! On a réussi !

L'équipe est autour de lui, l'autre Geneviève, Alwine, Francine, et des mères du camp. Ils ont ouvert une bouteille, ils rayonnent. Il a dû se passer quelque chose d'important, elle n'ose y croire.

— Le ministre des Finances a changé d'avis.

— Quoi ?

Elle ne comprend pas ce que lui annonce le père Joseph, c'est tellement improbable, il devra s'y reprendre à deux fois pour qu'elle comprenne enfin. Jusqu'alors fermement opposé à défendre une loi s'opposant à la séparation des familles, obsession de Geneviève, Valéry Giscard d'Estaing a changé d'avis. L'échange direct entre les habitants du camp et les ministres à la soirée a tout fait basculer. Elle se remémore le moment où elle a vu les deux ministres parler avec les jeunes et les mères de Noisy et elle n'en revient pas.

> « Rien ne vaut un échange direct. Voilà des mois que nous essayions de convaincre les autorités gouvernementales que les familles éprouvées par la pauvreté ont le droit de ne pas être de surcroît séparées… En cette nuit mémorable du 6 avril, un grand pas vient d'être franchi. Les deux ministres ont permis de faire sauter le verrou.

C'est une victoire de partenaires jusqu'ici méconnus qu'il faudra désormais prendre en compte[1]. »

Elle en pleurerait, elle s'est tellement battue. Et aujourd'hui la victoire est là, et elle trinque avec toute l'équipe. Bien sûr il faudra encore monter un projet, des dossiers, de la paperasserie, on transformera même à cette occasion le code de la Famille, mais un an plus tard, le 29 novembre 1974, la loi élargissant l'accès des familles aux centres d'hébergement sera promulguée.

Rien n'existe sans la féroce volonté de certains êtres humains. Geneviève possède cette indestructible ténacité.

1. *Ibid.*, p. 83.

30

Ils regardent toujours les étoiles, le soir, dans le ciel immense au-dessus de leurs têtes, dans cette maison où ils vivent de beaux moments. Leur famille s'est agrandie d'un gendre et de belles-filles, de petits-enfants, et ils s'en émerveillent. Le vieux monsieur de la copropriété est mort il y a bien longtemps et c'est Bernard qui a cassé à la pioche le mur qui séparait les deux parties de la maison. Ils ont fait eux-mêmes avec l'aide des enfants une grande part des travaux d'amélioration. Geneviève a planté des fleurs, ils entretiennent le jardin, la maison est confortable, accueillante.

— Demain, je vais faire la gelée de pommes avec les petits, ne compte pas sur moi pour autre chose, j'en ai pour un bon moment.

« Maman était présente pour ses petits-enfants, très grand-mère, le mercredi elle leur cuisinait un bon rôti avec les pommes de terre "en cubes" qu'ils adoraient.

Elle leur racontait des histoires en écossant les petits pois[1]... »

Bernard est heureux. L'odeur de la confiture qui cuit dans la cuisine, les petits avec leur grand-mère qui remplissent les pots, Geneviève lui aura aussi apporté tout cela. Une vie de valeurs familiales, fraternelles et humaines. Il l'en aime tellement. Aux Gobelins, elle accueille autour de la table ses amis artistes avec toujours une grande générosité. Ils viennent tous chez eux et jamais, malgré la charge de ses occupations, elle n'a rechigné. Au contraire elle aime les voir, les connaître, parler avec eux. Bernard a conscience qu'elle lui a permis de vivre son travail en toute sérénité de ce côté-là. Il lui prend la main, elle la serre doucement. Les étoiles sont toujours là, fidèles. Rigel la bleue et Bételgeuse la rouge de la constellation d'Orion. L'étoile du Berger et la Grande Ourse. Par la fenêtre restée ouverte, les voix des moines de l'abbaye de Solesmes que diffuse Radio France leur parviennent. Ils aiment la gravité de ces chants grégoriens qui ont traversé le temps, ces voix qui viennent de loin. Tout ne meurt pas, tout ne disparaît pas. Comme les étoiles là-haut, comme le vent léger qui courbe la cime des arbres, comme ce bruit de l'eau qui coule au loin dans une rivière que l'on devine. Partout la vie traverse les pires cataclysmes, tout renaît des cendres.

---

1. Isabelle Anthonioz-Gaggini, entretien avec l'auteure.

Il y a juste au cœur des hommes des blessures qui ne s'effacent pas, et dans celui de Geneviève, malgré la joie et malgré le bonheur de ce soir de mai sous le ciel étoilé, elles saignent en silence.

31

L'ONU a décrété 1976 « année internationale des femmes ». Des hommages, des conférences, des rassemblements sont organisés dans tout le pays et dans toute l'Europe. On parle contraception, avortement, reconnaissance du travail féminin. Avec l'équipe d'ATD, Geneviève a repris son bâton de pèlerin sans attendre pour donner officiellement dans ce contexte la parole aux femmes qu'on exclut. Tous les médias sont informés, Geneviève prend la parole à la tribune pour celles qui ne parlent pas. Parce qu'elles sont hors de la sphère du commun des mortelles, prises dans des luttes de survie du matin jusqu'au soir tous les jours de leur vie. Nées dans la misère, devenues petites filles, jeunes filles, femmes et mères, elles y sont toujours. Ce sont les femmes du quart monde qui n'imaginent même pas pouvoir exprimer un jour quoi que ce soit de leur existence de forçats, de leur incroyable volonté, de leur force.

Comme un manifeste, Alwine de Vos van Steenwijk, présidente du mouvement international d'ATD, affirme leur présence parmi toutes les intellectuelles,

les chefs d'entreprise, les femmes actives de la société civile: « Nous sommes là, femmes des quartiers des cités et des rues, femmes du quart monde... » Cette présence est déjà un incroyable progrès, c'est la première fois. Dans la salle du congrès remplie de représentantes venues de tous les pays d'Europe, deux femmes écoutent attentivement. Françoise Giroud et Anne-Aymone Giscard d'Estaing, respectivement secrétaire d'État à la Condition féminine et épouse du nouveau président de la République. Posée, calme mais ferme, Geneviève va droit au but. Certes, reconnaît-elle, il y a des progrès à accomplir et des libertés à obtenir pour toutes les femmes, mais, précise-t-elle après un court silence, la toute première des libertés est celle de pouvoir vivre. Alors puisque Journée internationale des femmes il y a, et puisque ce congrès dit les représenter, il faut en tout premier lieu bannir l'exclusion de celles du quart monde qui ne s'expriment jamais et n'étaient représentées par personne.

> « Nous espérons que ce congrès permettra qu'un tournant soit pris dans l'histoire de celles qui n'ont connu jusqu'ici qu'ignorance, insécurité et humiliation. »

Autrement dit, mesdames, il va falloir prendre en compte toutes celles qui ne savaient même pas qu'elles pouvaient s'exprimer et qui vivent là-bas, dans les squats, dans la boue, dans la rue, de l'autre côté de la civilisation. Et Geneviève va plus loin. Ce jour-là, emmenées par ATD, les unes après les autres, certaines de ces femmes « prennent le micro en tremblant ». Geneviève est au moins aussi émue qu'elles. Le chemin pour les convaincre de venir a été long, difficile. Elles se récriaient, ne voulaient pas, se demandaient ce qu'elles allaient bien pouvoir dire. Une tribune ! C'était dans l'autre monde !

— Il n'y a qu'un seul monde, leur ont dit Geneviève et le père Joseph, et c'est celui des hommes.

La première monte à la tribune d'un pas hésitant, craintive. Elle parle tout en regardant son micro et dit juste qu'elle vient de l'Assistance publique comme son mari et que « les droits de la femme, pour elle, c'est de pouvoir se soigner et de garder ses enfants[1] ». À peine sa phrase terminée, elle redescend de la tribune et n'en dira pas plus. Ce bref instant fut pour elle un effort quasi insurmontable.

> « Lors de la première interruption de séance, Geneviève escorte Mme Giscard d'Estaing vers le petit bar qui propose du thé ou du café chaud. Elle tombe alors littéralement dans les bras d'une jeune femme corpulente et souriante qui l'embrasse affectueusement, Mme Macaud habite la cité du Soleil-Levant à Herblay, à un kilomètre de Pierrelaye. Cette femme enjouée et dynamique se présente simplement à la femme du chef de l'État. Geneviève prend des nouvelles des enfants de la famille. Elle sait combien son interlocutrice a dû se battre pour réussir à les garder avec elle. Mme Macaud se tourne vers Mme Giscard d'Estaing et explique brièvement que "maintenant les choses vont mieux", les six

1. Geneviève DE GAULLE-ANTHONIOZ, *Le Secret de l'espérance*, *op. cit.*, p. 91.

enfants sont à la maison, les temps sont révolus où elle devait se cacher car la menace d'un placement planait sans cesse au-dessus de sa tête[1]. »

Il y a aussi « Mme L. qui habite une cité de transit à Stains, elle a neuf enfants, huit petits-enfants. Longtemps elle s'est sentie "une rejetée de la société", mais elle a toujours eu un optimisme formidable, de quoi faire tourner un régiment. "Pour mes enfants, dit-elle, je prendrais le gouvernement tout entier"[2] ».

Ne pas geindre, rester droites, Geneviève veut montrer que ces femmes ne viennent pas réclamer et que les choses avancent. Qu'il y a déjà du chemin de fait, que ces mères sont volontaires, énergiques. Qu'elles ont le sens des responsabilités et aiment leurs enfants. Pour elle, chaque occasion participe de ce combat colossal pour la reconnaissance des exclus. Tout est à faire et pas seulement en France, la misère est comme le vent, elle ne s'arrête pas aux frontières.

Au fil des jours et des luttes, Geneviève a aussi pris la réelle mesure de ce que représente l'engagement de ces anonymes de l'histoire qui ont décidé de vivre parmi les exclus. Ce sont les volontaires d'ATD qu'elle côtoie maintenant depuis tant d'années… Souvent, à côté d'eux, elle se sent dérisoire. Parce qu'elle vit chez elle, dans sa famille, alors que ces volontaires vouent leur vie entière au mouvement.

---

1. Caroline GLORION, *Geneviève de Gaulle-Anthonioz*, *op. cit.*, p. 135.

2. Geneviève DE GAULLE-ANTHONIOZ, *Le Secret de l'espérance*, *op. cit.*, p. 91.

Ils ont quitté leur confort, leurs maisons. Leur rôle est capital, Geneviève le dit, le redit, l'écrit. Comme par peur de laisser croire que c'est elle qui fait, parce qu'on la voit, qu'on la reconnaît, qu'à l'occasion de certaines manifestations les médias veulent l'interroger, elle, parce qu'elle est Geneviève de Gaulle.

> «Les actes de ce congrès qui ont coûté tant d'efforts à préparer, puis à prononcer, sont adressés à Mexico pour la Conférence mondiale des femmes… Sans les volontaires d'ATD, de tels rassemblements seraient impossibles. La prise de parole des femmes du quart monde a été préparée par des années de patience et de ténacité. Cela exige des engagements de longue durée, les plus anciens ont une quinzaine d'années derrière eux, et le nombre de volontaires ne cesse de croître malgré les départs. J'essaie de comprendre ce qui unit les quelque deux cents personnes si différentes de formation, d'origine. Une commune foi en l'homme, certes, des convictions profondes mais sans dogmatisme. J'aime en elles un état de perpétuelle découverte, un effort de connaissance rigoureux et persévérant[1].»

Concentrée à son petit bureau lourdement chargé de dossiers plus sensibles les uns que les autres, Gabrielle Erpicum fronce les sourcils. Il ne s'agirait pas de laisser passer une erreur. Derrière son travail, en cet instant même, se joue la vie de Josette, de René et de leurs cinq enfants. De l'unique fenêtre de son bureau, la lumière de février éclaire de biais son

1. *Ibid.*

visage sérieux. L'endroit est sommaire, un bureau récupéré, une chaise ordinaire et au mur quelques images. Un bouquet, un paysage et des cartes postales envoyées par les amis. Tout est en ordre, soigné, tout a une place. On sent qu'il est apporté ici autant d'attention qu'en apporterait un joaillier dans son atelier de pierres précieuses. Il y a dans cette scène attentive quelque chose qui fait penser aux tableaux de Vermeer de Delft, ce peintre du Siècle d'or de la peinture néerlandaise qui peignit dans son atelier les plus belles scènes de genre qui soient. Un géographe et un astronome, concentrés à la tâche, penchés sur leurs bureaux près de hautes fenêtres d'où la lumière tombe sur leurs livres ouverts. Comme eux, à l'écart du monde, dans l'isolement, Gabrielle travaille, cherche, construit pour l'avenir. Geneviève la connaît depuis un bout de temps déjà et elles œuvrent souvent ensemble. Aujourd'hui, Geneviève veut savoir pourquoi cette jeune femme élancée, aux yeux clairs et au beau visage, a fait un choix radical, qui allait la couper d'une vie sociale classique pour lier son destin à ceux dont personne ne veut.

> «J'ai eu parfois de longues conversations avec Geneviève. On l'appelait tous comme ça, par son prénom. Elle était très à l'écoute, elle voulait comprendre[1].»

En arrivant, fatiguée par les heures de transport, l'enchaînement des jours et des luttes, et contrairement à son habitude, Geneviève s'est assise, dos à la

1. Gabrielle Erpicum, entretien avec l'auteure.

fenêtre. Surprise, Gabrielle a relevé la tête, et d'un geste naturel elle a posé son stylo.

Elle observe Geneviève et lit la fatigue sur ses traits tirés, elle sait le chemin que la nièce du général de Gaulle accomplit à chacune de ses venues à ATD, traversant Paris, la banlieue dans des transports en commun souvent bondés ou en retard.

— Vous avez l'air épuisée, Geneviève, peut-être devriez-vous vous reposer quelque temps. Ces derniers jours ont été intenses.

— Oui, pour tout le monde, et pour vous aussi, Gabrielle. Et vous, c'est tous les jours que vous êtes là. Comment tenez-vous ? Je ne vous l'ai jamais dit, mais je me le demande souvent.

Gabrielle hésite, elle a envie de dire la vérité. Mais Geneviève sent sa réticence, alors elle modifie sa question.

— Vous êtes venue ici de vous-même ?

Gabrielle sursaute. Bien sûr, dit-elle, personne ne l'a forcée, et elle raconte. Elle dit faire ce qu'il y a à faire et qu'il n'y a pas de place pour penser à soi ou pour regarder en arrière son propre parcours. Le temps est passé si vite. Elle raconte sa vie comme si elle parlait de quelqu'un d'autre. Jeune enseignante belge, elle a découvert le bidonville en novembre 1962 par des amis, elle y est revenue en 1963 et, là, elle a décidé d'y passer une année entière à s'occuper d'adolescentes qui traînaient à gauche et à droite, entre les igloos, désœuvrées.

— C'était pas la peine de leur tenir des discours moralisateurs qui les auraient braquées. J'ai décidé de leur faire découvrir le travail concrètement…

Elle raconte qu'elle a créé à l'intérieur du camp un atelier de manutention pour donner à ces jeunes filles un début de structure ouvrière, avec horaires à respecter, tenue correcte, rendu de travail, précision.

— Dès le début, rien ne s'est passé comme je l'avais naïvement imaginé. Les adolescentes se désintéressaient complètement du travail, elles n'avaient qu'un but, me déstabiliser, me faire des coups en douce. Ce furent cinq mois d'enfer : on devait conditionner dans des cartons des tampons à récurer de marque Scotch, et il en fallait par exemple 50 par carton. Les jeunes filles en mettaient 49, dans mon dos elles en enlevaient un.

Résultat, l'entreprise qui avait passé le contrat avec ATD pour cette collaboration voulait lâcher l'affaire.

— Je savais que si nous perdions ce travail-là, il serait surtout perdu pour les adultes, les mères de famille qui venaient y faire des heures pour éviter d'avoir à aller mendier.

C'était très grave. Gabrielle avoue combien elle a été désemparée :

— À Noël, je suis retournée chez moi en Belgique et je dois dire que si je n'avais pas pris la décision de rester un an dans ce lieu, je serais partie. Mais un engagement est un engagement. Et j'ai repris le train qui m'emmenait sur Paris avec la rage au cœur en me disant « ces gens ne nous aiment pas ». Je n'avais encore rien compris de la misère.

Le récit est fini, mais Geneviève garde le silence. Elle sent que Gabrielle va dire le plus important car elle a fini par rester. Pourquoi ?

La raison ? Elle n'essaie pas de déguiser les choses, de raconter une belle histoire d'engagement désintéressé. Elle est honnête, elle y trouve son compte. Les gens du camp l'ont finalement adoptée et ses liens avec eux sont devenus forts, solides. Mais au-delà, ils représentent une sorte de « continent vierge » sur lequel personne ne s'est penché de façon analytique. C'est une découverte à laquelle l'enseignante férue de recherches qu'elle est a été très sensible. Elle le dit clairement : « Une des choses qui m'ont aussi retenue très fortement à Noisy, c'est le fait qu'il y avait une manière intelligente d'apprendre, de mettre en soi ce qu'on apprenait au quotidien avec les familles. » Comme les autres volontaires qui se sont engagés, elle note au jour le jour sur des carnets ce qu'elle découvre. « Et ce qui était primordial c'était la transformation lente qui devait s'opérer en nous-mêmes et qui nous permettait non plus de juger, mais d'entrer dans cette expérience de vie dont sont porteurs les plus pauvres[1]. »

D'ordinaire ce sont des enseignants, des sociologues, des chercheurs mandatés par leur université qui font ce travail et, d'ailleurs, deux grands noms vont rejoindre la petite équipe de Noisy, le professeur Labbens et le professeur Debuyst. Ils apportent leur technique. « Ils nous ont aidés à pénétrer la vie des familles à travers des thèmes plus précis. »

Gabrielle n'a rien d'une « dame patronnesse du temps passé », qui « faisait le bien » sans jamais s'occuper de

1. Gabrielle Erpicum *in* Claire Jeanteur, *Le Camp de Noisy*, *op. cit.*, à 02".

politique. Pour elle, la démarche intellectuelle en amont a une énorme importance. C'est à partir d'une connaissance approfondie du milieu des exclus que les choses pourront avancer. Geneviève découvre la richesse et la complexité sous-jacente des liens qui unissent les bénévoles d'ATD. De la même façon, quelques jours plus tard, elle se retrouve à échanger avec Francine de la Gorce et elle apprend qu'à partir des observations des volontaires et des siennes propres, Jean Labbens, fonctionnaire des Nations unies et sociologue, a mis en lumière un fait capital. Une ancienne enquête sur les habitants des bidonvilles avait rendu des conclusions sans appel. Elle précisait notamment qu'il n'existait aucune trace de lien social ou d'organisation entre les habitants des camps.

— Jean Labbens a démontré le contraire, explique Francine à Geneviève. Il a découvert toute une série de relations, de services qui lient la population, les familles entre elles. Une étude très détaillée, très fine où il a fallu beaucoup communiquer avec les familles pour savoir qui coupait les cheveux de qui, qui menait les enfants de qui à l'école. C'était extraordinaire le tissu de relations qui existe quand même. Fragile, mais vrai[1].

Pour faire exploser les clichés, rien de tel qu'aller sur le terrain pour réfléchir à partir de données véritables. Dans le contexte d'une démarche à la fois humaine et intellectuelle, Geneviève a retrouvé les valeurs dans lesquelles elle a été éduquée. Fraternité,

1. Francine de la Gorce *in* Claire JEANTEUR, *Le Camp de Noisy*, *op. cit.*, à 00' 59".

travail, connaissance. Et sans doute qu'en elle l'étudiante qui voulait faire l'École des chartes a, elle aussi, trouvé un continent nouveau, inexploré. Avec des êtres humains marchant hors des sentiers battus, curieux de nouvelles façons de vivre ensemble sur cette « vieille terre ». Gabrielle, Francine, Alwine, Caroline, elle les voit sous un jour nouveau.

> « [Toutes ces volontaires et ces mères du camp,] elles me semblent plus vraies, plus humaines que beaucoup d'autres que j'ai rencontrées. Oui, elles me rappellent mes camarades de déportation telles que je les avais découvertes au camp de Compiègne, le matin de notre départ pour le voyage à Ravensbrück. Mille femmes si diverses et si proches en même temps, fragiles et fortes pour affronter de nouvelles épreuves après celles déjà endurées[1]. »

Geneviève parle encore de ces femmes et de ces hommes comme si elle n'en faisait pas partie, comme si dans ce long combat elle n'avait pas elle aussi sacrifié tant de choses, son parcours professionnel, son aisance financière. Si elle avait accepté de rester dans le ministère de Malraux, son chemin aurait peut-être été autre, jusqu'à l'obtention d'un portefeuille ministériel, ce n'était pas impossible. Et pour ses propres enfants, être fils et fille de ministre, c'était en termes de position sociale bien plus confortable que d'être l'enfant de celle qui se bat avec les exclus de toutes

1. Geneviève DE GAULLE-ANTHONIOZ, *Le Secret de l'espérance*, *op. cit.*, p. 92.

sortes. Qu'y a-t-il à attendre de gens qui n'ont rien, quelle prébende, quel poste, quelle facilité, quel retour ? Rien. Sauf l'intime conviction d'avoir fait ce que l'on devait faire, au nom de l'humain, de la fraternité des hommes. Mais ça ne rapporte rien. Fréquentant la misère, on pourrait même la soupçonner d'être virale. Geneviève n'y prête aucune attention.

À Paris, rue de Bièvre dans le Ve arrondissement, ATD a reçu en don un lieu de réunion où elle se rend régulièrement. Là, celles et ceux qui ne parlent jamais apprennent à s'exprimer, et elle aime entendre ce qu'ils ont à dire. Elle découvre leur « continent ».

« Je ne descends jamais le petit escalier sans émotion. Je me souviens de ces échanges où chacun apprend à écouter avec respect, à parler avec confiance. Enfin nous pouvons comprendre par sa propre voix, ce que souffre et demande ce peuple silencieux. Enfin il peut lui aussi questionner ceux qui détiennent les clefs de la science, de la pensée, des pouvoirs. Les sujets sont divers, préparés dans les cités, par groupes[1]. »

Dans la « cave », comme ils appellent la salle en sous-sol, elle s'assied discrètement dans un coin, écoute et observe. « Les premiers rangs de l'assistance montrent souvent, dans le clair-obscur, des visages marqués par la détresse. Si je me sens attachée

1. *Ibid.*

pour toujours à ce mouvement, c'est à cause de ces visages[1]... »

Où sont les autres, perdus dans la nuit de l'histoire, où sont leurs cendres éteintes, leurs yeux tels des cratères dans leurs visages blafards ? Où sont-elles, ces milliers de mortes torturées, qui n'ont jamais revu le soleil ? À travers ces visages qu'elle côtoie, abîmés par la dureté de leurs conditions de vie, elles continuent de hanter Geneviève.

1. *Ibid.*

32

Parfois, quand elle sent qu'elle pourrait en étouffer, Geneviève quitte Paris. Son escapade préférée est de rejoindre Germaine en Bretagne. Elle y va régulièrement depuis que celle-ci passe plusieurs mois de l'année dans la maison qu'elle a fait construire au début des années 70 près de Plouhinec. Sur les terres du Morbihan. Geneviève y a sa chambre attitrée. Aujourd'hui le temps est couvert, ce qui n'a pas empêché les deux amies d'aller faire une marche sur les bords de la petite mer de Gâvres. Dans cette interminable lagune parmi les joncs et les dunes sauvages, où le vent souffle plus fort que partout ailleurs. Mais ce matin, les cris d'oiseaux sont plus aigus que d'ordinaire, ils s'affolent sur les eaux, comme s'ils pressentaient un changement de temps.

Geneviève regarde du côté de l'océan et découvre une masse de nuages noirs, une barre à l'horizon qui avance à vue d'œil. Au dernier moment, elle retient d'un geste vif le chapeau de pluie qu'un brusque coup de vent manque faire envoler.

— Ça va tomber vite et fort, prédit Germaine.

Elles ont eu la bonne idée de mettre de solides coupe-vent, mais le tonnerre gronde et la promenade va tourner court. Elles voulaient pousser jusqu'au bout de la presqu'île, mais par prudence elles décident de rebrousser chemin. Dans cette partie de Bretagne, les orages sont violents. Quand ils se déchaînent, on dirait qu'ils vont engloutir sous des eaux tumultueuses la fragile lagune qui s'avance dangereusement dans l'océan. À peine Germaine a-t-elle fini sa phrase que de grosses gouttes éclatent au sol. Elles se mettent à courir mais la pluie les a prises de court. Quand elles passent le portail aux arabesques de fer forgé qui mène à la maison, elles sont déjà bien trempées. L'orage éclate juste quand elles sont à l'intérieur.

— On l'a échappé belle ! s'exclame Germaine soulagée en refermant la porte.

— Tu crois ? répond Geneviève tout en se débarrassant de son chapeau de pluie et de son imperméable. Un peu d'eau venue du ciel, ça ne peut pas faire de mal…

Elle n'a pas le temps d'en dire plus, un coup de tonnerre assourdissant l'interrompt. Des trombes d'eau s'écrasent dans le jardin, éclaboussant jusqu'aux vitres du salon. Saisies par la soudaineté de la charge, les deux amies s'approchent de la grande baie vitrée qui donne sur la terrasse. Le vent souffle par rafales puissantes qui courbent la cime des arbres et fouillent les buissons, arrachant au passage des feuillages qui volent en tous sens et s'éparpillent au sol de façon désordonnée. L'eau ruisselle sur le dallage, dégringole sur les marches de l'allée et s'échappe par-delà le portail, laissant derrière elle des traînées boueuses.

— Eh bien, on n'aura plus qu'à faire du nettoyage demain, constate Germaine philosophe.

— Ça nous fera de l'exercice, sourit Geneviève.

— En attendant, un peu de thé nous fera le plus grand bien. Je vais faire chauffer l'eau.

Pendant que son amie file préparer le thé à la cuisine, Geneviève s'abandonne à la protection de cette solide bâtisse blanche au toit d'ardoises et aux larges fenêtres ouvertes sur la nature. À l'extérieur, les éléments sont en furie. Une atmosphère apaisante règne dans le salon aux étagères de bois clair et aux rayonnages couverts de livres. Beaucoup parlent d'ethnologie, de pays et de peuples lointains. Autour d'une petite table basse près de la cheminée, des fauteuils de rotin et deux fauteuils Voltaire recouverts de tissu aux motifs noirs et blancs composent un coin tranquille où on a envie de s'installer. Les deux amies ont partagé ici de longues heures de discussion. Sur le manteau de la cheminée et dans un meuble vitré s'alignent toute une série de grès et de céramiques dans le goût de l'époque. Çà et là quelques photographies, une icône, l'ensemble est harmonieux et disparate comme c'est le cas dans ces maisons chaleureuses, meublées au fil du temps. Quelques meubles de famille auxquels se mêlent des souvenirs, cadeaux des amis de passage.

— Au fait, demande Germaine en servant le thé, tu sais que le gouvernement prépare une série de mesures pour renvoyer les étrangers chez eux, réprimer l'immigration clandestine et ne pas renouveler les cartes de séjour.

— Non, c'est vrai ? sursaute Geneviève, incrédule.

— Plus sérieux encore, le ministre de l'Intérieur aurait des possibilités élargies pour décider d'expulsions.

— Mais, de quels étrangers ils parlent ?

— Justement, ce n'est pas très clair. Ça concerne tous ceux qui sont déjà là, mais ça dépendrait de leur ancienneté en France et selon les cas de leur durée de travail. Pour l'instant, c'est juste un projet qui va passer en discussion au Parlement.

En cette fin des années 70, le chômage dépasse pour la première fois le cap symbolique du million de personnes. La crise économique commence à se faire sentir et l'impact est important sur la population française qui porte un regard inquiet, voire hostile sur l'immigration. Après avoir été italienne par les Alpes et espagnole par les Pyrénées, elle est devenue essentiellement maghrébine et se focalise dans la région de Marseille. Suite au regroupement familial autorisé en décembre 1974, elle a beaucoup progressé ces dernières années et des problèmes sérieux ont éclaté à plusieurs reprises. On sent çà et là monter des réflexes xénophobes. Après la suspension de l'immigration de travail en 1974, le retour volontaire avec « le million Stoléru » proposé en 1977 à tout candidat au retour dans son pays d'origine échoue. Le gouvernement prépare donc une autre série de mesures pour diminuer le nombre d'immigrés sur le sol français. Les vagues italiennes, initiées dans les années 50, se sont beaucoup réduites et celles d'Espagne se stabilisent, à l'inverse le nombre d'Algériens entrant progresse à plus de 100 000 tandis que celui des Tunisiens et des Marocains monte aux environs de 80 000. Globalement, pourtant, la part des étrangers en France s'est stabilisée depuis une vingtaine d'années, en grande partie parce que les emplois qui attiraient les étrangers dans les métiers peu qualifiés du bâtiment et de l'industrie ont considérablement diminué. Mais à Marseille on parle du « souk » dans le quartier de Belsunce et d'« invasion », comme on en parlait pour les Italiens au début du siècle. C'est aussi de Marseille que partira quatre ans plus tard la première « Marche pour l'égalité et contre le racisme » initiée par les enfants de l'immigration qui commencent à faire entendre leurs voix. Pour Geneviève et Germaine, qui ont été confrontées à des situations d'extrême violence, le rejet de l'autre quel qu'il soit est inacceptable.

> « Dans une période de difficultés économiques, écrit Geneviève, c'est trop facile de faire accepter aux Français des mesures de refoulement en faisant croire que les migrants volent notre travail ou en exploitant les sentiments de peur que causent les phénomènes de violence. Un pays ne joue pas de cette carte-là en se prétendant le pays des droits de l'homme[1]. »

1. *Ibid.*

À Paris, les affiches fleurissent sur les murs et appellent à manifester pour l'abrogation de la loi Stoléru : « Français-Immigrés, une seule classe ouvrière ! » Germaine, l'amie du peuple algérien, est inquiète. Comme Geneviève, elle s'interroge sur le monde qui se prépare et ces nouvelles ne leur disent rien de bon. Elles boivent leur thé silencieusement, au-dehors la pluie continue à tomber et le tonnerre éclate à plusieurs reprises, il se rapproche. Toute cette pluie, cette humidité qui monte au-dehors, elles la sentent encore pénétrer leurs corps, imprégner leurs vêtements. Les odeurs remontent. Elles savent les actes terrifiants dont est capable l'être humain quand il décide que l'autre est un ennemi. La peur est encore là, intacte. Tout peut si vite revenir si on n'y prend garde, disent-elles quand elles repèrent des signes qui « sentent mauvais ». À Ravensbrück, où les femmes étaient regroupées en une seule masse informe, toutes catégories sociales confondues, elles ont appris que seuls la violence et le mal sont des ennemis et qu'ils peuvent se trouver en n'importe lequel des êtres humains sur cette terre. « J'ai rencontré pour la première fois quelque chose qui m'est apparu comme le Mal, l'homme qui fait le Mal[1]. » L'éducation catholique de Geneviève et celle qu'elle a reçue de sa famille lui ont dès la toute petite enfance inculqué la primauté de l'humain sur toute autre considération. Sa foi est de celles qui permettent de dépasser les clivages qui excluent. « La foi n'est pas l'Inquisition, le communisme n'est pas le stalinisme »,

1. Extrait de *Les Femmes au Panthéon*, *op. cit.*, à 14' 09".

dit-elle. Elle a de profondes amitiés dans toutes les classes sociales, pauvres ou riches, comme elle en a indifféremment parmi des hommes et des femmes de droite ou des communistes. Attitude qu'elle a retrouvée chez le père Joseph à ATD. « "Êtes-vous de droite ? Êtes-vous de gauche ?" me demande-t-on assez souvent. "Ni l'un ni l'autre, dis-je ; nous sommes pour une société sans exclusion, et ce sont les exclus eux-mêmes qui nous guident. Pour nous l'homme compte plus que les idées" [...] "Sommes-nous une présence qui bâtit des murs... [dit le père Joseph], des sécurités aux hommes, ou sommes-nous un mouvement qui épouse l'insécurité des hommes et qui la transforme en sécurité[1] ?" »

Le chat de Germaine passe entre les fauteuils en ronronnant, il vient se blottir contre sa jambe. Geneviève se penche et le caresse, il est doux, amical.

— Tiens, tiens, dit-elle, tu étais là ? Je ne t'avais pas vu.

— Il dormait dans son panier, explique Germaine, l'orage l'aura réveillé.

Elle a préparé le thé comme elle a appris à le faire dans les Aurès, à la manière des Algériens. Geneviève aime son goût inhabituel, par-delà les larges vitres, elle observe la pluie qui continue encore et encore de tomber. Elle semble ne jamais vouloir finir. L'orage, lui, s'est s'éloigné. On n'entend plus que son grondement sourd dans les lointains. Le chat a tiré les deux amies hors de leurs sombres pensées. Elles parlent

1. Geneviève DE GAULLE-ANTHONIOZ, *Le Secret de l'espérance*, *op. cit.*, p. 94.

maintenant de tout et de rien, du quotidien de la maison, des vitres qui se salissent si vite, de la dernière recette de cuisine qu'elles ont expérimentée, des fleurs du jardin et des enfants qui sont devenus des adultes. Germaine connaît ceux de Geneviève depuis leur naissance. Elle demande toujours des nouvelles précises de chacun d'eux. D'Isabelle, de Michel et de Philippe, de François-Marie. Elle sait leurs études, leurs mariages, leurs parcours, et maintenant la naissance des petits-enfants. Kouri, comme ils l'appellent avec affection de ce surnom donné par Geneviève, c'est leur famille.

— Alors, et la dernière peinture de François-Marie[1] dont tu m'as tant parlé, elle est finie, tu l'as vue ?

— Oh, oui ! J'avais hâte, elle est de toute beauté, pleine de lumière. Fluide, sereine, remplie d'espoir. Il l'a appelée *Sur les cailloux de l'onde*.

Germaine sourit, chaque fois que son amie passe voir son fils à son atelier, elle a du mal à en repartir. Elle s'y sent bien et aime parler longuement avec lui.

— Et ton mari, demande-t-elle, comment va-t-il ?

— Ça va, comme tu sais il travaille trop, il n'a jamais de vacances, j'aurais voulu qu'il vienne mais il a toujours un dossier en cours et, les artistes, ça ne roule pas sur l'or, il ne peut pas les abandonner. Tu le connais. Il s'est toujours investi pour les défendre et maintenant qu'il est président de la Commission d'achat du Fonds national d'art contemporain, il est

1. Le timbre sorti en 2003 à l'effigie de Geneviève de Gaulle a été réalisé d'après une œuvre de François-Marie Anthonioz.

sollicité en permanence par les uns et les autres. Il a une lourde responsabilité et prend les choses à cœur. Il est inquiet de savoir s'il fait les bons choix, s'il est juste.

Quand elle parle de son mari, Geneviève est remplie de tendresse et Germaine sourit. Le temps est passé et les liens entre son amie et son mari sont aussi forts qu'au premier jour. Celui où elle a assisté à leur rapprochement dans le chalet du Verbier. Au fil du temps, aucun couple n'échappe aux difficultés et sans doute en connaissent-ils, mais jamais elle ne les a vus autrement que soudés et complices.

— Et Anise, tu as des nouvelles ? Tu l'as vue ces temps-ci ?

— Oui, bien sûr, on se voit souvent. Elle est passée avant-hier juste avant que je prenne mon train, elle aussi ses enfants grandissent, ils font leurs études et ils sont comme les miens. Ils ont leurs opinions, leurs engagements. Tu sais bien…

— C'est normal, à leur âge, on s'enthousiasme.

Germaine n'en dit pas plus. En mai 68, Michel, le fils aîné de Geneviève, participait aux manifestations étudiantes, et elle sait que ça n'a pas été simple pour son amie. Les slogans contre le général de Gaulle que Geneviève découvrait collés sur les murs et les caricatures de son portrait avec un képi et un grand nez qui lui donnaient un air idiot, faisaient mal. *De Gaulle assassin*, *La chienlit, c'est lui* et cet *Adieu de Gaulle, adieu !* tracé à l'encre sur un panneau. Comment ne pas repenser à ces terribles heures de l'histoire que lui avait traversées sans faillir et que cette jeunesse-là n'avait pas connues. Mais les étudiants en révolte étaient si jeunes, si nombreux dans les rues, si pleins de vie et de certitudes ! Rien n'arrête la jeunesse quand elle décide d'aller quelque part. Pas même le danger. Elle avait gagné, et il était parti. Il n'était pas de ceux qui s'imposent quand on ne veut plus de lui. Il était le contraire de ce qu'ils disaient, il avait de l'honneur. Mais dans la propre famille de Geneviève, les opinions divergeaient et, un jour de manifestations particulièrement virulentes, les pavés avaient volé et les étudiants et les CRS étaient allés au contact. Son fils Michel était revenu un peu cabossé.

— C'est incroyable, ils ont chargé au milieu de la foule et ont distribué des coups, il a fallu courir, ils ne rigolaient pas.

Geneviève l'avait accueilli froidement :

— Mais c'est quoi tout ça, vous ne risquez même pas vos vies[1] ! lui avait-elle dit d'un ton sévère en remettant les choses à la place où elle les situait, ayant vu tant d'autres la risquer pour des causes qu'elle estimait autrement plus dangereuses et surtout bien plus graves.

Mais sa sévérité était aussi due au fait qu'elle avait d'autres griefs que ceux concernant sa propre mémoire. Les manifestations et les grèves avaient provoqué de graves dysfonctionnements qui avaient atteint en tout premier lieu les familles des camps. Pour la première fois, l'équipe du père Joseph avait été obligée d'aller quêter pour secourir les familles qui se retrouvaient dans des situations extrêmes. Dans les

1. Didier Robert, entretien de Lille, 21 mai 2015, à 26' 38".

rues de Paris, Geneviève n'avait pas hésité, elle avait tendu la main comme une mendiante, pour eux. « La grève les prive des maigres ressources bloquées à la poste, plus de petits boulots, les marchés sont fermés, les chiffonniers et ferrailleurs en gros n'achètent plus les récoltes de la biffe[1]... » Au camp où elle se rendait toutes les semaines, Geneviève voyait bien la dégringolade des familles, la terrible angoisse des mères, elle voyait concrètement parce qu'elle était à leur contact, que c'étaient eux, les plus fragiles et les plus démunis, qui payaient la note le plus chèrement. Et elle ne pouvait l'accepter.

À son retour à Paris après son séjour en Bretagne chez Germaine, Geneviève apprit qu'un de ses fils était à nouveau dans une manifestation, pour une nouvelle cause. Il était parti gare de Lyon où un train était bloqué par des manifestants déterminés à empêcher le gouvernement d'expulser des immigrés. Des cordons de CRS étaient arrivés pour les disperser et, dans l'échauffourée, son fils avait pris un coup de matraque. Quelque peu sonné, il avait quitté les lieux et était rentré à leur appartement. Quand elle l'a vu, au lieu de s'attendrir et de le conforter dans son attitude, elle lui a encore dit sévèrement :

« On ne quitte pas ses camarades. Le CRS, lui, il a fait son travail[2]. » Le message était clair, quand on mène un combat, lui signifiait-elle, on va jusqu'au bout. Question de droiture. « Porter le nom de de

1. Geneviève DE GAULLE-ANTHONIOZ, *Le Secret de l'espérance*, *op. cit.*

2. Didier Robert, entretien de Lille, 21 mai 2015, à 23' 08.

Gaulle est difficile, un de Gaulle n'a pas droit à l'erreur », devait avouer bien des années plus tard Philippe, le fils du général. Bien que s'appelant Anthonioz, du nom patronymique de leur père, les enfants de Geneviève vivaient eux aussi sous la coupe de cette exigence. Il n'était pas toujours facile d'être le descendant de cette famille qui ne transigeait pas. Inutile d'espérer des passe-droits ou des facilités de quelque sorte. Geneviève sait que son cousin Philippe de Gaulle l'a expérimenté en tout premier. Il avait dix-huit ans à peine quand, dès juin 1940, il s'engagea dans les Forces françaises libres. Mais il n'obtint ni la médaille de la Résistance ni le titre de compagnon de la Libération qu'il aurait mérité. « Naturellement, lui expliqua son père, je ne pouvais pas, toi, mon fils, te faire compagnon de la Libération. Sinon à titre posthume, ou si tu étais revenu gravement mutilé. Et encore ! » Des mots qui pouvaient sembler durs et insensibles de la part d'un père. Pourtant, peut-être le général le regrettait-il aussi car il précisa : « D'ailleurs j'ai nommé un Conseil de l'ordre qui ne me l'a pas proposé. Maintenant, c'est trop tard… »

C'était comme si tout le monde trouvait normal que dans la lignée du général, les de Gaulle aient ce niveau d'engagement et n'en retirent aucune contrepartie. Geneviève aura été soumise à la même rigueur. Du fait de ses propres choix et en raison de ce qu'il représentait pour l'ensemble des Français, ce nom l'excluait, et ses enfants avec elle, de tout ce qui facilite la vie des privilégiés de tous ordres.

Tant de choses aujourd'hui lui paraissent dérisoires, il lui semble qu'il n'y a jamais eu autant d'illégitimité en tous domaines. Comme si les plus malins s'étaient faufilés partout. Des fenêtres de son appartement, elle regarde les artisans des Gobelins passer avec leurs outils, leurs meubles, leurs tapisseries, leurs objets à restaurer. Elle aime les voir, ils sont rassurants, c'est comme si le monde coulait de toute éternité entre leurs mains vaillantes.

Puis elle se remet à arranger le bouquet de fleurs ramenées de Bretagne, de magnifiques tiges d'hortensia bleu que Germaine a coupées dans son jardin avant de partir. « Les fleurs ont toujours beaucoup compté pour moi[1]. » Elles ne sont pourtant pas sa seule passion. Une fois le bouquet terminé, elle ouvre la porte d'un joli meuble vitré à l'aide d'une petite clef posée sur le dessus. À l'intérieur se trouve une collection de personnages en plomb.

> « Elle faisait toute une collection de petits soldats, mais pas n'importe lesquels, les musiciens et les porte-drapeaux[2]. »

Elle en prend un délicatement, ils sont fragiles. C'est un jeune tambour de la guerre de 14 vêtu du fameux bleu horizon. Comme le porteur de drapeau servait de ralliement visuel, le tambour servait de repère sonore et, avec son rythme entraînant, il motivait les troupes. Il répercutait les ordres sur le

1. Extrait de *Les Femmes au Panthéon*, *op. cit.*, 2015, à 13' 37".
2. Didier Robert, entretien de Lille, 21 mai 2015, à 19' 05".

champ de bataille en donnant tour à tour le rythme de la marche ou celui de la charge. Les soldats tambour étaient jeunes, des adolescents, et ils n'étaient pas armés. Cibles faciles, ils étaient visés en tout premier par l'ennemi parce qu'une troupe qui perd son tambour n'a plus de guide et plus de cohésion. Geneviève regarde le petit soldat et le tourne entre ses doigts, émue. Autrefois il y avait des tambours dans chaque village et chaque ville pour annoncer les événements de la communauté. Sous l'Occupation, ils informaient de la distribution des tickets d'alimentation ou de charbon. Geneviève les a connus, et ces petites figurines au regard éteint les font revivre dans sa mémoire. Dans la maison de Lille, du temps des grands-parents, elle se souvient les avoir entendus parfois qui tambourinaient au bout de la rue, et ce son créait toujours une inquiétude, on tendait l'oreille et grand-mère Jeanne sortait, allait voir de quoi il s'agissait. Elle se souvient aussi de tant de choses, si douces dans cette maison, si magiques, comme d'être souvent montée à l'étage par l'escalier de chêne avec son cousin Philippe pour aller regarder la collection de soldats avec laquelle l'oncle Charles jouait au temps de sa jeunesse.

— C'était un batailleur, racontait grand-père Henri, il se lançait dans des combats interminables et il fallait toujours qu'il ait le premier rôle, il distribuait à ses frères et à ses cousins la couronne d'Angleterre, de Prusse ou de Russie, mais le roi de France, c'était lui.

Dans la vitrine de Geneviève, les petits soldats musiciens et porte-drapeaux sont alignés sagement.

Elle repose le soldat tambour à sa place et referme le meuble d'un tour de clef. Il est à l'abri désormais, loin de la pluie, du vent, du froid et de la boue des tranchées. Il n'y a plus de guerre, plus de généraux assassins pour l'envoyer mourir à l'assaut. « Cette guerre m'a laminé l'âme », répétait le général de Gaulle, elle y pense souvent et peut-être a-t-elle le sentiment, en rassemblant ces figurines de plomb, de rassembler au cœur de sa maison les enfants perdus de cette guerre abominable.

Un coup d'œil à sa montre et elle se précipite dans la cuisine. Vite, elle ouvre le placard, attrape un paquet de farine et prend le beurre qu'elle avait intentionnellement sorti du frigidaire à l'avance pour le travailler plus facilement. Demain, c'est dimanche et c'est l'anniversaire de son fils, François-Marie, elle a prévu de réunir la famille autour d'un bon repas et d'une tarte aux fraises, sa spécialité. D'un geste vif, elle attrape son tablier suspendu à un crochet derrière la porte de la cuisine et le noue derrière son dos. Puis elle coupe le beurre en morceaux et le pétrit doucement du bout des doigts pour l'incorporer à la farine qu'elle a versée dans un plat creux. Tout en la travaillant, elle réfléchit pour être bien sûre qu'elle n'a rien oublié en faisant ses courses pour le repas du lendemain. Un soufflé au fromage en entrée, une blanquette, la tarte aux fraises, un seul ingrédient manquant pour leur confection gâcherait la fête. Geneviève aime faire pour les siens des repas chaleureux, comme elle aime mettre de belles tables, avec des nappes, de la belle vaisselle. La beauté est un miracle, elle sait combien elle est précieuse. Vivre dans la laideur, la saleté et la crasse, elle n'ignore pas, pour l'avoir vécu au camp et pour côtoyer le quotidien des exclus, que c'est une violence inimaginable qui est faite à l'être humain. Au beau milieu du camp de Noisy, le père Joseph avait construit avec son équipe un jardin d'enfants. « Tout était moche, tout était noir, tout sentait mauvais et il construisait un jardin d'enfants qui était d'une beauté extraordinaire. [...] il y avait de la couleur, c'était peint d'un bleu magnifique. C'était incroyable, tant de beauté au milieu du camp[1]. » Grâce à l'aide du journal *ELLE*, il avait pu construire également un foyer féminin – « c'était du neuf, du moderne » – et un salon d'esthétique. Inimaginable ! L'accès au soin et à la beauté, qui paraissait à bien des regards extérieurs un superflu inutile, avait pourtant eu un énorme impact dans un monde où ils étaient inexistants. La population du camp avait pris conscience du bien-être que la beauté apporte et, par la suite, les habitants avaient fait des efforts pour embellir les environs de leurs igloos.

Quand aujourd'hui Geneviève y repense, et quand elle pense au monde qui se dessine, où la beauté a perdu son sens originel d'harmonie pour devenir synonyme de luxe et d'argent, elle frémit. Elle voit bien que la frénésie de consommation a atteint des

1. Alwine de Vos van Steenwijk *in* Claire Jeanteur, *Le Camp de Noisy, op. cit.*, à 48' 20".

niveaux jamais égalés et elle se demande quand cela finira.

Cet argent tout-puissant, seul critère de réussite, seul but, c'est sa hantise.

33

Ses occupations et engagements ont été tels, les années sont passées si vite, qu'elle n'a pas réalisé à quel point la technologie a provoqué des mutations capitales dans tous les domaines. L'historique processeur de Motorola 68000 va servir au formidable développement de Macintosh et, dans les rues de Paris, Geneviève va bientôt croiser une étrange jeunesse fantomatique, casque de Walkman vissé sur les oreilles avec *Thriller* de Michael Jackson à fond. Ses petits-enfants la photographient à l'aide d'un polaroid au rendu immédiat et, au déjeuner, ils lui parlent de ce petit être merveilleux qui émeut le monde entier et qui s'appelle ET. Universal inonde les salles avec *Retour vers le futur*, c'est le début des blockbusters américains. Il y a longtemps que ses enfants ont quitté les Gobelins, plus rien n'est pareil.

— Sauf la misère, elle est inchangée et frappe toujours les mêmes. Elle semble éternelle, indestructible.

Anise est passée chez Geneviève. Les deux amies se sont beaucoup vues au cours de ces années. Elles sont enfin arrivées au bout de leur combat pour faire indemniser les prisonnières polonaises mutilées à des fins d'expériences dans les camps nazis. Que de dossiers, de lettres, que de témoignages il aura fallu, que de preuves à récolter. Que de refus, de camouflets, que de courage pour être seulement écoutées. Plus de douze ans après la fin de la guerre, en mars 1957, malgré leurs dépositions et les dossiers constitués, le gouvernement de la RFA refusait toujours d'indemniser les victimes. L'invitation du général de Gaulle à la réconciliation des deux peuples avec la visite à La Boisserie du chancelier allemand Konrad Adenauer, a permis que les choses changent. Mais « il faudra vingt-trois longues années pour parvenir au résultat, expliqua Anise Postel-Vinay. Jamais je ne l'aurais imaginé et Geneviève non plus. On avait toutes les preuves, et il suffisait d'examiner celles qui en avaient réchappé. Mais non, ça ne suffisait pas, il y aurait eu de quoi se décourager mille fois. Avec Geneviève, on s'est soutenues et on a tenu bon, elle m'a beaucoup aidée, avec sa foi. Elle a été, comme toujours, d'une ténacité incroyable… Hélas, beaucoup de ces mutilées n'ont pas profité des indemnisations. Elles sont mortes avant. Je suis encore effondrée quand je pense à elles. Si vous saviez ce qu'elles ont souffert au camp, mais aussi après, une fois revenues à la vie normale. Personne ne voulait les entendre. Ça, c'est très difficile à comprendre, et à accepter[1]. »

— Alors c'est vrai, tu pars à Rome avec Bernard ?

— Oui, on va voir le pape avec le père Joseph et les enfants d'ATD. ATD doit être reçu partout. Je

1. Anise Postel-Vinay, entretien avec l'auteure.

dois leur ouvrir les portes au plus haut du pouvoir, à l'Élysée, à l'ONU, et aussi au Vatican…

Anise connaît la force de la foi chez son amie. Elle ne comprend pas l'urgence de cette visite mais Geneviève a encore une fois rempli sa mission, activé ses réseaux pour servir. C'est Charlotte de Habicht, une ancienne de Ravensbrück, qui l'a aidée.

— Vous partez quand ?

— Demain matin.

34

À une vingtaine de kilomètres de Rome, sur les rives du lac Albano, Geneviève et Bernard se promènent dans les jardins très secrets de la résidence pontificale de Castel Gandolfo. Creusés à flanc de colline sur les trois terrasses qui soutiennent la résidence du pape, ils offrent une vue majestueuse sur la campagne romaine jusqu'aux confins de la Méditerranée.

Ici, rien ne semble jamais subir les aléas du temps. C'est un jardin irréel comme on en lit dans les contes, un jardin que rien ne vient ternir. Geneviève et Bernard sont stupéfaits devant tant de perfection. Un soin inimaginable est apporté au moindre détail, à la moindre allée, au moindre massif, à la moindre fleur. Les immenses pins noirs sont taillés au millimètre et les cyprès ont été alignés en portiques. Combien d'hommes quotidiennement au travail pour entretenir cette merveille suspendue ? Pour faire par eux-mêmes les travaux de leur modeste jardin, Geneviève et Bernard le mesurent pleinement. Au fil des allées et des terrasses, l'odeur des plantes aromatiques leur parvient, merveilleux effluves de thym, de romarin et de menthe. Viennent les arbousiers, les myrtes, les gardénias, et un alignement de cyprès fins qui limitent le ciel. Le chant d'une fontaine se rapproche, rafraîchissant. Geneviève en découvre la mosaïque bleu et or. Il ne manque pas une seule tesselle à ce bassin azur qui brille au soleil sous la transparence d'eaux incroyablement pures. Pas une seule imperfection dans cette nature sublime. Il est ici un paradis créé par la main et le génie des hommes. Mais quelques-uns y ont accès. Hauts dignitaires de l'Église, on les imagine sans peine s'y promenant dans la douceur des soirs, seuls, abaissant leur regard sur le reste de l'humanité, entassée au loin dans la ville étouffante.

Geneviève et Bernard le regardent une dernière fois avant de rejoindre le groupe des quatre-vingts jeunes d'ATD et le père Joseph.

> «Le pape nous reçoit dans une salle de sa résidence d'été. C'est aussi la première vraie rencontre du père Joseph avec le chef de l'Église catholique. De grands rideaux blancs, gonflés par le vent, atténuent un peu l'éclat trop vif de ce midi de juillet[1]... »

Dans cette salle hors du temps, face aux larges fenêtres ouvertes sur les jardins, ils ont chanté, parlé. Le pape leur a dit que «la cause de l'homme n'est pas perdue» et il leur a appris que ce sont eux «les pauvres, les faibles qui feraient basculer, malgré

1. Geneviève DE GAULLE-ANTHONIOZ, *Le Secret de l'espérance*, *op. cit.*, p. 197.

toutes les apparences, l'histoire de l'humanité[1] ». Ils sont repartis accompagnés par ces paroles « prophétiques », heureux sans doute, interrogatifs sûrement. Qui peut dire ce qui fera basculer l'humanité ?

Quand elle repensera à cette journée, Geneviève se souviendra bien sûr des paroles du pape, mais les senteurs des jardins suspendus ne manqueront pas de venir embaumer sa mémoire, lui rappelant qu'il existe là-bas, juste au-dessous du ciel, un paradis terrestre inaccessible à la très grande majorité des humains.

1. Cité *in* Geneviève DE GAULLE-ANTHONIOZ, *ibid.*, p. 108.

35

— Je ne sais pas comment c'est possible que tout pousse à pareille vitesse. On avait tondu avant de partir et regarde-moi ça. C'est comme si on n'avait rien fait !

Geneviève vient d'arriver à la campagne pour y passer quelques jours aux vacances de Pâques avec les petits-enfants. Bernard a repris le travail mais Isabelle qui l'accompagne voit bien que le voyage en Italie a fatigué sa mère. Elle essaie de tempérer. De dire que ce n'est rien, qu'il suffira de donner un petit coup le lendemain. Mais pour l'avoir déjà fait avec ses parents et ses frères, elle sait que ce n'est pas si simple. Les herbes ont poussé haut et la tondeuse va avoir du mal, il va falloir aussi arracher les mauvaises herbes sur l'allée et ce chiendent qui court partout comme s'il n'avait que ça à faire. Et elle ne peut s'empêcher de penser que les jardins n'ont pas tous à leur service les nombreux jardiniers de Castel Gandolfo.

— Cet été, dit Isabelle, il faudra redonner un coup de brosse et de peinture sur les volets et les menuiseries sinon ils risquent de trop s'abîmer l'hiver suivant.

Geneviève approuve et soupire. Que d'entretien, ça n'en finit jamais. Elle voudrait se reposer mais il y a toujours quelque chose à faire. Et s'il ne s'agissait que du quotidien, mais ce qu'elle redoute depuis plusieurs mois et dont elle ne parle pas approche à grands pas. Dans deux mois, elle va se retrouver en face d'un criminel nazi à la barre d'un tribunal. Le 9 juin 1987, la date du procès de Klaus Barbie à Lyon, approche. Elle doit y aller, plus moyen de reculer, et d'ailleurs elle ne le veut pas, c'est impossible. Mais au fond d'elle, même si elle ne se l'avoue pas, elle n'est pas sûre d'avoir la force. Elle a soixante-sept ans maintenant, et les luttes continuelles ne l'ont pas économisée. Quand elle va à ATD, chaque semaine, elle se rend bien compte que le trajet lui est de plus en plus pénible, tout comme quand elle va à divers rendez-vous défendre une chose ou l'autre, sans oublier les réunions de l'association des déportées dont elle est toujours la présidente. Parler, apaiser, écouter et comprendre, défendre, faire les dossiers, durant toutes ces années depuis son retour de Ravensbrück, il ne se sera pas passé un jour sans une lutte.

Mais cette fois il s'agit d'autre chose. Comment représenter tant de victimes et dire sans haine et sans violence tant de barbarie ? Geneviève sait que l'effort qu'elle va devoir fournir atteindra les couches profondes, que les plaidoiries qu'elle entendra vont faire resurgir les pires heures. Déjà, depuis qu'elle sait que la date de son témoignage approche, elles remontent. Elle voit dans les journaux la photo de Klaus Barbie, son visage, son regard qu'elle va devoir soutenir. Et puis, un jour, c'est le 8 juin, la veille.

Dans son appartement, elle a ouvert sa valise. Que va-t-elle emporter, que va-t-elle mettre ? En juin parfois, il fait bon, mais d'autres fois le temps est incertain. Alors elle hésite, elle ne sait pas. Elle a pris un chemisier de soie beige, le tient entre ses mains puis le remet dans la commode. Elle en choisit un autre, en coton blanc, avec un col rond. Mais il ne lui convient pas non plus. Une bouffée d'angoisse lui fait tourner la tête, elle s'assied sur le bord du lit. Ses jambes ont faibli d'un coup, ses mains tremblent. Elle paraît si menue, si fragile seule dans cette chambre avec sa valise ouverte et ces chemisiers qu'elle n'arrive pas à choisir. Comment se présente-t-on devant un pareil bourreau quand à cause de lui et de ses semblables on a vécu dans la boue comme une loque ? Sale, puante, les cheveux crasseux, attifée de n'importe quoi, quand on a cru mourir dans la laideur et la puanteur. Comment apparaître, comment lui montrer la résurrection après ce long calvaire dans la déchéance physique ? Pour soi et pour toutes les autres, celles qui n'en sont pas revenues et qui n'ont pas supporté d'être traitées ainsi. Qui ont abandonné et ont fini à moitié nues, la peau sur les os, avachies et folles, à même la terre, dans des recoins de baraque d'où on les extirpait au matin à coups de pelle pour les envoyer à la fosse. Elle n'en peut plus parfois de tant d'horreurs dans sa tête, de tous ces camps de misérables et de déportées, elle aussi voudrait se promener longtemps dans l'insouciante beauté d'un jardin suspendu aux senteurs enivrantes, dans l'air frais des collines italiennes. Un jardin où il n'y aurait rien à faire et qui serait toujours beau et entretenu comme par miracle, où elle pourrait s'asseoir avec Bernard sur un banc avec vue sur la mer, sans soucis, sans dossiers, sans familles en détresse à secourir. Un jardin où tout serait calme et serein.

— Tu es prête ?

Germaine et Anise ont poussé la porte. Elles viennent accompagner leur amie, l'aider à boucler sa valise. Personne ne mesure comme elles ce que cela signifie d'aller témoigner face à un homme pareil, dans ce procès historique hautement médiatisé. Elles s'étreignent et s'embrassent, les larmes les gagnent, elles ont encore peur.

36

Dans le vieux quartier Saint-Jean de Lyon, une jeune femme blonde rase les murs dans les couloirs grisâtres de la maison des avocats. Elle a relevé ses cheveux, posé un châle violet sur un austère manteau de cuir noir. Une angoisse douloureuse défigure la régularité de ses traits. Elle est bibliothécaire à Kufstein et vient d'échapper à la foule des journalistes qui la poursuivaient. Elle s'appelle Ute Messner, elle est la fille unique de Klaus Barbie. C'est elle qui a conseillé à son père de prendre maître Jacques Vergès pour avocat. Elle ne comprend pas ce qu'on reproche à son père. Elle n'y croit pas. « Comment aurait-il pu tuer tous ces gens ? » répète-t-elle inlassablement.

Au même moment, à quelques mètres, dans la salle d'audience du palais de justice, Geneviève va répondre à sa question. Elle va témoigner pour que jamais plus personne ne puisse douter, dire ou penser que ce n'était pas vrai. Son cœur bat fort. Trop fort. Elle l'entend qui cogne dans sa poitrine. Le silence est assourdissant, quand elle pénètre dans une salle bondée. Ils sont tous là, anciens déportés, anciens résistants, juifs, maître Klarsfeld le militant de la mémoire, les avocats de la partie civile, les avocats de la défense, maître Vergès, les journalistes. Ils attendent. La tension est immense. Elle s'avance, traverse la salle et va jusqu'à la barre. Elle est prête. Il est là, elle aussi. Mais elle n'est plus une loque immonde et crasseuse juste bonne à être jetée à la fosse, elle est vivante. Elle porte un chemisier bleu-gris, un tailleur bleu marine et elle a tiré ses cheveux en un catogan impeccable retenu par un nœud de velours gris. Elle a un collier de perles grises et des boucles d'oreilles couleur argent. Maintenant, devant le monde entier, élégante et soignée, elle va dire le mal qu'a fait cet homme qui se tient là et qui a l'air si ordinaire.

> «Aucun d'entre nous ne considère sa survie que comme le devoir de témoigner encore aujourd'hui. Nous étions prêts, chacun de nous, à abandonner notre vie pour qu'il y ait quelques témoins. Nous sommes aujourd'hui ces témoins. Nous ne sommes pas très nombreux mais nous sommes là. C'est un grand privilège et un grand devoir[1].»

Replonger pour la énième fois dans ces souvenirs qui n'en finissent pas, pour l'histoire, pour la mémoire, pour qu'on n'oublie pas et que jamais cela

1. Archives INA, procès Klaus Barbie, interview de Geneviève de Gaulle-Anthonioz à la sortie du tribunal.

ne se reproduise. On n'imagine pas combien cela peut envahir une vie entière et abîmer un être au plus profond. Surtout quand les images resurgissent, les sons, toujours affreux, stridents, des cris de loups, des cris de mort, des suppliques, des agonies, des insultes… Et dans ce tribunal garder la raison, ne pas se perdre dans les détails et s'en tenir aux faits sans se laisser submerger par l'émotion. Montrer sa maîtrise et convaincre. L'enjeu est immense.

« J'étais chargée de dire ce qui constituait un crime contre l'humanité. » À elle de faire entendre la vérité, de structurer sa pensée. À elle l'effort gigantesque de trouver les mots qui portent, à la mesure du mal. Comment y parvenir ? Tant de visages, tant de sons, tout défile dans sa tête, des choses précises, toujours, comme ces jumelles dont une camarade a raconté l'histoire.

> « À Romainville, j'avais connu deux jumelles habillées un peu à l'ancienne mode. Elles s'adoraient et ne se quittaient jamais. En arrivant à Ravensbrück, elles avaient réussi à être embauchées dans la même colonne de travail. Mais un jour, la raison de l'une chancela. Elle ne voulait plus obéir, et la gardienne l'emmena au bloc des folles, là où les pauvres folles à peine vêtues, le crâne rasé, étaient laissées presque sans nourriture, sans lit, sans siège, assises à même le carrelage suintant d'humidité. Parfois elles poussaient des cris terrifiants. »

L'autre jumelle s'était agrippée à la porte et avait supplié qu'on lui rende sa sœur « tant aimée ». Mais la porte s'était ouverte et c'est elle qu'une gardienne avait « poussée dans la chambre des folles ». Et une nuit, les jumelles avaient disparu, « on les avait emportées en transport noir[1] ».

Un récit, c'est presque clinique, froid, les mots ne disent rien de la réalité quand elle a été vécue jusqu'à ces profondeurs. Les jumelles qui s'adoraient et s'habillaient à l'ancienne mode, la maman de Germaine, et toutes les autres, brûlées, cramées, réduites en cendres. Geneviève a réussi sans pathos à les faire revenir de la nuit qui aurait pu les ensevelir à jamais : « Il n'y a pas de salut sans mes frères. La prostituée à côté de moi, et l'autre qui a volé mon pain hier, et ces vieilles femmes au teint terreux, elles sont moi, elles sont miennes. J'y tiens, je ne m'en séparerai jamais[2]... »

Dans la salle d'audience, on étouffe en silence. On n'entend qu'elle, on ne regarde qu'elle, si fragile et si déterminée. Elle a tenu jusqu'au bout, mais une fois dehors, d'un coup, elle s'effondre et tombe au sol. La foule pousse un cri, on s'affole, elle va mourir !

— Poussez-vous, écartez-vous, laissez-la respirer !

Un homme vient de se précipiter. Il est cardiologue. Rapide, il prend les choses en main immédiatement, comme par miracle il a le matériel qu'il faut et il la sauve. Grâce à lui, elle vient de passer à côté de

1. Témoignage de Maisie Renault, disponible sur le site Internet www.résistances-morbihan.fr, « Au pays des morts ».

2. Geneviève de Gaulle-Anthonioz, « La Bénédiction des larmes », fonds Germaine Tillion, CNRD Besançon.

la mort. Elle apprendra plus tard que si ce médecin avait tout ce matériel médical sur place, c'était pour Klaus Barbie. Pour le garder en vie jusqu'au bout du procès, au cas où il aurait eu une attaque cardiaque. Quel étrange destin que celui de Geneviève ! Car c'est elle qu'on emmène vers les soins intensifs de l'hôpital Louis-Pradel de Lyon. Elle est à moitié inconsciente mais comprend qu'elle quitte le tribunal :

> « J'ai beaucoup pensé que je représentais mes camarades, les mortes et les vivantes. Il y en avait quelques-unes dans la salle et j'espère que je ne les ai pas trahies. »

De ce procès, elle ne reviendra pas indemne, à aucun point de vue. « Ça a failli craquer, vous comprenez. Je me sentais engagée. »

Elle avait résisté jusque-là malgré sa fragilité, mais ce procès était l'effort de trop. Les engagements successifs auxquels elle s'était soumise toute sa vie durant l'avaient usée. Pourtant, en la voyant, pour qui ne savait pas qui elle était et ce par quoi elle était passée, il n'y paraissait rien. On aurait pu la prendre pour une dame de la bourgeoisie parisienne allant à la messe et vaquant à ses occupations, au cours d'une vie tranquille. En vérité, Geneviève était une femme physiquement épuisée, et moralement abîmée par la « traversée du mal » que ce procès avait fait resurgir. Fort heureusement, elle avait un instinct de vie incroyable.

Elle survécut à cette épreuve, mais elle ne savait pas qu'elle affronterait encore de grandes douleurs personnelles et qu'il lui faudrait mener un dernier grand combat qui, celui-là, userait jusqu'à ses dernières forces.

La première épreuve fut la perte d'Antoine, l'aîné de ses petits-fils. Lui aussi avait le cœur fragile, mais il était si jeune, il avait à peine onze ans. C'était le fils d'Isabelle, elle l'adorait. Jusqu'au dernier jour de sa vie, elle devait revoir son merveilleux sourire et se remémorer sa gaieté enfantine le jour où il était venu vers elle, « très excité et ravi » parce qu'il l'avait vue aux actualités survoler les camps en hélicoptère avec le ministre de la Santé publique et le père Joseph.

— Ça alors ! Bonne-maman en hélicoptère !

Ce fameux jour où elle avait découvert depuis le ciel l'ensemble des camps et des bidonvilles.

> « Au-dessous de nous, c'est la région que nous avons parcourue tant de fois, le chagrin au cœur. Je serre la main du père Joseph qui sait la douloureuse histoire inscrite dans ce paysage[1]. »

Les bidonvilles d'Argenteuil et de Montmagny, Stains, La Campa, les casemates des forts militaires sans aération et sans lumière, les igloos de Noisy, tous ces logements de bric et de broc indignes d'une civilisation et pour lesquels elle menait un combat difficile jour après jour et depuis tant d'années, elle les avait embrassés en une seule vision depuis l'hélicoptère et, le soir, Antoine lui avait sauté au cou avec

1. Geneviève DE GAULLE-ANTHONIOZ, *Le Secret de l'espérance*, *op. cit.*, p. 84.

le merveilleux enthousiasme de la jeunesse. Il n'aurait jamais imaginé voir sa grand-mère dans cet engin volant qui l'impressionnait. Sa « bonne-maman » qui leur faisait des gâteaux et des confitures, et qui bêchait le jardin avec leur grand-père Bernard.

37

Depuis qu'elle est rentrée de l'hôpital, Geneviève ne doit plus forcer. Ni lire, ni écrire, ni passer un seul coup de téléphone ou y répondre. Son cœur a montré ses limites. Dans son appartement, elle retrouve Bernard, il a eu peur. Ses amis aussi, qui lui envoient des fleurs, des brassées de fleurs blanches et des disques, Mozart, Bach, les sonates de Brahms. Par les fenêtres grandes ouvertes, elle regarde le ciel. Petit à petit la lumière change. L'été est passé, l'automne arrive. Les feuilles des marronniers dans la cour des Gobelins ont pris une couleur brunâtre. Bientôt elles tomberont, et ce sera l'hiver.

— Quand elles seront tombées, je me reposerai, je te le promets, Bernard. Mais là, tout de suite, je dois aller retrouver l'équipe d'ATD. L'inauguration de la dalle pour les victimes de la misère, au Trocadéro, c'est le 17.

— Le 17 ! Mais le 17 de quoi ?

— De ce mois d'octobre, bien sûr.

— Déjà ! Mais tu n'es pas encore remise, ça va être un trop gros effort, tu ne vas pas pouvoir. Il ne faut pas.

Mais Geneviève s'était engagée, elle y serait. « Nos luttes et nos souffrances passées nous donnent plus de devoirs que de droits[1]. » Il y a toujours chez elle cette inflexible volonté, non pas un défi, mais une obligation morale. Ne rien se pardonner, ne jamais rien se permettre. Est-ce dû à sa foi, à son éducation, à l'exemple à suivre ? Sans doute bien souvent aurait-elle aimé ne pas être aussi engagée et, comme tout le monde, s'occuper de ses propres désirs. Elle l'a dit au père Joseph, elle a même essayé parfois de sortir, de quitter l'association, c'était trop lourd de côtoyer ces familles sans cesse en demande, qui « harcelaient » en permanence le père Joseph. Ça n'en finissait jamais, elle avait parfois la sensation de remplir un puits sans fond. D'ailleurs certains volontaires craquaient et quittaient le navire.

— André quitte la présidence du mouvement, Geneviève, je vous demande de le remplacer, lui avait annoncé un matin le père Joseph.

— Mais, pourquoi part-il ?

— Il n'en peut plus, il a ses responsabilités professionnelles, sa famille.

Elle en avait été suffoquée.

— Et moi ? avait-elle répliqué vertement.

Qu'est-ce qu'il imaginait ? Qu'elle, elle se « tournait les pouces », comme on dit vulgairement ? Il la regardait sans pouvoir répondre. Mal à l'aise. Il savait à quel point la vie de Geneviève était faite d'obligations de toutes sortes et d'engagements, avec la

1. Geneviève DE GAULLE-ANTHONIOZ, éditorial de *Voix et Visages*, bulletin de l'ADIR, 1962.

présidence de l'ADIR, les déportées, sa famille. Et tous ceux qui venaient les trouver, elle et Bernard, pour une aide, une recommandation.

— Oui, je sais, Geneviève mais…

— Non. Il n'y a pas de « mais », avait-elle tranché, agacée. D'ailleurs je ne vous l'ai jamais dit mais souvent je pense même à quitter le conseil d'administration !

Le père Joseph avait accusé le coup. Il s'était tellement battu pour l'avoir à ses côtés, elle faisait un tel travail. Grâce à elle il avait réussi ce à quoi il n'était jamais parvenu. Toucher les hautes sphères du pouvoir, entrer à l'Élysée, au Vatican, à l'ONU, et y être écouté. Sans Geneviève, rien n'eût été possible. Il serait encore à écumer en vain les couloirs des sous-préfectures. Elle avait permis que le mouvement s'inscrive dans la réalité de son époque, soit reconnu et entendu au plus haut niveau. C'était capital pour son avenir. C'est comme ça qu'Alwine avait pu enclencher une reconnaissance internationale et que le mouvement rayonnait maintenant dans plusieurs grands pays du monde. À partir du moment où un président de la République vous recevait officiellement et où de grandes personnalités politiques et du monde de l'art, emmenées par elle et Bernard, venaient à vos manifestations, la presse en rendait compte. Vous existiez. L'inauguration de la dalle, c'était son idée à lui, mais la possibilité que cela se fasse, c'était elle.

— Vous ne pouvez pas nous quitter, Geneviève, vous le savez…

Il la regardait avec ce regard droit qui vous transperçait. Il hésitait, voulait lui avouer quelque chose.

— Vous savez que vous ne pouvez pas partir, comme moi d'ailleurs…

Elle fronça les sourcils. Qu'allait-il avouer ?

— Tant de fois, j'ai souhaité laisser Noisy et les familles…

Elle n'en revenait pas. Lui aussi, il avait voulu déserter. Et pas qu'une fois, il disait que cela lui arrivait « souvent ». Lui, qu'elle croyait indestructible et dont elle se demandait sans cesse comment il résistait aux assauts des uns et des autres qui venaient le voir pour se défouler, lui faire porter toutes les responsabilités du monde. Lui qui n'aimait que la beauté et qui avait accepté toutes ces années de vivre dans un cloaque puant, un bureau de bric et de broc, glacial l'hiver et un véritable four en été. Il avouait, enfin. Lui aussi, il avait envie de fuir ! Et cet aveu fut pour elle un soulagement, elle n'était pas la seule à vouloir partir, à ne pas supporter. Elle le croyait imperméable à tout ce qui la brutalisait. Elle découvrait que c'était loin d'être le cas et, même s'il n'en disait pas plus, elle avait compris. Lui aussi, il aurait voulu être ailleurs. Mais alors, pourquoi tenait-il et depuis si longtemps ?

— Les familles sont plus fortes que tout, continua-t-il comme s'il avait entendu sa question silencieuse. Et je reste, et vous resterez. Ce que vous avez vécu vous lie à ces familles pour toujours.

Il était tenace, mais il avait raison, elle restait. Et Bernard savait qu'elle irait au Trocadéro quoi qu'il en coûte pour sa santé, et il l'accompagnerait. Le père Joseph, Alwine de Vos van Steenwijk, Gabrielle Erpicum, Didier Robert, Jean-Paul Defromont, Geneviève Tardieu, Francine de la Gorce, les Jährling, toute l'équipe, ils ne capitulent pas et ils comptent sur elle. Son rôle est important. Alors Bernard n'insiste pas, ne dit rien, pas même que lui aussi commence à ressentir de grandes fatigues. Son engagement pour les artistes lui demande beaucoup de forces, bien souvent, malgré son poste, il a du mal à trouver des solutions pour leur venir en aide.

Geneviève l'observe, a-t-elle senti qu'il faiblissait ? Elle s'en émeut. Il sourit, il ne veut pas l'inquiéter. Tout va bien. Rassurée, elle repense à la journée à venir et à cette fameuse dalle qu'ils vont inaugurer et sceller sur le parvis du Trocadéro. Une idée du père Joseph, encore une. Ils étaient dans son bureau quand il s'était levé d'un coup, mû par une révélation soudaine.

— Qui témoignera de la souffrance des misérables ?

L'équipe l'avait regardé, stupéfaite. Il tournait en rond, mains dans le dos. Ils le connaissent bien, il est impulsif, s'énerve parfois, d'un coup, tout seul. Mais cette fois il était vraiment furieux.

— On met des plaques pour toutes sortes de victimes, et même pour des maréchaux qui ont envoyé de pauvres gosses crever pour rien. Mais elles, les victimes de la misère, qui pense à leur mettre une plaque ? Pourtant elles se sont battues elles aussi, jour après jour, année après année. Mais pour elles, rien de rien ! Tout le monde s'en fout, elles peuvent crever !

Qu'avait-il vu ou lu dans les journaux du matin pour être dans cet état ? L'inauguration d'une rue, d'un monument à la gloire d'un usurpateur ?

— Il faut faire savoir qu'ils ont existé, ces camps mortels de la misère. Il faut une dalle et une grande commémoration !

> « L'autre jour, je passais par là [Noisy], je ne reconnaissais même plus l'emplacement du bidonville, ni celui de la cité. Pourtant, que de larmes ont mouillé ce sol, que de souffrances ont endurées des centaines de familles sur ces lieux ! Que de cris ont percé le ciel ! Aucune stèle, aucun monument n'a été élevé, aucune plaque commémorative n'a été posée… Seule la chair des hommes en porte la cicatrice. Pourtant, en ces lieux, l'humanité a souffert comme nulle part ailleurs. Nous avons vu des enfants mendier, couverts de honte. Nous avons vu des grands humiliés… Qui le saura ? Qui en témoignera[1] ? »

Geneviève l'écoute, saisie, il est imprévisible avec ses crises, mais elle sait qu'il a raison. Pour lui, dans les camps de la déportation comme dans ceux de la misère, on est mort dans la violence et l'indifférence. On a été humilié, méprisé. Nié en tant qu'être humain.

Cette misère et cette humiliation qui font tomber l'être humain au plus bas, elle les a vécues dans sa chair. Ça s'est même passé un jour précis, elle s'en souvient d'un coup. Car ce jour-là, elle l'avait enfoui dans sa mémoire. La crise du père Joseph le fait resurgir. C'était une nuit humide dans un baraquement, sur la paille d'un lit en état de pourrissement

1. Texte de Joseph Wresinski, ATD Quart Monde, 1982, sur le site Internet www.refuserlamisere.org.

dont elle sent encore l'odeur âcre remonter dans ses narines et jusque dans sa bouche. Une camarade détenue dormait près d'elle et geignait d'une insupportable plainte qui n'en finissait pas. Et puis, elle s'était tue. En fait, elle était morte d'un coup, d'épuisement, juste à côté d'elle, sur le même bat-flanc. Un cadavre avec la peau sur les os. En s'en apercevant, la détenue de la paillasse voisine lui avait immédiatement retiré ses chaussettes. « Elle n'en a plus besoin », avait-elle agressivement lancé comme pour se justifier. Geneviève n'avait rien dit, mais toute la nuit, elle avait résisté à l'envie de pousser le cadavre de sa camarade hors du lit. Cette morte qui la touchait tout du long avec ses os pointus, qui devenait glacée, qui puait, c'était horrible. Mais si elle la poussait, son corps tomberait au sol et son crâne se fracasserait sur le ciment. Geneviève avait été à deux doigts de le faire, plusieurs fois, mais chaque fois elle avait reculé. Elle était parvenue à se maîtriser, à attendre le matin, et elle s'était levée sans l'avoir fait. C'était une question d'humanité, il lui avait été impossible d'accomplir un geste pareil. Si elle y avait cédé, elle se serait sentie chuter au plus bas. Mais ça n'avait pas été sans lutter. Alors elle comprend ce que dit le père Joseph, elle sait qu'il a raison, que la misère tue, mais pas que les corps. Qu'elle peut aussi tuer les âmes.

En cette fin des années 80, elle a justement refait surface et, comme jamais dans tout le pays, les sans domicile fixe dorment dans les rues et sous les ponts comme au temps de Zola. Des familles entières remplissent des centres d'hébergement à court de places, Coluche a lancé les Restos du cœur, des milliers de repas sont distribués, le pays est dépassé par cette vague de fond qui semble ne jamais devoir s'arrêter. Face à un tel désastre humain, une dalle et une commémoration ne sont que des symboles mais, pour le père Joseph, les symboles ont prouvé au cours de l'histoire leur puissance et leur efficacité. Ils marquent les esprits.

— Vous avez raison, père Joseph, avait dit Geneviève, il faut une dalle et une commémoration. Et je vais vous aider à les obtenir.

Elle fit ce qu'elle avait promis, remua ciel et terre, et le 17 octobre 1987, c'est devant une centaine de milliers de participants, membres d'ATD, civils anonymes subissant la pauvreté, défenseurs des droits de l'homme, ambassadeurs de pays étrangers, personnalités de tous horizons politiques et religieux, qu'en tant que présidente du mouvement, elle monte à la tribune et ouvre par ces mots très clairs :

« Il y a trente ans, quelques familles, à la suite du père Joseph, refusaient l'assistance… »

« Refuser l'assistance » ! Pour Geneviève la lutte se place sur le terrain politique. Non à la mendicité, non à la soupe populaire, tout est dit. Et ce n'est pas un hasard si c'est Simone Veil, sa camarade de déportation, personnalité politique de haut rang, qui dévoile la plaque en marbre sur la place du Trocadéro. François Mitterrand, président de la République, ne s'est pas déplacé. Il a envoyé un message enregistré qui a été diffusé dans l'après-midi. Un ami s'approche de Geneviève :

— C'est sûrement très bien de faire cette journée, Geneviève, mais je vais être franc : ça ne résoudra rien, et je suis sûr que vous le savez. Une fois les cérémonies et les chants terminés, ces pauvres gens rentreront chez eux, et voilà.

Bernard fronce les sourcils et manque répondre lui-même à cet ami. Geneviève était si contente, cette journée avait coûté tant d'efforts, elle n'avait pas besoin de ce genre de remarque. Mais elle l'arrête d'un regard complice. Des sceptiques, il y en aurait toujours, elle en avait rencontré tout au long de sa vie, dès son entrée dans la Résistance. Pour certains de ses amis, alors que rien n'était encore joué, c'était déjà trop tard, rien ne servait à rien. Celui-là est une simple connaissance, et elle lui en veut d'une seule chose : de ne pas avoir pu se dispenser de dire une pareille bêtise en un pareil moment. Tout le monde était content, la journée se passait si bien. Les familles se sentaient accueillies au cœur de la capitale, et pour elles qui n'y venaient jamais, c'était quelque chose d'immense. Même le soleil était de la partie. Croyait-il lui apprendre quelque chose en lui disant que les pauvres repartiraient pauvres comme ils étaient venus ? Elle lui répond posément :

— Nous faisons en sorte qu'au moins un jour par an nous nous rassemblions autour de cette réalité inacceptable et que nous nous posions ensemble les bonnes questions[1]...

« Se poser les bonnes questions », autrement dit celles qui politiquement feront avancer les choses. Elle s'y employait avec un acharnement sans

1. Caroline GLORION, *Geneviève de Gaulle-Anthonioz*, *op. cit.*, p. 162.

bornes depuis plus de trente ans. Et lui, et eux, que faisaient-ils ? Elle ne le lui dit pas, ne le pensa même pas. Avec la patience et la gentillesse la caractérisant, elle reprit :

— Nous savons bien que c'est un geste symbolique, mais, pour une fois, ce sont les familles vivant dans la pauvreté qui sont placées au centre de ce symbole.

Il fit la moue.

— Un symbole, c'est tout ?

— Oui, répliqua-t-elle, c'est très fort, les symboles.

L'histoire devait lui donner raison, le symbole paya. Le 22 décembre 1992, l'Assemblée générale des Nations unies adoptait une résolution proclamant le 17 octobre « Journée internationale pour l'élimination de la pauvreté », et deux ans plus tard les familles du quart monde étaient reçues par le Secrétaire général des Nations unies. La route ne s'arrêterait pas. « Je sais au fond de moi que cette journée si réussie n'est qu'une étape. Le devoir sacré du respect des droits ne nous tiendra jamais quittes jusqu'à la fin des fins de l'histoire humaine[1]. »

---

1. Geneviève DE GAULLE-ANTHONIOZ, *Le Secret de l'espérance*, *op. cit.*, p. 115.

38

L'hiver est venu.

Dans la maison blottie au cœur d'une campagne enneigée, Geneviève observe les flammes de la cheminée se tordre et faire éclater les bûches que Bernard a coupées l'été passé. Ce soir, elle est en paix, heureuse. Les enfants et les petits-enfants vont venir les rejoindre. Elle laisse glisser son regard sur les murs de la maison qu'ils ont arrangée petit à petit, les objets posés çà et là, les livres sur la petite bibliothèque qu'elle avait dans sa chambre du temps où elle était étudiante, seule et humble rescapée de ces temps anciens. Elle se sent bien dans cet univers simple dans lequel les traces de leurs origines familiales éduquées à s'entourer de beauté et de soin transpirent dans les moindres détails. Elle a dressé une jolie table, mis une nappe et disposé les couverts. Au menu, du poulet rôti et des pommes sautées. Ce sont les vacances scolaires, ils vont préparer tous ensemble la fête de Noël. Bernard contemple Geneviève discrètement, la lueur des flammes éclaire son visage doux. Elle a toujours la même régularité de traits, un quelque chose qui apaise. Il la revoit en cet hiver lointain, sur le pont du Mont-Blanc. Il entend comme s'il y était encore ce « Voulez-vous m'épouser ? » lancé sous la pluie sans tenir compte ni de l'incongruité du lieu, ni du bruit infernal des voitures qui les frôlaient à toute vitesse, ni des passants pressés de rentrer qu'ils gênaient au beau milieu du pont, pas même du vent qui sifflait à leurs oreilles et bousculait leurs cheveux en tous sens. Il avait été saisi par ces mots inattendus. Il se souvient d'avoir refermé contre lui son imperméable et relevé son col comme s'il affrontait une tempête. Et il se souvient surtout que, de cet instant jusqu'au moment où, trois jours après, il l'avait appelée pour lui accorder son « oui », il n'avait pas vécu.

— Tu peux être heureuse, Geneviève, tu y es arrivée.

Elle lève les yeux vers lui, surprise. Il a un regard humide, mais que se passe-t-il, il a l'air tout ému ? Et pourquoi la félicite-t-il, de quoi ?

— D'avoir toujours su ce que tu voulais, ce qui était bien, et juste. Et de l'avoir accompli…

Il s'est arrêté, elle attend, elle sent qu'il y a autre chose. Il a toujours cette mèche de cheveux qui retombe sur son front, ils sont gris aujourd'hui mais toujours aussi beaux, et ce regard profond.

— Et aussi, reprend-il, de m'avoir demandé en mariage.

Ils sont là tous les deux, dans l'intimité de cette modeste maison qu'ils ont bâtie ensemble pour y accueillir leurs enfants, ils ne se sont jamais épargnés tout au long de leurs années d'engagements, ils sont fatigués, mais ils se regardent avec tendresse. Ils ont toujours été heureux ensemble.

39

Noël s'est bien passé, un moment vécu minute après minute par Geneviève émue d'avoir cette famille-là, sa fille Isabelle, ses fils, et les petits qui apportent leur vitalité partout avec leurs rires et leurs chamailleries. Maintenant, il faut ranger la maison, laver le linge, la vaisselle, tout plier dans les armoires pour retrouver tout en état la prochaine fois, et repartir à Paris où le travail et les responsabilités les attendent. Mais avant, il faudra déménager. Les enfants mènent aujourd'hui leur propre vie, et l'appartement des Gobelins est devenu bien trop grand pour le couple, ils en ont trouvé un plus petit à louer sous les combles, au cinquième étage de la rue Michelet. L'ascenseur s'arrête au quatrième étage et il faut monter le dernier à pied, mais cela ne dérange pas Geneviève. Du moins pour l'instant ; la maladie de Bernard puis la sienne changeront la donne. Mais l'endroit est clair avec une belle vue, c'est l'essentiel. En faisant les cartons aux Gobelins, en rangeant des affaires qui étaient restées là comme si les enfants allaient revenir, en faisant le tri, elle est un peu nostalgique. Mais quand elle ouvre la dernière porte au bas d'un petit placard, son visage s'éclaire. Le tourne-disque d'Isabelle ! Le Teppaz offert par leur ami Albert. Elle revoit le visage émerveillé de Chagall, et elle se souvient de son émotion quand la musique de Mozart s'était élevée dans le grand atelier, venue des entrailles de ce petit appareil de rien. Il est désormais inutile et muet. La technologie moderne l'a rendu obsolète. Que faire, le garder, s'en séparer ? Tout passe, elle se le dit souvent. Et il faut toujours s'adapter, quitter des êtres chers, et même des lieux, des objets et des souvenirs. Lui revient en mémoire la profonde tristesse de sa tante Yvonne, quand elle avait rappelé au général de Gaulle qu'ils avaient déménagé treize fois. Existe-t-il encore des maisons qui sont là comme de toute éternité pour des familles qui s'y succèdent sur plusieurs générations ? Y a-t-il encore, comme au château de Chemillé, berceau familial de sa chère maman, des greniers remplis de souvenirs que l'on ne jette pas et qui font l'émerveillement des petits-enfants qui y montent, à la découverte ? Que vaut-il mieux, les garder, ou se séparer de leur mémoire encombrante qui s'entasse dans la poussière ? Geneviève n'a pas de réponse. Elle sait seulement qu'elle gardera le Teppaz et elle espère que ce nouvel appartement de la rue Michelet sera le dernier. Car si les déménagements peuvent s'avérer salutaires, ils sont aussi des déchirements et, en quittant ces lieux où ses enfants ont grandi, où ils ont, en famille, accueilli tant d'artistes et d'amis autour de la table, elle lutte contre l'émotion qui la gagne et reprend ses cartons. Comme toujours, elle s'adapte. La vie va continuer, ailleurs.

Ce sera rue Michelet, un appartement simple. Des murs blancs, des rideaux ocre qui laissent passer la lumière, des meubles anciens de famille, des tableaux d'amis, et surtout, du soin apporté à toute chose. De l'élégance et de l'harmonie. « Aller chez Geneviève c'était un moment extraordinaire, on se sentait bien tout de suite, on voyait bien qu'on était dans un autre monde, tout était simple, mais si beau. On était très loin de notre univers du camp. Elle partageait aussi ça avec nous, Geneviève, et c'était précieux, ça nous faisait un bien fou[1]. » Des parquets cirés, des vitres claires et des bouquets de fleurs achetées au marché ou simplement cueillies à la campagne, Geneviève est attentive aux détails qui apportent du bien-être au quotidien. En cette année 1988, elle a l'air d'une dame paisible qui regarde à sa fenêtre le soleil de février décliner sur les jardins de l'Observatoire. Un bel endroit au cœur de Paris qui respire une France aisée et cultivée. Mais en réalité, elle vit de grandes inquiétudes. Le père Joseph est tombé malade brusquement, il subit une opération à l'hôpital de Poissy pour des problèmes cardiaques. Avec Bernard, elle attend les résultats. Le téléphone sonne, elle quitte précipitamment la fenêtre et décroche.

Gabrielle est à l'autre bout du fil.

— Geneviève, lui dit-elle d'une voix à peine audible, le père Joseph nous a remis le mouvement.

1. Geneviève Tardieu, entretien avec l'auteure.

Geneviève s'y était préparée mais elle espérait que ça n'arriverait pas. Que le cœur du père Joseph tiendrait encore, qu'il verrait la réussite de sa lutte, la reconnaissance officielle de son peuple de misérables par le vote d'une loi contre l'exclusion. Autrement dit, le droit pour tout citoyen quel qu'il soit, pauvre, malade, fragilisé par les mutations de la société, d'avoir accès aux droits fondamentaux. Mais son cœur s'est arrêté de battre avant, et ce moment pour lequel il a tant lutté, il ne le verra pas.

Geneviève est bouleversée.

— Viens, dit-elle à Bernard en attrapant son manteau, on y va.

Dans la rue, parmi les passants emmitouflés car le froid est vif, ils partent à l'hôpital se recueillir près de sa dépouille. Tout au long du trajet, les yeux embués de larmes, Geneviève se remémore les années passées à lutter aux côtés du prêtre. Elle mesure ce que va représenter cette perte pour « son peuple », comme il appelait les exclus du camp et tous les exclus du monde. Seront-ils assez forts pour continuer sans lui ? Elle et l'équipe d'ATD auront-elles la volonté de lutter encore pied à pied, jour après jour, comme elles l'ont fait avec lui ? Il était le moteur, le pilier, ils le croyaient indestructible. Bernard est aussi touché que Geneviève par le décès du père Joseph, mais il craint pour elle. Qui va reprendre le flambeau ? Geneviève est la présidente du mouvement et il sait qu'on la désignera certainement comme légataire légitime pour le remplacer au Conseil économique et social. Or il sait mieux que quiconque que depuis l'âge de vingt ans, quand elle est entrée en résistance, les épreuves et les luttes l'ont épuisée. Ses forces ne sont pas éternelles. L'accident cardiaque au procès de Klaus Barbie a été une alerte très sérieuse, mais au lieu de s'arrêter comme le lui ordonnaient les médecins, elle a repris le chemin, trop vite. Elle a du courage, un optimisme indéniable, mais elle aura bientôt soixante-dix ans. Lui prend sa retraite et il aurait aimé vivre quelques années de calme. Comment la convaincre ? La lumière froide de ce mois de février éclaire le boulevard d'une étrange couleur, il frissonne. Tout en marchant, elle pose tendrement sa main sur la sienne et se tourne vers lui :

— Tu te souviens de ce que nous a dit le père Joseph lors d'une dernière réunion, avant qu'on ne l'hospitalise ?

— Non, je ne m'en souviens pas.

— Il disait qu'il fallait « continuer le combat politique, recommencer à convaincre personne par personne, les conseillers, les représentants des entreprises privées, de la CGT... » Il ne savait pas qu'il ne serait plus là.

Sans s'en rendre compte, elle s'est arrêtée au beau milieu du trottoir et les passants s'écartent et les dépassent, contrariés. Bernard s'excuse, l'entraîne et ne répond rien. Il a compris.

— Ces mots, reprend-elle en marchant, je les entends encore, il s'adressait à nous tous. Aujourd'hui ses paroles résonnent dans ma tête. Comme un testament.

Le ciel s'est assombri, les nuages ont caché le soleil, Bernard frissonne à nouveau, mais pas de froid. Il comprend que ce dernier combat pour une loi contre l'exclusion, c'est elle qui devra le faire aboutir. Le jour où elle a accepté de prendre la présidence du mouvement, elle s'est engagée, et il ne peut s'empêcher de se demander si son cœur tiendra, celui du père Joseph l'a bien lâché. Maintenant ils marchent en silence. Soucieux, lucide, il mesure tout ce qu'elle va devoir affronter si elle part au Conseil économique et social.

Usée ou pas, pour Geneviève les luttes se succèdent et s'ajoutent. Au Conseil économique, Bernard sait qu'il y aura encore des réunions à n'en plus finir et des discussions interminables, des lettres à écrire, des dossiers à constituer, c'est sans fin. Il est sûr qu'elle ne sortira pas indemne de ces épreuves. Comme si elle comprenait ce qui obscurcit le regard de l'homme qu'elle aime, Geneviève prend son bras. Elle aussi voudrait pouvoir vivre enfin tranquillement près de lui. Mais comment dire à ceux qui comptent sur elle qu'elle ne peut plus faire le chemin ? Des larmes coulent sous ses paupières. Pourquoi les difficultés s'accumulent-elles au moment où ses propres forces s'affaiblissent considérablement ? Le destin ne lui laisserait donc aucun répit, pire, il lui en demande encore davantage et le père Joseph ne sera plus jamais là pour la motiver avec son enthousiasme.

> « Sa mort a marqué pour moi un engagement encore plus fort dans ma vie quotidienne, ce fut comme une sorte de grand saut[1]. »

---

1. Caroline GLORION, *Geneviève de Gaulle-Anthonioz, op. cit.*, p. 163.

« Maintenant je sais que je dois aller beaucoup plus loin dans mon engagement contre l'injustice de la misère. C'est aussi évident que le 18 juin 1940[1]. »

Le jour des funérailles, le « peuple » du père Joseph et tous les représentants des autorités politiques et ecclésiastiques, tous les amis, sont venus. Notre-Dame de Paris ne peut les contenir. Qui a véritablement conscience, se demande Geneviève en voyant cette foule recueillie, qu'après plus de trente ans de lutte avec les plus pauvres pour leur redonner dignité et courage, en vivant avec eux, comme eux, le père Joseph a mené les derniers temps au Conseil économique et social pour sa loi un combat si dur qu'il a usé ses dernières forces, tant il est vrai que les institutions ont d'incroyables lourdeurs ? Dans ce type d'assemblée officielle, convaincre ne suffit pas, il faut des écrits à n'en plus finir. Pour que soit simplement entrepris le rapport qu'il défendait, « Grande pauvreté et précarité économique et sociale », le père Joseph a lutté durant six longues années. Et le jour où celui-ci fut enfin accepté, il y eut encore deux années de réunions pour aboutir au vote. C'était un an avant qu'il ne meure, en février 1987. Soit huit années pour un rapport.

Les branches des arbres du jardin de l'Observatoire sont noires d'humidité, il pleut. Comme prévu, Geneviève a été désignée pour remplacer le

1. Geneviève DE GAULLE-ANTHONIOZ, *Le Secret de l'espérance*, *op. cit.*, p. 122.

père Joseph. Elle se sent comme « le nouveau chevalier qu'on vient d'armer[1] ». Comme tous les mardis, Bernard la regarde prendre le bus qui l'emmène place d'Iéna. Il arrive qu'elle l'attende plus d'un quart d'heure, debout, et pour rentrer le soir elle piétine encore. Comme il est souvent bondé elle ne peut pas toujours s'asseoir. Il aurait bien aimé qu'en raison de son mauvais état de santé elle accepte la voiture qu'on lui proposait pour la conduire et la ramener, mais elle a refusé. Alors, pour son cœur fatigué, il s'inquiète.

Dès le premier jour, rien qu'à l'atmosphère qui règne dans le vaste hémicycle du Conseil économique et social, Geneviève prend la mesure de ce qui l'attend. Une large tribune sur une haute estrade fait face à une arène en demi-cercle avec des membres à des places réservées nommément et pourvues d'un micro pour pouvoir intervenir. Bien que simple assemblée consultative, le Conseil est un lieu de pouvoir, cela se voit et se sent. C'est le troisième organe du pouvoir législatif après le Sénat et l'Assemblée nationale. Le lieu est majestueux, sévère et impressionnant, surtout la fameuse salle hypostyle avec ses dimensions exceptionnelles, dix-huit mètres de large et soixante mètres de long. De quoi se sentir toute petite. Mais le pouvoir n'a jamais impressionné Geneviève, et elle connaît très bien le président Jean Matteoli, qui l'accueille. Pour ce Corse, résistant et déporté, « gaulliste

1. *Ibid.*, p. 122.

historique », l'arrivée de la nièce du général revêt une importance particulière.

Mais très vite, elle, une fois en situation, comprend que la route va être longue et souvent fastidieuse. Le père Joseph avait averti, elle va devoir beaucoup convaincre et ça commence tout de suite. Le vote du rapport sur la grande pauvreté qu'il avait réussi à obtenir était une première pierre arrachée au bout de trois ans, pourtant « d'aucuns, surtout parmi les politiques mais aussi certains fonctionnaires… jugent que tout ça, "c'est du passé, du périmé[1]" ». En fait, tout est à refaire.

— Le rôle de notre petite équipe, annonce-t-elle à ses amis d'ATD qui vont l'assister au long de ces années, va être de ramener à l'actualité ce fameux rapport[2]. Car ils l'ont enterré.

« Recommencer à convaincre… personne par personne… », avait prédit le père Joseph. Comme il avait vu juste ! De gauche à droite, elle balaie les travées du regard et s'attarde au hasard sur ces figures inconnues qu'il va falloir approcher. Deux membres discutent, âprement semble-t-il. L'un essuie ses lunettes, un autre est penché sur un dossier qui l'accapare, une autre a les yeux dans le vague et une autre prend des notes sur un carnet, notes de réflexion ou pense-bête pour ne pas omettre de poser les questions qui lui sont venues. Ils sont si nombreux qu'il y aurait de quoi se décourager, mais Geneviève a confiance. Elle dira plus tard que dans ce grand organisme qu'est le

1. *Ibid.*, p. 142
2. *Ibid.*, p. 142.

Conseil économique et social, « des questions importantes étaient étudiées par des gens compétents et sérieux », et elle précisera que « même les clivages politiques y sont souvent surmontés[1] ». Avec son optimisme naturel, elle se dit qu'elle va arriver à faire voter la loi. A-t-elle douté parfois d'y parvenir ? Car il règne dans ces lieux quelque chose qui rappelle une atmosphère d'amphithéâtre universitaire dans lequel, bien qu'attentifs et sérieux, des étudiants savent qu'au bout du long chemin, certains n'obtiendront pas ce pour quoi ils travaillent. Ils échoueront, parfois au seuil de la réussite. Geneviève se sent comme eux, en lutte. Les débats se succèdent, les rapports des uns et des autres s'accumulent, et dans cette surcharge, rester en permanence en haut de la pile, se faire entendre et comprendre, demande une féroce énergie. Par ses interventions toujours très claires, par son impeccable diction et sa précision, Geneviève retient pourtant l'attention. C'est sa très grande force. Une telle facilité d'élocution est rare, beaucoup de membres s'emberlificotent dans des périphrases, des considérations annexes. Elle va à l'essentiel. Elle en impose sans le chercher et offre toujours ce même visage avenant, souriant et doux, cette même apparence d'un classique discret, impeccable et élégant. Cheveux tirés, veste, chemisier clair, collier de perles et boucles d'oreilles. Son allure ne change pas. Malgré l'âge qui avance, il y a en elle quelque chose de juvénile et de lumineux qui ne s'efface pas. On la sent portée par un idéal, une conviction et une droiture,

1. *Ibid.*, p. 134.

on l'écoute et on la comprend. Mais elle, quand les séances se terminent et qu'elle rentre chez elle, il lui arrive de s'effondrer. Le travail est vraiment difficile, surtout que les positions des uns et des autres divergent sans cesse et s'affrontent. Sa famille voit bien qu'elle est devenue plus grave. Le temps est compté, elle le sait et elle est en première ligne.

— Mais que voulez-vous à la fin avec cette loi d'orientation [contre la grande pauvreté] ? lui dit un jour à la pause un membre du Conseil, quelque peu agacé par son obstination. Cela va provoquer des textes et des propositions à n'en plus finir, c'est du temps perdu. Le père Wresinski a déjà obtenu beaucoup avec son premier rapport. On a pris des mesures dans les ministères, ne serait-ce que le RMI qui a été instauré. Ce n'est pas rien, tout de même.

Geneviève approuve, le revenu minimum est une réelle avancée, mais elle lui explique qu'il ne faut pas s'en tenir à des mesures ponctuelles, la loi permettra de s'engager dans une politique globale et dans la durée.

— La misère ne reculera qu'à ce prix, insiste-t-elle. La loi d'orientation n'est pas une déclaration de principes, elle garantira de véritables droits[1].

Son interlocuteur se dandine et secoue la tête de gauche à droite, il n'est pas convaincu.

— Vous savez, insiste-t-il, la misère, elle a toujours existé et elle existera toujours.

Elle serre les dents, des phrases toutes faites qui ne veulent rien dire. Patiemment elle lui répond qu'il doit être possible de la faire disparaître, qu'il faut le

1. *Ibid.*, p. 144.

vouloir et, tous ensemble, trouver des solutions. Mais rien n'y fait, il reste sur ses positions.

— On en reparlera, conclut-elle posément avant de le quitter pour rejoindre une jeune femme qui l'attend impatiemment à l'autre bout du hall, des dossiers plein les mains. Geneviève Tardieu est son « aide de camp ». Jeune historienne engagée à ATD, elle est chargée de l'assister comme Gabrielle assistait le père Joseph. Elle a un regard franc, de beaux traits fins, et vient d'un milieu extrêmement modeste où l'on apprend tôt à se débrouiller vite, et seul. Elle a observé la scène de loin.

— Savez-vous, lui dit-elle, ce que disait le père Joseph quand il revenait du Conseil économique et social ?

— Non, je ne sais pas.

— « Dur, dur ! »

— Qu'est-ce que ça voulait dire ?

— Que pour lui, tout ici, était dur. Il disait que ce n'était « pas son monde ces gens-là ». Il avait du mal à s'y faire entendre, alors y être compris c'était presque impossible.

— C'est vrai, répond honnêtement Geneviève, par moments, on se sent impuissant ! Mais on se reprend vite, il ne faut pas lâcher.

La jeune femme prend un air sérieux.

— « Dur, dur », redit-elle.

Elles rient, complices. Que faire, à part faire avec ?

Contrairement au père Joseph, Geneviève connaît les rouages de l'État, elle est passée par les ministères et Bernard aussi. Elle s'attendait à ce qu'elle vit. Plancher sur de lourds dossiers en même temps que sur des rapports qui se doublent des « notes » récoltées par les bénévoles du mouvement que son assistante lui ramène trois fois par semaine avec la pile des courriers arrivés à ATD. Les membres de l'équipe font remonter les aspirations et les remarques des familles d'exclus car ce sont eux la véritable source d'information. Seulement il faut classer toutes ces demandes, les synthétiser, leur donner un sens clair et les formuler ensuite dans un discours percutant.

Pour Geneviève et son assistante, ce travail demande une concentration de chaque instant, mais si ce n'était que ça. Car il faut aussi savoir mettre sa propre vie de côté.

Ce jour-là, la séance s'est terminée un peu plus tard que prévu, et Geneviève, la tête remplie de toutes les interventions qui se sont succédées, a hâte de retrouver le calme de son appartement. Elle s'apprête à quitter le Conseil quand elle remarque encore des groupes qui se sont formés dans les couloirs, dans le hall. Les discussions entre les membres se poursuivent et ce n'est pas la première fois qu'elle voit un petit groupe se diriger vers le café voisin alors qu'elle attend à l'arrêt de bus. Elle sait ce que cela signifie : pour faire aboutir ses idées et le projet de loi, elle ne peut se contenter de participer aux séances. C'est après, bien souvent autour d'un verre ou d'un repas, que tout se joue. Quelle que soit l'heure, il ne faut pas penser à rentrer chez soi. Il faut s'attarder avec ceux qui, eux aussi, s'attardent. Geneviève a toujours résisté aux méthodes du monde « politique », mais cette fois elle ne peut y échapper.

« Avec André Malraux notamment j'ai aidé les campagnes électorales, mais j'ai toujours refusé d'être candidate. En revanche, l'action politique au service des plus pauvres, j'ai bien été obligée de m'y mettre, et c'est vraiment cela que nous faisons au Conseil économique et social[1]. »

Et elle ne va pas faire semblant. En premier lieu, elle renonce à son salaire et le verse à ATD. Les choses sont ainsi très claires, la nièce du général n'est pas là pour s'installer dans un fauteuil confortable et rémunéré, elle est là pour « faire bouger les choses… et définir une politique globale… avec les populations les plus défavorisées ». Sa force à ce moment précis de son parcours est de mesurer pleinement l'importance de sa position. Le Conseil économique et social est une énorme machine, peu importe, c'est une machine efficace si on veut bien s'en servir. Elle ne laissera pas passer cette chance : « Quelle arme extraordinaire ! dit-elle, quelle mission que de mobiliser les esprits et les consciences de notre pays[2] ! »

Une arme, un chevalier qu'on vient d'armer, on peut dire en suivant ses propres termes qu'à partir de ce moment-là Geneviève devient une véritable machine de guerre.

— Il faut retourner à l'Assemblée nationale et au Sénat, revoir les élus, qu'ils ne nous oublient pas.

1. Geneviève de Gaulle *in* Caroline GLORION, *Geneviève de Gaulle-Anthonioz*, *op. cit.*

2. Geneviève DE GAULLE-ANTHONIOZ, *Le Secret de l'espérance*, *op. cit.*, p. 144.

— Vous voyez une date ?

— Le plus vite possible. Il ne faut pas traîner.

Geneviève Tardieu marmonne entre ses dents tout en pointant son doigt sur son agenda, à la recherche d'une brèche dans un calendrier surchargé.

— Le 10 du mois prochain ! s'exclame-t-elle en relevant la tête, on a prévu la journée entière pour traiter le courrier mais on s'arrangera.

Dans un local de la rue Bergère qui est le siège d'ATD à Paris, avec l'équipe des volontaires d'ATD, Geneviève est très sérieusement épaulée. Elle regarde le visage attentif de son assistante qui a replongé son nez dans les dossiers. Elle mesure la qualité de ces hommes et femmes dont le père Joseph avait su s'entourer. Portés par une cause humaine à laquelle ils croient, ils sont tenaces, déterminés, vaillants. Geneviève Tardieu, Denis Prost, Didier Robert – son « merveilleux équipier[1] » – et bien d'autres, tous jouent auprès d'elle un rôle indispensable.

Et il faudra toutes leurs forces jointes, et dix ans de lourdes étapes successives, pour aboutir à la présentation de la fameuse loi. Car le parcours va s'avérer redoutable et semé d'embûches inattendues. Pour « bâtir un protocole approuvé par le conseil supérieur, seuls des scientifiques reconnus sont habilités à diriger les travaux sous la conduite d'un comité de pilotage composé de membres du Conseil

1. *Ibid.*, p. 151.

économique et social, de l'administration compétente, et d'experts[1] ».

— On va organiser une visite au campement de Montmagny, leur annonce un beau matin Geneviève, usée par les réticences qui se succèdent. Rien ne vaut de voir la misère de ses propres yeux.

— Aller dans le Val-d'Oise ? Mais… avec qui ? l'interroge Didier Robert.

— Avec ma section des Affaires sociales. Ils croient savoir ce qu'est la misère parce qu'ils croisent des SDF dans la rue, mais là, ils poseront les pieds ailleurs que sur le marbre lustré des assemblées. Ils les mettront dans la boue et ils verront des familles entières y vivre depuis plusieurs générations dans des conditions inacceptables. Ils ne pourront plus dire qu'ils ne savaient pas.

— Vous pensez qu'ils viendront ? s'inquiète Didier Robert.

— Ils viendront, réplique-t-elle. Parce qu'on ne peut pas refuser de connaître.

— Vous avez raison, ajoute Geneviève Tardieu. Et cette sortie, on va l'organiser sans tarder.

À leur grande surprise, les collègues de Geneviève acceptent sans difficulté particulière la proposition d'aller visiter le camp, et c'est cahin-caha, au bout d'un long chemin boueux, qu'un beau matin, à travers bois, des voitures à la queue leu leu s'arrêtent devant un campement de vieilles caravanes délabrées. L'un des membres, descendu un peu précipitamment, glisse malencontreusement dans la terre humide. Au

1. *Ibid.*, p. 145.

sol il n'y a pas d'herbe, pas de graviers, juste de la boue. Le malchanceux a du savoir-vivre. Son costume est souillé mais il dit en riant que ce n'est pas grave du tout, qu'il ira au pressing. Échaudés par cet incident, les voilà tous qui s'avancent sur la pointe des pieds, tant parce qu'ils sont un peu inquiets de glisser que gênés de pénétrer dans une zone peu habituelle. Leurs chaussures s'enfoncent dans la gadoue, comment faire autrement ? Ils en seront pour les nettoyer au retour. Ils font preuve de bonne volonté et vont découvrir quelque chose qu'ils n'auraient pas imaginé. Les personnes qui vivent dans ces caravanes sordides travaillent pour la plupart. Les enfants ne sont pas livrés à eux-mêmes, ils sont scolarisés et suivis médicalement, mais, car il y a un grand « mais », ces gens font peur et n'ont pas assez de revenus réguliers pour trouver un logement. Alors ils restent là. Et là, c'est pas d'électricité, pas de chauffage, pas d'eau, seulement de la boue et des caravanes exsangues. Il faut aller chercher l'eau au cimetière avec des jerricans et allumer des bougies pour que les enfants puissent faire leurs devoirs. Les bougies, ça coûte cher quand on en brûle autant, alors on économise. Comment sortir de cet engrenage fatal ? Dans les voitures du retour, les membres sont crottés, et silencieux. Chacun d'eux s'interroge, que dire, et surtout, que faire ?

La visite a été profitable, le « rapport De Gaulle » sera adopté. Et pour la bataille suivante Geneviève et son équipe, dont l'efficace juriste Véronique Davienne, mèneront un travail de précision, de corrections et d'ajustements. Ils auront sans relâche surnagé l'infernale marée de paperasserie, allant jusqu'à faire signer des milliers d'associations et de communes pour soutenir leur projet de loi. Un travail de fourmi et de titan !

Bernard attend Geneviève.

— Alors, cette visite, ça s'est bien passé ?

— Oui, très bien, le temps de me changer et je te raconte. Et toi, ça va ?

Il hausse les épaules, manière de dire que pas trop. Curieusement il est de plus en plus fatigué et depuis quelques semaines, il ne peut plus la suivre dans certains déplacements comme il le faisait souvent. Alors elle lui raconte.

— Mes collègues ont découvert les conditions insoutenables dans lesquelles vivent ces familles et leur inlassable courage pour les surmonter et espérer.

Elle dit que le voyage a été utile, que ses collègues mesurent mieux ce qu'est la misère au quotidien.

— Ils seront motivés pour nous suivre et défendre la loi. Ils ont compris, rien de tel que le terrain, tu sais. Aller voir, pour comprendre.

Bernard est heureux de la voir stimulée. Le terrain et le grand air lui ont fait du bien. Pour l'encourager, il lui rappelle ce que disait son oncle, le général de Gaulle, dès 1962 :

— Le Conseil économique et social est dans le sens de l'histoire. Une évolution se dessine qui donnera à ses membres et à toutes les forces qu'ils représentent une importance de plus en plus grande[1].

---

1. *Ibid.*, p. 144.

Lui rappeler les paroles de cet oncle qui lui manque si souvent est une délicatesse que lui seul sait avoir, car bien souvent en rentrant elle s'est sentie ensevelie par la machine administrative. Elle se blottit dans ses bras.

— Merci Bernard, heureusement que tu es là. Tu m'es tellement précieux…

Elle ne peut en dire davantage, les mots se coincent dans sa gorge. Elle espère qu'il va aller mieux, mais la réalité les rattrape plus vite qu'ils n'auraient pu le croire. Quelques jours plus tard, les médecins diagnostiquent à Bernard un grave problème neurologique.

Au-dehors, la neige a recouvert le jardin de l'Observatoire. Geneviève a pleuré sans que personne la voie. Celui qu'elle aime souffre et elle n'y peut rien. « Notre vie autour de Bernard est tissée de moments très difficiles où il nous faut essayer de partager son angoisse sans être détruits[1]… » Dans le jardin, les enfants jouent aux boules de neige avec des cris joyeux. Mais dans le grand manteau blanc elle ne voit qu'un linceul, les déjections humaines de Ravensbrück recouvriront toujours pour elle la neige immaculée.

Et puis les feuilles des arbres réapparaissent en même temps que les douces chaleurs. Bientôt, c'est l'été. Bernard regarde les arbres et le jardin refleurir,

1. Geneviève DE GAULLE-ANTHONIOZ, *Lettres à une amie. Correspondance spirituelle*, *op. cit.*, p. 154.

le ciel là-haut est d'un bleu éblouissant. Mais ce matin du 14 juillet 1994, il garde les yeux fermés.

Son grand amour est parti un jour de grand soleil et de fête. Geneviève est anéantie jusqu'au plus profond de son être.

40

La façade de l'Opéra Bastille brille fort sous le soleil. Comment, en sortant du métro, ne pas voir la masse de ce lourd « rhinocéros serré dans une baignoire », comme l'avait titré le journal *Le Monde* le jour de son inauguration.

Geneviève, pourtant, ne le voit pas. D'un pas pressé elle marche vers ses enfants, depuis que Bernard n'est plus là, elle a plus souvent encore besoin de les voir. La veille, elle a dîné avec la famille de son aîné, Michel, qui a des responsabilités sur la chaîne Arte et, là, elle va voir le cadet et le petit dernier qui sont des hommes maintenant. Un de ses grands bonheurs est d'aller les retrouver dans leur atelier. Rue du Faubourg-Saint-Antoine, elle s'engouffre sous une porte cochère. Derrière les vitres, elle les observe un instant, chacun à son ouvrage. François-Marie le peintre, penché sur sa dernière toile, pinceau à la main, et Philippe à ses sculptures, le visage éclaboussé d'une fine poussière blanche de plâtre. Ils ne l'ont pas vue arriver, et elle les observe, émue. Ils sont beaux ! Ses fils n'ont pas pris le chemin le plus facile mais ils ont l'air heureux, attentifs à leur tâche, concentrés. Comme toutes les mamans du monde, elle a besoin de se rassurer, de savoir qu'ils vont bien. Elle entre, une odeur de térébenthine l'envahit et une légère poussière de plâtre vole sous l'arrivée imprévue de l'air venu du dehors. Un atelier est un endroit unique placé dans un temps à part. Comme un monde parallèle qui échapperait aux tourments du monde réel. Or ici, pourtant, tout est bien vrai, ses fils et leurs œuvres. Bien sûr, elle s'inquiète, quelle mère d'artiste ne s'inquiéterait pas ? Les créateurs connaissent des heures de doute, souvent dans une grande solitude, et la vie n'est pas toute tracée pour eux. Mais c'est celle qu'ils ont choisie, et elle et Bernard se sont inclinés. Par leur exemple, ils ont donné à leurs enfants le goût des parcours exigeants, et l'art est certainement tout en haut de cette échelle-là. Ici, tout est émouvant, tout lui parle, le tabouret de Philippe recouvert de poussière de plâtre sur lequel une lumière rase vient se poser, et ce chiffon de François-Marie raide de traces d'huiles de couleurs qui forment comme un tableau. Geneviève lit dans le détail des objets et des choses de l'atelier les heures de recherche et de tâtonnement desquelles ses fils font surgir tant de beauté. Avec Bernard, elle a suffisamment côtoyé le monde des artistes et partagé suffisamment de repas avec eux pour savoir leur courage et leur volonté. L'incertitude et l'insécurité sont leurs terribles compagnes.

Isabelle, sa fille, arrive. Elle a apporté un gâteau qu'elle a cuisiné le matin même et son frère prépare un café. Mille fois, ici, dans les ateliers de ses fils plutôt qu'en des lieux de prestige où elle a souvent été conviée, Geneviève se sent à sa place, heureuse. Ils bavardent de choses et d'autres, de leur vie, ils parlent des petits-enfants, du prochain dimanche à la campagne.

— Maman, lui dit soudain Isabelle, je sais que toi et Germaine vous n'aimez pas parler d'avant, de ce qui s'est vraiment passé à Ravensbrück. Que vous voulez nous épargner, mais il est temps maintenant, Germaine n'est plus très en forme, je voudrais la filmer et l'enregistrer, mais je crains qu'elle ne me dise pas grand-chose. Comme toi.

Geneviève ne s'attendait pas à cette demande. C'est vrai, elle ne leur a jamais vraiment tout raconté de ce qu'elle a vécu. C'est encore enfoui, malgré le livre, malgré les procès. Mais elle comprend l'importance que cela revêt pour sa fille, et puis il s'agit de Germaine, pas d'elle. Alors elle va l'aider.

— Veux-tu que je t'accompagne ? Avec moi, Germaine sera plus à l'aise, peut-être qu'elle te parlera.

Ce qu'elle n'aurait pas osé demander, par pudeur, après tant d'années de silence, Isabelle vient de l'obtenir. Un ami cinéaste, le réalisateur Jacques Kébadian, est prêt, il suffit de trouver le moment.

Le tournage aura lieu, et le film qui résultera de cette rencontre sera le plus beau et le plus pur témoignage de ces deux femmes exceptionnellement simples et humaines que sont Geneviève de Gaulle et Germaine Tillion. En s'effaçant le plus possible, Isabelle et Jacques Kébadian ont réussi à les montrer comme si elles étaient seules entre elles, dans une amitié qui les liera jusqu'au bout. Bien que positives et souriantes, on les découvre fragiles, meurtries de souffrances qui ne les ont jamais quittées. Le traumatisme de Ravensbrück ne s'est pas refermé. Elles révèlent des bribes de souvenirs, à vif, et leur attitude en dit long. Mais elles ne s'attardent pas, et on les sent heureuses d'être deux grands-mères bienveillantes dénuées de toute rancœur. Des grands-mères aux merveilleux visages ridés d'un temps d'avant le Botox qui parlent des enfants et des boutures de fleurs en partageant la recette d'un gâteau juste sorti du four. En les regardant ainsi, on oublie leur très haut niveau d'engagement aux heures terribles du XXe siècle, on ne voit plus que ces deux femmes aux doux visages parcheminés, et l'on comprend que ce film est bouleversant. Dénuée de toute pose héroïque, leur immense humanité y transpire à chaque image.

41

Au retour de l'atelier, en refermant la porte de son appartement, Geneviève ne peut s'empêcher de penser encore à ses enfants.

> « Ils sont tous, enfants et petits-enfants, merveilleux pour moi. Je crois que sans eux j'aurais perdu pied après la mort de Bernard[1]. »

Mais le lendemain, depuis l'arrêt du bus qui la conduit à ATD rue Bergère, elle lève encore les yeux vers les fenêtres vides. Son grand amour n'est plus là. Il repose dans son pays d'enfance, dans un paisible cimetière en haut des collines de Haute-Savoie.

L'arrivée du bus l'interrompt avant qu'elle n'ait plus la force de retenir ses larmes. Elle s'y engouffre.

Au local d'ATD, son assistante l'attend. Quand Geneviève n'est pas en rendez-vous ou au Conseil, elles

1. Geneviève DE GAULLE-ANTHONIOZ, *Lettres à une amie. Correspondance spirituelle*, *op. cit.*, p. 165.

travaillent à l'endroit même où l'équipe avait organisé les premières Journées du livre contre la misère, quand Geneviève écrivait avec conviction : « À partir de la pensée des plus pauvres, une source va jaillir qui transformera l'histoire de notre humanité[1] ! »

Après la mort de Bernard, elle aurait pu lâcher prise, car elle a appris qu'elle aussi est malade. On lui prescrit une lourde médication. Après le choc de cette annonce, sa détermination a pourtant repris le dessus. C'était un soir, le 23 août 1996, elle regardait les actualités avec Isabelle qui était venue lui rendre visite, quand elle a vu les forces de l'ordre défoncer la porte d'une église et déloger des sans-papiers qui s'y étaient réfugiés. Ce soir-là, Isabelle se souvient de l'avoir vue s'effondrer et pleurer sans fin. Le monde est brutal. Geneviève ne peut imaginer qu'il va rester tel qu'il est. À travers ses larmes, elle se dit qu'il doit changer. Impérativement. Malade ou pas, elle doit contribuer à la naissance de ce nouveau monde, fraternel, solidaire. Elle essuie ses yeux humides, par-dessus tout il faut en finir avec cette course au profit et à l'argent qui détruit sur son passage jusqu'à la plus élémentaire des humanités. Elle est convaincue que son combat contre la misère et la fragilité des peuples y contribue et qu'il faut passer par la voie légale. Peu importe sa santé, elle ne lâchera pas.

---

1. Discours de Geneviève de Gaulle-Anthonioz aux Journées du livre contre la misère, texte disponible sur le site Internet www.refuserlamisere.org.

«Ma vieille carcasse ne tient pas trop mal. J'ai pris l'habitude de me lever tôt pour rattraper une partie de ce que je n'arrive pas à faire, dont mon courrier... Car le soir, je m'écroule[1]... »

Un soir de juillet 1998 justement, alors qu'elle traverse de nuit la place de la Concorde avec un membre de l'équipe qui la reconduit chez elle en voiture après leur tardive séance de travail, elle laisse son regard aller sur la ville particulièrement belle à cette heure du soir. Geneviève aime Paris, son histoire, les façades éclairées des bâtiments de pierre, l'interminable perspective des Champs-Élysées bordés de leur double rangée de réverbères et de hauts candélabres de bronze, la tour Eiffel illuminée. Elle aime ce «Paris qui est une fête» et n'oublie pas qu'il aurait pu disparaître à jamais sous les bombes allemandes. Avant que la voiture n'oblique à gauche et ne roule vers le boulevard Saint-Germain, son regard se pose sur les massives colonnes de pierre de l'Assemblée nationale qu'un éclairage adoucit dans la nuit. Demain, ici, aura lieu un grand moment. Les députés voteront pour ou contre la loi contre l'exclusion. Celle pour laquelle le père Joseph, elle, Gabrielle, Geneviève et Didier et tous les autres se battent depuis plus de vingt ans. Ces députés auront-ils, eux aussi, un sursaut ? Voteront-ils en leur âme et conscience d'hommes et non pas comme des moutons obéissant aux consignes de leurs partis ? Le verdict sera-t-il celui qu'elle

1. Geneviève DE GAULLE-ANTHONIOZ, *Lettres à une amie. Correspondance spirituelle*, *op. cit.*, p. 154.

espère ? Ce soir, y penser est trop difficile, la voiture roule à un rythme tranquille, elle passe maintenant devant les façades austères des ministères, emprunte le boulevard Raspail et file par la rue d'Assas. Orsay, le musée Rodin, les grandes écoles, là, dans la nuit, ils sont tout proches. Tant de chemin et tant d'institutions créées par les hommes pour le meilleur de l'Homme. En son for intérieur Geneviève prie, pour un sursaut de lucidité, pour que ce monde devienne plus humain, et qu'il n'explose pas lui aussi, un jour, à la face de tous.

Cette fois, elle sera entendue. Le lendemain, 29 juillet 1998, la loi contre l'exclusion est officiellement votée. Oubliant de citer son propre nom aux côtés de celui du père Joseph, Geneviève écrit :

> « Le père Joseph Wresinski aura permis à son peuple de sortir de l'oubli. Le quart monde aura, le premier, fait inscrire dans la loi française "l'égale dignité de tous les êtres humains[1]". »

S'effacer, alors qu'elle a consacré à cette tâche une immense partie de sa vie, oubliant ce qu'il lui fallut traverser jusqu'à la dernière heure. En premier lieu, le choc de la dissolution de l'Assemblée nationale en avril qui faillit tout faire échouer, puis la grande tristesse de voir que les gaullistes votèrent tous contre cette loi, même cet ami : « L'un des derniers,

---

1. Geneviève DE GAULLE-ANTHONIOZ, *Le Secret de l'espérance*, *op. cit.*, p. 175.

l'un des meilleurs. Il me semble qu'il m'adresse un regard désespéré en soulevant à peine le bras pour voter contre la loi. Le malheureux, prisonnier de son parti[1]... » Il y eut aussi ces moments où elle s'entendit dire, parmi tant d'autres choses, que ce rapport était « le catalogue La Redoute des bonnes intentions » et où elle apprit « sur le ton de la compassion que cette pauvre Mme Anthonioz allait droit dans le mur[2] ».

Geneviève ne s'est pas attardée, elle a vécu bien pire que ces moqueries de cour d'école. En revanche, dans tout ce qu'elle subit, une blessure inattendue va se rouvrir. Alors qu'avec son équipe, elle a elle-même rédigé le rapport de la loi, elle s'entend dire que les administrateurs du Conseil économique sauraient mieux le faire et qu'il vaudrait mieux le leur remettre. Le coup est très dur, elle blêmit. Ainsi on ne la considérait pas capable d'écrire un rapport dont elle était à l'origine, qu'elle avait construit page après page avec toute son équipe, alors qu'elle avait travaillé dans le ministère de Malraux, monté et présidé des associations de grande utilité et de grande moralité, bref, qu'elle avait le chemin et l'âge qu'elle avait. Cette simple reconnaissance de ses compétences était niée d'une seule phrase : les administrateurs sauraient mieux rédiger qu'elle ! Une exclamation de révolte jaillira dans son livre quand elle racontera cet épisode. Une expression brève, mais ô combien parlante : « C'est assez humiliant ! » écrira-t-elle. Elle n'en dit pas davantage mais le pire des mots

1. *Ibid.*, p. 174.
2. *Ibid.*, p. 160.

pour elle est prononcé, « l'humiliation », et par-delà la souffrance. À nouveau le souvenir de cette École des chartes où elle n'entra jamais. Ses études d'histoire interrompues pour entrer dans la Résistance et qu'elle ne put reprendre au retour vu que ses conférences et son engagement pour aider ses camarades déportées lui prirent immédiatement tout son temps et toute son énergie.

On l'a reconduite en voiture jusque chez elle après le vote. Quand l'ascenseur s'arrête, Geneviève gravit péniblement les marches qui mènent au dernier étage. Les récentes fractures pour lesquelles elle a dû être hospitalisée à deux reprises n'arrangent rien. Elle tâtonne dans son sac, trouve ses clefs et ouvre la porte. Enfin ! Son univers de beauté et de paix est là, celui où elle retrouve Bernard. Elle ôte son manteau, son foulard et s'approche de la fenêtre. À la suite du père Joseph, elle a accompli sa mission, la loi existe. Le monde en cet instant lui semble merveilleux. Elle oublie les années, les difficultés, les doutes, les mauvaises heures.

« Les hommes cherchent la lumière dans un jardin fragile… », écrivait Jean Tardieu. Geneviève regarde le ciel lumineux de Paris et suit un court instant les promeneurs qui déambulent dans les jardins de l'Observatoire. Puis, apaisée, elle s'installe dans le fauteuil où Bernard se reposa. Sa petite-fille Jeanne qui fait ses études à Paris est venue vivre à ses côtés. Elle l'attend, heureuse de la savoir qui vient.

42

Toute sa vie, Geneviève a lutté pour que l'idéal de fraternité l'emporte en ce monde. La Résistance, les trahisons, les camps, la folie humaine, les morts, l'indifférence des hommes, il fallait y croire pour faire un pareil chemin. Des luttes interminables dénuées de toute contrepartie personnelle, et dont il ne faut pas oublier qu'elle les commença à l'âge de l'insouciance, le jour où d'un geste spontané elle arracha un drapeau allemand qui flottait au vent de France.

Toute sa vie, Giacometti a [illegible] pour que l'[illegible] le [illegible] l'emporte [illegible] résistance, les arabesques, les [illegible], la [illegible] et le [illegible]. La différence [illegible] peu [illegible] perçu [illegible]. Ces luttes [illegible] toute [illegible] il ne faut pas oublier qu'elle les commandait à [illegible]. Je [illegible] spectateur [illegible] peut-être [illegible] vue de France.

Épilogue

Le 14 février 2002, Geneviève de Gaulle a fermé les yeux.

Elle, qui n'avait aucun goût pour les honneurs, fut pourtant la première femme à recevoir la grand-croix de la Légion d'honneur. Et le 15 mai 2015, elle est entrée au Panthéon en même temps que son amie Germaine Tillion. Mais seule une urne contenant la terre de son tombeau y a été symboliquement transférée.

Car Geneviève repose ailleurs. Ses enfants, tous ceux et celles de sa famille l'ont accompagnée jusqu'à la tombe où reposait déjà Bernard Anthonioz, dans le petit cimetière du village d'enfance de ce dernier, en haut des collines de Haute-Savoie. C'est un endroit lumineux, au pied des montagnes. Elle dort là, tout près de son amour. Leur tombe est une simple motte de terre bordée de cailloux, avec une belle croix sculptée par leur fils, Philippe Anthonioz.

REMERCIEMENTS

Pour les recherches, je veux remercier tout particulièrement la fille de Geneviève de Gaulle, Isabelle Anthonioz-Gaggini, et sa compagne de déportation Anise Postel-Vinay qui, toutes deux, m'ont accordé de longues heures récurrentes au fil des mois et m'ont confié tant de choses intimes et, parfois, difficiles. Elles ont été essentielles à ce travail.

Tout comme l'ont été, chacun à leur tour, toutes celles et ceux qui m'ont reçue pour parler d'elle et m'ont confié des documents, des souvenirs parmi lesquels Philippe Anthonioz, son fils, Caroline Glorion, Gabrielle Erpicum, Geneviève Tardieu, Jean-Michel Defromont, l'équipe d'ATD Quart Monde, ou encore Éric Monnier et Brigitte Exchaquet-Monnier avec leur remarquable ouvrage *Retour à la vie*, Frédérique Neau-Dufour et tous ceux et celles qui ont enregistré, tourné, et écrit ces reportages, documentaires et heures d'enregistrement d'archives qui ont été un support inestimable.

Ce fut un grand honneur pour moi d'écrire cette biographie de Geneviève de Gaulle et, tout au long des deux années de travail, j'ai, à chaque minute, senti sur mes épaules le poids de ma responsabilité. On n'a qu'exceptionnellement l'occasion de côtoyer de près quelqu'un d'aussi exemplaire, d'une très haute valeur morale. Quelqu'un qui vous devient de plus en plus proche par le seul fait des archives, de la parole, des images et des mots, et dont on essaie de raconter la vie au plus juste de ce qu'elle fut. Quel cadeau ! Merci Caroline Lépée de me l'avoir confiée, de m'avoir accompagnée et encouragée aux heures de doute, merci à toi et à Philippe Robinet d'avoir eu envers moi cette inestimable confiance.

DE LA MÊME AUTEURE

La Belle Chocolatière,
Flammarion, 2001 ; J'ai lu, 2002

Le Bel Italien,
Flammarion, 2003 ; J'ai lu, 2004

L'Impératrice des roses,
Flammarion, 2005 ; J'ai lu, 2006

La Villa Belza,
Flammarion, 2007 ; J'ai lu, 2008

La Passagère du France,
Flammarion, 2009 ; J'ai lu, 2010

La Dernière Bagnarde,
Flammarion, 2011 ; J'ai lu, 2012

Sous le toit du monde,
Flammarion, 2013 ; J'ai lu, 2014

Je suis celles qui restent,
Flammarion, 2016 ; J'ai lu, 2017

L'Hôtelière du Gallia-Londres,
Flammarion, 2018

Le Bûcher des certitudes,
Albin-Michel, 2021

PAPIER À BASE DE FIBRES CERTIFIÉES

Le Livre de Poche s'engage pour l'environnement en réduisant l'empreinte carbone de ses livres. Celle de cet exemplaire est de :
300 g éq. CO_2
Rendez-vous sur www.livredepoche-durable.fr

Composition réalisée par Belle Page

Achevé d'imprimer en France par
CPI BRODARD & TAUPIN (72200 La Flèche)
en avril 2021
N° d'impression : 3043569
Dépôt légal 1re publication : mai 2021
LIBRAIRIE GÉNÉRALE FRANÇAISE
21, rue du Montparnasse – 75298 Paris Cedex 06

14/6802/3